Uma história do espaço
de Dante à Internet

COLEÇÃO INTERFACE

Direção: Paulo Vaz

Cultura da Interface

Como o computador transforma nossa maneira de criar e comunicar

Steven Johnson

Uma história do espaço de Dante à Internet

Margaret Wertheim

Margaret Wertheim

Uma história do espaço de Dante à Internet

Tradução:
MARIA LUIZA X. DE A. BORGES

Revisão técnica:
PAULO VAZ
Professor de Filosofia da Escola de Comunicação/UFRJ

Jorge Zahar Editor
Rio de Janeiro

Para minha mãe
Barbara Wertheim
o espaço de
nossa concepção

Título original:
The Pearly Gates of Cyberspace:
a history of space from Dante to the Internet

Tradução autorizada da primeira edição norte-americana
publicada em 1999 por W.W. Norton,
de Nova York e Londres

Jorge Zahar Editor Ltda.
rua México 31 sobreloja
20031-144 Rio de Janeiro, RJ
tel.: (21) 2240-0226 / fax: (21) 2262-5123
e-mail: jze@zahar.com.br
site: www.zahar.com.br

Capa: Sérgio Campante

CIP-Brasil. Catalogação-na-fonte
Sindicato Nacional dos Editores de Livros, RJ.

W528h Wertheim, Margaret
Uma história do espaço de Dante à Internet / Margaret Wertheim; tradução, Maria Luiza X. de A. Borges; revisão técnica. Paulo Vaz. — Rio de Janeiro: Jorge Zahar Ed., 2001
: il. — (Coleção Interface)

Tradução de: The pearly gates of cyberspace: a history of space from Dante to the Internet
ISBN 85-7110-625-8

1. Computadores e civiliação. 2. Ciberespaço. 3. Internet (Rede de computadores). I. Título. II. Série.

CDD 303.4834
01-1428 CDU 316.421

Sumário

Nota

Considerando que a maioria dos termos técnicos do universo da informática provém do inglês — grande parte sendo imediatamente assimilada à nossa língua, e estando inclusive dicionarizada — optou-se nesta edição por mantê-los sem destaque, ou seja sem uso de itálicos. Optou-se, além disso, pelo uso dos termos mais correntes e já adotados, independentemente de já contarem com uma tradução ou de terem se mantido em inglês.

Lista de ilustrações

Créditos das fotografias

FIGURA

I.1	Nicolas Bataille. Nova Jerusalém. *Apocalipse em Angers*. Tapeçaria de 1373-1387, Musée des Tapisseries, Angers, França. Foto: Giraudon/Art Resource, NY
I.2	© Circle of Fire Studios Inc. <www.activeworlds.com>
I.3	Apianus. *Cosmographia*. Antuérpia, 1540. Libri Cosmo, fol. v. Rare Books Division. The New York Public Library. Fundações Astor, Lenox e Tilden
1.1	De *A divina comédia*, de Dante, Oxford University Press
1.2	De *A divina comédia*, de Dante, Oxford University Press
1.3	De *A divina comédia*, de Dante, Oxford University Press
1.4	Division of Rare and Manuscript Collections, Cornell University Library
2.1	Alinari/Art Resource, NY
2.2	Alinari/Art Resource, NY
2.3	Alinari/Art Resource, NY
2.4	Alinari/Art Resource, NY
2.5	Scala/Art Resource, NY
2.6	Alinari/Art Resource, NY
2.7	Alinari/Art Resource, NY
2.8	Cortesia do autor
2.9	Scala/Art Resource, NY
2.10	De *The Complete Engraving, Etchings and Drypoints of Albrecht Dürer*, Dover Publications, Inc.
2.11	Beinecke Rare Books and Manuscript Library, Yale University
2.12	De *Perspective*, de Jan V. de Vries, Dover Publications, Inc.
2.13	Alinari/Art Resource, NY
2.14	Alinari/Art Resource, NY
3.1	Alinari/Art Resource, NY
3.2	Alinari/Art Resource, NY
3.3	Alinari/Art Resource, NY

4.1 De *Unveiling the Edge of Time*, de John Gribbin. Copyright © 1992 John Gribbin. Reproduzido com permissão de Harmony Books, divisão de Crown Publishers, Inc.
4.2 De *Hyperspace: A Scientific Odissey Through Parallel Universes, Time Warps and the 10th Dimension*, de Michio Kaku. Copyright © 1994 Oxford University Press, Inc. Usado com permissão da Oxford University Press, Inc.
4.3 De *Hyperspace: A Scientific Odissey Through Parallel Universes, Time Warps and the 10th Dimension*, de Michio Kaku. Copyright © 1994 Oxford University Press, Inc. Usado com permissão da Oxford University Press, Inc.
4.4 De *Hyperspace: A Scientific Odissey Through Parallel Universes, Time Warps and the 10th Dimension*, de Michio Kaku. Copyright © 1994 Oxford University Press, Inc. Usado com permissão da Oxford University Press, Inc.
5.1 De *Man the Square: A Higher Space Parable*, de Claude Bragdon. 1912. Division of Rare and Manuscript Collections, Cornell University Library
5.2 De *A Primer of Higher Space*, de Claude Bragdon. 1913. Science, Industry and Business Library. The New York Public Library. Fundações Astor, Lenox e Tilden
5.3 De *Projective Ornament*, de Claude Bragdon, Dover Publications, Inc.
5.4 De *Projective Ornament*, de Claude Bragdon, Dover Publications, Inc.
6.1 Photofest
7.1 Cortesia do autor
7.2 © Circle of Fire Studios Inc. <www.activeworlds.com>
7.3 Copyright © 1997 Infobyte S.p.A. – Roma, Itália. Todos os direitos reservados
8.1 Alinari/Art Resource, NY

Agradecimentos

Gostaria de agradecer ao meu prezado amigo Howard Boyer, que aprovou este livro para a editora W.W. Norton e que acreditou nele o tempo todo.

Nenhum livro chega a seu estado final sem a contribuição de leitores que cedem generosamente seu tempo para ler, a custo, rascunhos incipientes e fazer sugestões de melhoria. Sob esse aspecto, tive a sorte de contar com amigos e familiares de alto calibre intelectual. Eles são Brian Rotman, David Noble, Jeffrey Burton Russell, Alan Samson, Erik Davis, Cameron Allan, Barbara Wertheim e, acima de tudo, minha irmã Christine Wertheim — a crítica mais inflexível que um autor poderia ter, mas sem cuja penetração este livro jamais teria alcançado sua presente forma.

Gostaria de agradecer também à minha editora de texto, Angela von der Lippe; a Neil Ryder Hoos por seu trabalho inestimável na reunião das imagens; e a Nan Ellin que sugeriu o título.

Finalmente, a meu marido, Cameron Allan — que sobreviveu aos três anos da criação deste livro e me ofereceu sugestões magníficas (e jantares) a cada passo do caminho — obrigada a todos pela ajuda.

INTRODUÇÃO

Os portais do Paraíso do ciberespaço

> Depois vi um novo céu e uma nova terra; pois o primeiro céu e a primeira terra haviam desaparecido e mar já não havia. E vi a Cidade Sagrada, Nova Jerusalém, descendo do céu, de Deus ... sua radiância como uma pedra rara, como jaspe cristalino. Tinha muralhas altíssimas, com doze portas ... E as doze portas eram doze pérolas, cada porta formada de uma só pérola, e a rua da cidade era de ouro puro, transparente como vidro ... As nações haverão de caminhar à sua luz; e os reis da terra virão lhe trazer seus tesouros.
>
> *Apocalipse*[1]

Para o cristão convicto, a morte não é o fim, mas o início. O início de uma jornada cujo destino final é a Cidade Sagrada de Nova Jerusalém, o Paraíso supremo, onde os eleitos residirão para sempre à luz do Senhor. Nessa imponderável cidade de "radiância", adornada com safira, esmeralda, topázio, crisópraso e ametista, o próprio Deus "enxugará cada lágrima": "Tampouco haverá mais aflição, pranto ou dor, pois as coisas antigas passaram." Junto com a libertação da dor, virá também a libertação máxima, pois "morte não haverá mais". Haverá libertação igualmente da luta cruenta entre nações. Ali, pessoas de todos os lugares caminharão juntas em harmonia, enquanto homens arrancam folhas da Árvore do Conhecimento "para a restauração das nações".

A Cidade Sagrada de Nova Jerusalém foi a grande promessa do cristianismo primitivo. Uma pólis idealizada, ela é por vezes representada em imagens medievais como uma cidade murada a flutuar sobre uma massa de nuvens (ver Figura I.1). Para os que aderiam aos ensinamentos de Cristo, a Cidade Sagrada era a recompensa máxima: um eterno refúgio de beleza e harmonia, acima e além do conturbado mundo material. Nos últimos séculos da era romana, quando o império se desintegrava, essa visão exerceu uma atração especial. Apesar do caos e da injustiça

FIGURA I.1. *Apocalipse em Angers*, tapeçaria representando a Cidade Sagrada de Nova Jerusalém descendo dos céus.

na Terra, depois da morte os que seguiam Jesus podiam esperar um porto eterno de gozo.

Assim também, em nossa época de decadência social e ambiental — época em que nosso "império" também parece estar em desintegração —, os promotores atuais do ciberespaço apregoam seu domínio como um reino idealizado "acima" e "além" dos problemas de um mundo material conturbado. Exatamente como os cristãos primitivos, prometem um porto "transcendente" — uma arena utópica de igualdade, amizade e poder. O ciberespaço em si mesmo não é um construto religioso, mas, como sustento neste livro, uma maneira de compreender esse novo domínio digital é vê-lo como uma tentativa de construir um substituto tecnológico para o espaço cristão do Céu.

Enquanto os cristãos primitivos concebiam o Céu como um reino em que suas "almas" seriam libertadas das fraquezas da carne, os paladinos atuais do ciberespaço promovem seu reino como um lugar onde seremos libertados do que o pioneiro da Inteligência Artificial Marvin Minsky chamou com desdém de "a maldita mixórdia da matéria orgânica".[2] Em suma, como o Céu, o ciberespaço está sendo apregoado como um paraíso desencarnado para almas. "Experimentei dados da alma através do silício", declarou Kevin Kelly, editor executivo da *Wired*, num fórum na *Harper's Magazine* em 1995. "Vocês vão ficar surpresos com a quantidade de dados da alma que teremos nesse novo espaço."[3] "Nossa fascinação por computadores é ... mais profundamente espiritual que utilitária", escreve o filósofo do ciberespaço Michael Heim. "Em nosso caso de amor" com essas máquinas, diz ele, "estamos em busca de um lar para a mente e o coração."[4]

Não é minha intenção neste livro endossar concepções quase-religiosas do ciberespaço. De fato, essa tendência me parece inerentemente problemática. Meu objetivo é antes procurar compreender por que tantas pessoas têm tais idéias e que poderiam significar os sonhos tecno-religiosos que as acompanham. Por que no final do século XX pessoas encaram o ciberespaço com aspirações celestes? Por que alguém afirmaria que o domínio digital está repleto de dados da alma? O que leva alguém a pensar no ciberespaço em "termos espirituais"? Estas são indagações que desejo considerar tanto do ponto de vista da cultura contemporânea quanto no contexto da história ocidental. Em particular, explorarei essas questões no contexto cultural e histórico de nossas concepções cambiantes de "espaço" em geral — pois o ciberespaço me interessa não como um fenômeno isolado, mas como a mais recente iteração deste conceito em incessante metamorfose.

A noção de ciberespaço como um espaço celeste está disseminada por toda a literatura. Na influente coletânea de ensaios *Cyberspace: First Steps*, o organizador Michael Benedikt informa os leitores em suas observações introdutórias que "o impulso em direção à Cidade Sagrada persiste. Ele deve ser respeitado, na verdade, pode florescer — no ciberespaço."[5] Segundo Benedikt, o ciberespaço é o domínio natural para a realização de uma Nova Jerusalém, que, ele sugere, "só poderia ganhar existência como uma realidade virtual". Para Benedikt, "a imagem da Cidade Sagrada, de fato, é ... uma visão religiosa do ciberespaço".[6] Em seu ensaio, Benedikt mistura o anseio por uma inocência prístina com um sonho de graça pós-apocalíptica. "Se possível fosse", ele opina, "vagaríamos pela Terra sem jamais sair de casa; desfrutaríamos triunfos sem riscos e comeríamos da Árvore sem ser punidos, conviveríamos todos os dias com anjos, entraríamos no céu agora e não morreríamos."[7] Ele sugere que o ciberespaço poderia tornar tudo isso possível. Nicole Stenger, pesquisadora de realidade virtual no Human Interface Technology Laboratory da Universidade de Washington, oferece o seguinte testemunho: "Do outro lado de nossas luvas de dados, tornamo-nos criaturas de luz colorida em movimento, pulsando com partículas de ouro ... Vamos todos nos tornar anjos, e por toda a eternidade! ... O ciberespaço vai parecer o Paraíso."[8]

O especialista em robótica Hans Moravec, da prestigiosa Universidade Carnegie Mellon, imagina que no ciberespaço vamos de fato encontrar a imortalidade, realizando assim a promessa do *Apocalipse* de que "morte não haverá mais". Em seu livro *Mind Children*, Moravec escreve com enlevo sobre a possibilidade de um dia fazermos o download de nossas mentes para computadores, de tal modo que poderíamos transcender a carne e viver para sempre no domínio digital. Chega até a considerar a possibilidade da ressurreição. Antevê uma vasta simulação em computador que recriaria no ciberespaço toda a história da humanidade. Com essa simulação, ele nos diz, seria possível "ressuscitar todos os habitantes passados da Terra", permitindo a todos que viveram em qualquer tempo alcançar a imortalidade no ciberespaço.[9] O *Apocalipse* prometeu os deleites da eternidade para os cristãos virtuosos, mas, através do poder do silício, Moravec os prefigura para todos nós.

Os sonhos de uma sociedade nunca ocorrem num vácuo. As fantasias que uma cultura alimenta sobre o futuro e as idéias que forma sobre o que poderia ser possível ou desejável são sempre reflexos da época e da sociedade particular. Desde o florescimento intelectual do Renascimento e, em particular, desde a revolução científica do século XVII, a ciência e a tecnologia tornaram-se correntes definidoras na cultura ocidental, conformando nosso fluxo imaginativo e embalando nossos sonhos. Em seu livro *Science as Salvation*, a filósofa Mary Midgley nos alerta para o poder da "imaginação científica" e nos adverte para a ignorância dessa força na paisagem cultural contemporânea.[10] Como a mais recente iteração da imaginação científica, a imaginação cibernética está se tornando rapidamente uma força poderosa por si mesma, produzindo seu próprio conjunto de fantasias tecno-utópicas. No entanto, como sugiro aqui, muitas dessas fantasias não são novas — em essência, são as seculares visões cristãs reembaladas num formato tecnológico.

Meu interesse pela imaginação cibernáutica, particularmente em seu modo quase-religioso, é parte integrante de um interesse mais geral pelos modos como a ciência e seus subprodutos tecnológicos operaram ao longo da história ocidental como motores da imaginação. As descobertas científicas e as inovações tecnológicas nunca ocorrem isoladamente; são sempre parte de movimentos culturais, sociais, filosóficos e até políticos mais amplos. Meu objetivo neste livro é examinar o sonho ciber-religioso como o mais recente episódio de uma história muito mais ampla que abarca o último milênio da cultura ocidental. É uma história que envolve não só a história da ciência e da tecnologia, mas também episódios da história da literatura, da arte, da filosofia e da teologia. Além disso, estou interessada em indagar: o que há nesta sociedade neste ponto particular da história — isto é, nos Estados Unidos no início do século XXI — que cria um clima tão propício para o sonho quase-religioso acerca do ciberespaço? Este livro, portanto, não trata simplesmente do ciberespaço; sua intenção é examinar o devaneio contemporâneo em torno do domínio digital no âmbito de uma história cultural mais abrangente — um devaneio que não é amplamente conhecido e cujas ramificações, eu sugiro, vão muito além do domínio digital.

Como Umberto Eco e outros observaram, os Estados Unidos apresentam atualmente significativas semelhanças com o Império Romano em seus últimos anos. Como Eco assinalou, em ambos os lugares a desintegração de um governo forte e centralizado e o colapso do corpo social deixam uma e outra sociedade vulneráveis à ruptura interna e à fragmentação. Descrevendo o período final da Roma antiga, Eco escreve:

"O colapso da *pax romana* (ao mesmo tempo militar, civil, social e cultural) inaugurou um período de crise econômica e vácuo de poder."[11] À medida que o poder secular se dissipava no antigo império, um número crescente de pessoas se voltou para formas místicas, mágicas e religiosas em busca de novos fundamentos e orientação para suas vidas. Como os Estados Unidos de hoje, a Roma antiga em seu ocaso era um caldeirão de fermentação místico-religiosa e toda sorte de seitas ali florescia, do ascético misticismo numérico do neoplatonismo ao culto hedonista de Dioniso e aos cultos orientais de Mitra e Astartéia. Ao mesmo tempo, uma onda avassaladora de fervor religioso chegou do Levante. Na sua crista vinham os seguidores de Jesus de Nazaré. Com seu apelo sedutor de vida eterna num paraíso celeste, e sua promessa de salvação universal, esses "cristãos" depressa conquistaram adeptos entre os romanos espiritualmente desamparados. No final do século IV, sob o imperador Teodósio, o cristianismo tornou-se a religião oficial do Estado.

Dezesseis séculos depois, Eco nos lembra que "é um lugar-comum da historiografia atual que estamos atravessando uma crise da *pax americana*".[12] O rápido declínio do governo central e a fragmentação do império são temas constantes na imprensa diária. A partir da esquerda, a homogeneidade do corpo social foi denunciada como uma impostura, agora que as mulheres, as minorias e os homossexuais estão exigindo ser ouvidos; a partir da direita, o sentimento antigovernista explode em violência declarada e rebelião. Há "bárbaros" martelando nossos portões também: as "hordas latinas" do sul, que, ao que nos dizem, iriam exaurir nossos sistemas de seguridade social e assistência médica; e as "hordas amarelas" da Ásia, que estariam supostamente roubando nossos empregos com sua mão-de-obra barata e solapando nossa economia com seus aparelhos eletrônicos duvidosos e suas roupas produzidas em massa.

Como os últimos romanos, vivemos num tempo marcado pela iniqüidade, a corrupção e a fragmentação. Também nossa sociedade parece ter deixado para trás seu apogeu, não mais se sustentando numa crença firme em si mesma e já não estando segura de seu objetivo. Como parte da resposta para essa desintegração, americanos de toda parte voltam os olhos para a religião em busca de novas bases para suas vidas. Seja o zelo direitista da Coalizão Cristã, o misticismo de estilo californiano ou o pretenso Americanismo Nativo de um executivo que vai se recolher a uma *sweat lodge**, a sociedade americana vibra hoje com anseios espirituais. Como os últimos romanos, também nós estamos buscando novas respostas para a questão do sentido da vida.

Embora o ciberespaço não seja produto de nenhum sistema teológico formal, para muitos de seus paladinos seu apelo é indiscutivelmente religioso. O fato de

* *Sweat lodge*, ou *sweat-house*, é uma espécie de sauna usada por certos povos indígenas norte-americanos para induzir o suor com propósitos medicinais, espirituais ou sociais. (N.T.)

não ser uma concepção abertamente religiosa é na verdade um ponto decisivo a seu favor; pois, nesta era científica, expressões patentes de formas tradicionais de religião incomodam a muitos. O apelo religioso do ciberespaço reside portanto num paradoxo: trata-se da velha idéia do Céu, mas reembrulhada num formato secular e tecnologicamente sancionado. O reino *perfeito* espera por nós, dizem-nos, não atrás dos portais do Paraíso, mas além dos portais da rede, atrás de portas eletrônicas denominadas ".com", ".net" e ".edu".

O Céu cristão, sob muitos aspectos, foi uma concepção extraordinária. Qualquer visão com o poder de perdurar por dois mil anos teria de sê-lo. Uma de suas principais características, que encontrou ressonância entre os romanos (e entre muitos outros povos depois), é sempre ter estado potencialmente aberto para todos. Pessoas de todas as nações e cores de pele podem aspirar a pisar as ruas da Cidade Sagrada. Em contraste com os judeus, de cuja crença o cristianismo primitivo foi uma seita dissidente, os seguidores de Jesus abriram sua religião para todos. Não era preciso ter *nascido* cristão. Não havia nenhuma exigência de raça ou classe; um simples batismo bastava.

A historiadora Gerda Lerner comentou que, nesse sentido, o cristianismo foi uma religião fundamentalmente democrática, talvez a primeira na história ocidental.[13] Um sinal desse espírito democrático foi que, durante seus anos formativos, o cristianismo abriu os braços especialmente para as mulheres. No judaísmo, as mulheres eram confinadas a um lado separado do templo, e o próprio pacto com Deus — o ato da circuncisão — era firmado somente pelos homens. O cristianismo não postulou nenhuma exclusividade de gênero para o pacto. Na verdade, como a historiadora da religião Elaine Pagels mostrou, algumas ramificações iniciais do cristianismo, em especial entre os gnósticos, chegavam a permitir até que mulheres fossem sacerdotes.[14] Uma das engenhosas inovações do cristianismo foi sua promessa de salvação para *todos*, independentemente de sexo, raça ou nacionalidade. O reino do Céu estava aberto para todo aquele que abraçasse os ensinamentos de Jesus. (Evidentemente, foi também esta mesma ideologia democrática que permitiu ao cristianismo desalojar e destruir muitos sistemas de fé tradicionais.)

Como o cristianismo, também o ciberespaço está potencialmente aberto para todos: homem e mulher, Primeiro e Terceiro Mundos, norte e sul, Oriente e Ocidente. Assim como a Nova Jerusalém está aberta para todos os que seguem a senda de Cristo, assim também o ciberespaço está aberto para todos os que podem arcar com o custo de um computador pessoal e de uma taxa mensal de acesso à Internet. Cada vez mais, bibliotecas e outros centros comunitários estão também fornecendo acesso gratuito. Tal como a Cidade Sagrada, o ciberespaço é um lugar em que, *teoricamente*, pessoas de todas as nações podem se misturar. De fato, muitos ciber-entusiastas gostariam de nos fazer crer que a Internet dissolve as próprias barreiras de nacionalidade, raça e sexo, "elevando" a todos igualmente ao fluxo digital. O sonho de uma comunidade global é uma das fantasias fundamentais da "religião" do ciberespaço, uma versão tecnológica da fraternidade humana de Nova Jerusalém. O problema é que, diferentemente da entrada no Céu, o ingresso no ciberespaço depende do acesso a tecnologias que permanecem firmemente fora do alcance de vastas faixas da população mundial.

Para os que de fato *têm* acesso a ele, há algo de potencialmente positivo em interagir no ciberespaço, pois a bagagem suscetível de gerar prevenção — um corpo sexuado, colorido e em processo de envelhecimento — fica oculta sob a tela. Invisíveis no mar do ciberespaço, quando estamos on-line não podemos ser avaliados sumariamente, de relance, pela cor de nossa pele ou as protuberâncias sob nossos suéteres. Um dos atrativos do ciberespaço é precisamente o alívio que proporciona do inexorável escrutínio físico que se tornou uma marca registrada da vida nos Estados Unidos de hoje. No fluxo de bits, ninguém pode nos ver vacilar. Ali, gordura, rugas, cabelo grisalho, acne, calvície, baixa estatura e outros "pecados" estéticos da carne ficam todos (literalmente) encobertos. Como a comunicação on-line é basicamente textual (pelo menos por enquanto), o cibernauta se vê liberto da pressão constante que o obriga a ter boa aparência.

Alguns defensores do ciberespaço sonham em se livrar por completo do que um comentador chamou de "o lastro da materialidade". Em *Neuromancer*, o profético romance de ficção científica que introduziu a palavra "ciberespaço" em nossa linguagem, William Gibson aclamou "a exaltação incorpórea do ciberespaço".[15] Segundo o pioneiro da realidade virtual Jaron Lanier, "essa tecnologia promete transcender o corpo".[16] Também Moravec fantasia um futuro em que a mente humana será "libertada da servidão a um corpo material".[17] Não há nada de novo, é claro, no desejo de escapar da encarnação física. A cultura ocidental carregou essa semente nas profundezas de si mesma desde o tempo de Platão, e no cristianismo ela floresceu na tradição gnóstica. Qual é o sentido do reaparecimento desse desejo na era digital? Que há no ciberespaço que cria uma nova plataforma para o platonismo?

Quando a Nova Jerusalém chegar, uma coisa é certa: seus cidadãos não serão solitários. Considere a visão do Céu no magnífico afresco que Giotto pintou na parede do fundo da Capela Arena, em Pádua (ver Figura 3.1). Nesse *Juízo Final* épico, testemunhamos uma característica típica da iconografia medieval. No alto do afresco, atrás de Cristo, postam-se renques e mais renques de anjos, enchendo o Empíreo celeste: o espaço está literalmente abarrotado. Também o ciberespaço está apinhado de gente. Já há cem milhões de pessoas conectadas à Internet e, segundo um relatório recente do Departamento de Comércio, o tráfego na Internet vem duplicando a cada cem dias.[18] A natureza coletiva do ciberespaço é um dos seus principais atrativos, como os comentadores enfatizam continuamente. Como Michael Heim observou: "O isolamento continua sendo um grave problema na sociedade urbana contemporânea." Para muitos, diz ele, "a rede de computadores parece uma bênção ao fornecer fóruns onde as pessoas podem se reunir em surpreendente proximidade pessoal".[19] Em meio a sentimentos generalizados de solidão e alienação, a Internet está sendo vendida como uma panacéia que preencherá o vácuo comunal em nossas vidas, tecendo fios de silício através do globo.

De fato, o ciberespaço se tornou o lar de comunidades virtuais inteiras, grupos de pessoas que se reúnem e comungam na Internet em salas de conversa, grupos USENET e fóruns on-line. A comunidade WELL, baseada em São Francisco, e a ECHO, baseada em Nova York, são duas das mais famosas ciber-sociedades, ambas com membros que vivem fisicamente em todos os lugares do mundo. Ciber-gigantes como a CompuServe e a America Online oferecem uma vasta pletora de lugares de encontro e fóruns para seu florescente corpo de ciber-cidadãos. Como na Nova Jerusalém, ninguém precisa ficar sozinho no ciberespaço. A questão que isso suscita é: qual é a qualidade da maioria das ciber-relações? Podem elas ser verdadeiramente significativas e emocionalmente satisfatórias? Ou todo essa ciber-socialização não passaria de um jogo escapista, como alguns afirmaram? Estas são questões que vamos explorar.

Outro aspecto do ciberespaço que merece nossa atenção é a crescente ênfase dada à imagem. Muitos ciber-gurus acreditam que o futuro está nas imagens. Em vez de mandar mensagens de texto uns para os outros, logo o envio de videomensagens será uma opção viável. E, o que a meu ver é mais intrigante, seremos capazes de enviar para o ciberespaço "avatares" animados de nós mesmos, para dizer nossas palavras por nós. Desde já, na ciber-cidade on-line de AlphaWorld, os visitantes são representados na tela por toscos avatares que aparecem na tela como figuras, parecidas com as dos desenhos animados, que andam por uma paisagem urbana simulada (ver Figura I.2). Dados estão também sendo convertidos em forma gráfica, à medida que pesquisadores exploram meios de reduzir os domínios em constante expansão da informação a termos visualmente compreensíveis.

Imersos nesse oceano de imagens, políticos e escolas em dificuldades financeiras começam a prefigurar a sala de aula virtual. Imaginam que a Internet vai fornecer um repertório interminável de exibições visuais espetaculares, projetadas para manter o interesse até do mais lerdo dos alunos. Para citar a antiga secretária-assistente de educação dos Estados Unidos, dra. Diane Ravitch: "Nesse novo mundo de fartura pedagógica, tanto crianças quanto adultos serão capazes de sintonizar um programa na televisão de sua casa para aprender qualquer coisa que queiram saber, segundo sua própria conveniência."[20] Por que ler quando se pode contemplar? A ênfase na imagem foi também uma característica proeminente da Idade Média cristã. Numa época em que o analfabetismo era a norma, as imagens religiosas serviam para ensinar a visão do mundo cristã às massas. Pinturas de histórias bíblicas, de Cristo, da Virgem e dos santos instruíam literalmente o povo na história, na cosmologia e na moralidade cristã. Da mesma maneira, dizem-nos agora que as imagens vão preencher o vácuo educacional na idade do ciberespaço.

FIGURA I.2. Na cibercidade de AlphaWorld, os visitantes são representados por "avatares" animados que podem caminhar pelas ruas e praças virtuais desse mundo virtual on-line.

Alguns entusiastas sugerem que o ciberespaço está destinado a se tornar a própria fonte do conhecimento. À medida que um número crescente de bibliotecas, bancos de dados e recursos de informação vai se tornando disponível on-line, a fantasia da *onisciência* cintila no horizonte digital. Heim formula isto assim: "a atmosfera do ciberespaço emana a fragrância que outrora envolveu a Sabedoria."[21] Como morada da Árvore do Conhecimento, a Cidade Sagrada de Nova Jerusalém também prometia o fruto da Sabedoria suprema. A onisciência é mais uma fantasia fundamental da religião do ciberespaço, mas devemos perguntar novamente: qual será a qualidade de grande parte da informação on-line, e quem exatamente terá acesso a esses recursos?

Para o melhor ou o pior, as pessoas estão afluindo ao ciberespaço. Se a taxa atual de crescimento se mantivesse, diz Nicholas Negroponte, diretor do Media Lab do MIT, "o número total de usuários da Internet ultrapassaria a população do mundo" nos primeiros anos deste século.[22] Essa é, evidentemente, uma estimativa exagerada; seja como for, a abrangência do ciberespaço é extraordinária — pelo menos no mundo desenvolvido. Essa abrangência não pode ser explicada meramente pela disponibilidade da tecnologia. As pessoas não adotam uma tecnologia simplesmente porque ela existe. A base do fac-símile, por exemplo, foi patenteada em 1843, três décadas antes da invenção do telefone, mas o fax não decolou como ferramenta pública de uso geral até a década de 1970 — mais de um século depois.

Assim também, os chineses inventaram a máquina a vapor quase mil anos atrás, mas não a utilizaram. Como a história demonstra repetidamente, a mera disponibilidade de uma tecnologia não é nenhuma garantia de sua adoção.

As pessoas só adotam uma tecnologia quando ela está em consonância com um desejo latente. A simples escala do interesse despertado pelo ciberespaço sugere haver aqui desejos intensos em ação. Sua essência requer explicação. Precisamos compreender quais são os fatores que geram um interesse tão intenso por essa tecnologia particular. Neste livro, quero considerar especificamente que fatores presentes na cultura ocidental — tanto históricos quanto contemporâneos — levaram a uma situação em que uma tecnologia como o ciberespaço pôde se tornar o foco de sonhos essencialmente religiosos. O que, no pensamento ocidental, permite que metáforas e modelos religiosos continuem a florescer num contexto tecnológico? Aqui, deveremos considerar também que qualidades o próprio ciberespaço possui para provocar e sustentar tais idéias.

Ao contemplar essas questões, somos inevitavelmente conduzidos ao dilema que o segundo elemento da palavra "ciberespaço" suscita. Afinal, que significa falar de "espaço"? Se o ciberespaço é uma manifestação desse conceito, que tipo de espaço ele é exatamente? O plano global deste livro é considerar o ciberespaço no contexto de uma história cultural do espaço em geral. Somente após uma exploração do espaço em seus modos pré-digitais é que examinaremos o espaço digital por si mesmo. Como veremos, as concepções de "espaço" sofreram contínua transformação ao longo de toda a história, tendo cada era definido "espaço" de maneiras radicalmente diferentes. Nessa perspectiva, encararemos o ciberespaço como a mais recente iteração desse conceito multifacetado.

No cerne dessa história está a antiqüíssima tensão, na cultura ocidental, entre corpo e mente — em toda a sua miríade de manifestações, entre elas essa manifestação particular que os cristãos chamam de "alma". No tocante ao espaço, essa tensão se manifestou na transformação de nossas concepções do que percebemos como um espaço em que nossos corpos estão inseridos e um espaço em que nossas almas ou psiques estão inseridas. É no contexto histórico das concepções cambiantes de espaço físico e espaço espiritual da cultura ocidental que espero lançar alguma luz sobre a arena emergente do ciberespaço e seu próprio apelo religioso.

Um dos traços mais comentados da cultura ocidental é que, pelo menos nos últimos três mil anos, nossas filosofias e religiões foram dualistas, cindindo a realidade em matéria e espírito. Herdamos esse dualismo tanto dos gregos antigos quanto da cultura cristã. Para os gregos, o homem era uma criatura de *soma* e *pneuma*, corpo e espírito. Pitágoras, Platão e Aristóteles, todos viram não só os seres humanos como o cosmo em termos bipolares. Na era cristã primitiva, o *pneuma* grego foi integrado ao pensamento judaico e essa amalgamação das correntes intelectuais grega e judaica deu origem à noção teologicamente complexa da alma cristã.

Ao longo dos mil anos da era cristã medieval — *grosso modo*, da queda do Império Romano no século V ao início do Renascimento no século XV —, a cultura intelectual ocidental caracterizou-se amplamente por preocupações relativas à alma. Pelo menos, é fundamentalmente por isso que a cultura medieval é lembrada. Até as grandes realizações físicas dessa era, como suas magníficas catedrais, eram projetos religiosos, cujo objetivo último era o enriquecimento da alma cristã. Mas no último meio milênio — a partir do Renascimento e, de maneira mais acentuada, da "revolução científica" do século XVII —, ocorreu uma profunda mudança, tendo a atenção ocidental se desviado cada vez mais do conceito teológico de alma para a concretude física do corpo. Desde o Iluminismo, no século XVIII, vivemos numa cultura que tem sido esmagadoramente dominada por preocupações não espirituais, mas materiais. Em suma, no Ocidente moderno vivemos numa era profundamente materialista e fisicalista.

Em contraste com nossos antepassados medievais, nós, ocidentais modernos, nos definimos por nossas formidáveis realizações materiais — nossos arranha-céus, *freeways* e usinas elétricas; nossos automóveis, aviões e sondas interplanetárias. Nesta era fisicalista, navegamos o globo, pusemos homens na Lua, erradicamos a varíola, deciframos a estrutura do DNA, descobrimos partículas subatômicas, subjugamos a eletricidade e inventamos o microchip. Todas estas são realizações extraordinárias, de que sem dúvida podemos nos orgulhar. Também nesse sentido nos assemelhamos aos romanos antigos, pois também eles eram um povo profundamente físico, com uma cultura que é lembrada por seus feitos notáveis de engenharia e construção. Até hoje, um milênio e meio depois do colapso do império, o Coliseu e o Panteon perduram como maravilhas arquitetônicas e os que visitam a região rural do Lácio ainda podem se sentar em vastos anfiteatros de pedra que outrora abrigavam milhares de romanos. Estradas romanas ainda recortam a Europa, algumas em uso contínuo por mais de dois mil anos.

Em lugar algum o predomínio atual do mundo físico é exibido com mais intensidade do que em nossa compreensão científica do *espaço* físico. Nos últimos cinco séculos, mapeamos a superfície inteira da Terra, à medida que continentes, calotas polares e até os fundos dos oceanos revelavam seus segredos à perícia de nossos cartógrafos. No último século, mapeamos também a Lua, assim como grande parte de Vênus e Marte. Nossa compreensão do espaço físico estende-se agora além de nosso planeta, chegando aos mais distantes rincões do cosmo. Depois de mapear o sistema solar local e detalhar as relações entre os planetas, os astrônomos estenderam seu olhar para as galáxias e mapearam a estrutura do todo cosmológico. No outro extremo, a física de partículas vêm mapeando o espaço subatômico, sondando o átomo, depois o núcleo, depois as estruturas quark no próprio coração da matéria. Nesta "idade da ciência", mapeamos o universo físico em todos os níveis, da vasta escala dos superaglomerados galácticos até as mais ínfimas partículas. Além disso, neurocientistas estão agora mapeando o espaço de nossos cérebros, investigando o interior de nossas cabeças com a tomografia por emissão de pósitrons e a remnografia, e elaborando gradualmente uma sofisticada cartografia de nossa massa cinzenta.

No entanto, enquanto estivemos mapeando e dominando o espaço físico, perdemos de vista qualquer tipo de espaço religioso ou psicológico. Não quero dizer com isto que ninguém no Ocidente contemporâneo tem uma vida espiritual interna. Somos todos, intrinsecamente, seres psicológicos, e muitas pessoas são também profundamente religiosas. Quero dizer, muito literalmente, que perdemos qualquer concepção de um espaço em que espíritos, ou almas ou psiques poderiam "residir". Na moderna imagem científica do mundo, é um fato cosmológico corriqueiro que a realidade em seu todo está tomada pelo espaço físico, e que não há literalmente *nenhum lugar* nesse esquema em que algo como um espírito, alma ou psique pudesse ser contextualizado. Na visão descrita pela ciência moderna, o mundo físico é a totalidade da realidade porque nela o espaço físico se estende *infinitamente* em todas as direções, ocupando todo o território disponível e até concebível.

Nem sempre foi assim. Enquanto a moderna visão científica do mundo reconhece apenas um domínio físico (apenas um espaço para o corpo), a visão medieval cristã do mundo abrangia tanto um espaço para o corpo *quanto* um espaço para a alma. Era uma cosmologia genuinamente dualista, que consistia tanto de uma ordem física quanto de uma ordem metafísica. Um elemento decisivo dessa cosmologia era que as duas ordens se espelhavam uma à outra e, em ambas, a humanidade estava no centro. Fisicamente, como na Figura I.3, a Terra estava no centro do cosmo, cercada pelas grandes esferas celestes que sustentavam o Sol, a Lua e as estrelas a revolver à nossa volta. Era a velha cosmologia geocêntrica, que prevaleceu de Aristóteles a Copérnico. Mas, o que era mais importante, a humanidade estava no centro de uma ordem invisível.

Na visão medieval do mundo, o universo em sua totalidade e tudo que nele havia estavam interligados numa grande hierarquia metafísica, por vezes chamada a Grande Cadeia do Ser, que descendia de Deus. No topo dessa cadeia, na posição mais próxima de Deus, estavam as ordens dos seres angélicos — os querubins, serafins, arcanjos e assim por diante. Depois desses seres "celestes" vinham os seres humanos. Depois de nós vinham os animais, as plantas e por fim as coisas inanimadas. Nesse esquema, o homem se situava a meio caminho entre os seres etéreos do céu e as coisas materiais da Terra. Segundo a compreensão medieval, nós éramos as únicas criaturas materiais dotadas também de uma alma intelectiva, atributo que partilhávamos com as ordens angélicas acima de nós. Com um pé em ambos os campos, éramos a cavilha de todo o sistema cósmico: o ponto intermediário e o elo vital entre os domínios celeste e terrestre. Quando os medievais diziam que a humanidade estava no centro do universo, não era tanto à nossa posição astronômica que se referiam, mas ao nosso lugar no centro dessa ordem metafísica.

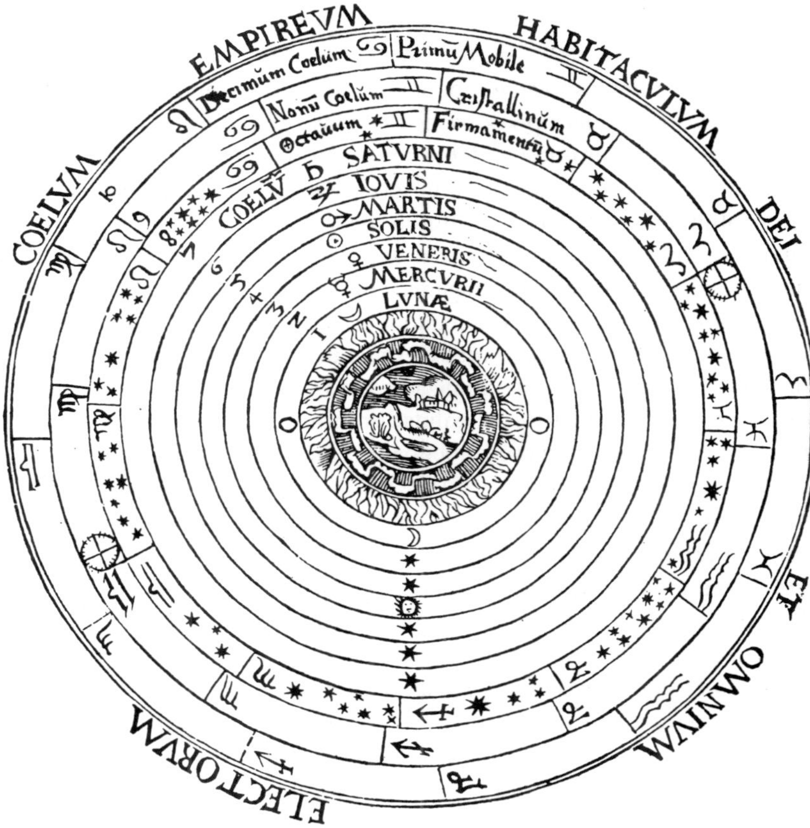

FIGURA I.3. Na cosmologia medieval cristã, a Terra estava no centro do universo, cercada pela esferas celestes concêntricas do Sol, da Lua, dos planetas e das estrelas. "Além" das estrelas — e "fora" do espaço físico — estava o Empíreo celeste de Deus.

Um traço decisivo do cosmo medieval era seu caráter *finito* — consistindo de apenas dez esferas celestes centrada na Terra. Além da última esfera de astros estava a própria fronteira do universo físico, conhecida como o *primum mobile.* Depois dessa esfera mais externa, e literalmente *fora* do universo, estava o Céu Empíreo de Deus. Estritamente falando, o Empíreo não estava apenas fora do universo, estava além do espaço e do tempo, que, segundo se pensava, terminavam ambos no *primum mobile.* Mas, *metaforicamente,* as imagens medievais do cosmo representavam esse domínio celeste além dos astros, onde, por assim dizer, havia "espaço" de sobra.

O crítico aqui é que, sendo o universo físico finito, era possível imaginar (ainda que, a rigor, apenas num sentido metafórico) que ainda havia lugar disponível além do espaço físico. Precisamente porque o universo medieval era limitado em extensão, sua visão da realidade podia também acomodar *outros* tipos de espaço. Em particular, acomodava uma vasta região de "espaço celeste" além das estrelas. A questão do que significava exatamente a existência de um lugar além do espaço físico constituía um enorme desafio para as mentes medievais, mas todos os grandes filósofos do período insistiram na realidade desse domínio imaterial, não físico.

Na imagem científica do mundo, porém, o espaço físico foi estendido infinitamente e veio assim a ocupar *toda a realidade*. Agora não restava mais *nenhum lugar* (nem potencialmente) para qualquer outro tipo de espaço. Essa visão, formulada originalmente no século XVII, emergiu de uma nova e ousada filosofia mecanicista que concebia o mundo não como uma grandiosa hierarquia metafísica, mas como uma vasta máquina. As conseqüências dessa transição da visão medieval para a visão mecanicista do mundo continuam a reverberar através da cultura ocidental e transformaram nossa concepção não só do espaço, mas também de *nós mesmos*. Delinear essa transição será um dos objetivos básicos deste livro.

O mais importante dos fundadores do mecanicismo foi o filósofo francês René Descartes, com freqüência caracterizado como arqui-racionalista. No entanto, como todos os fundadores do mecanicismo, Descartes foi um homem profundamente religioso, que acreditava sinceramente na alma cristã. Para conciliar sua ciência mecanicista com sua crença na alma, Descartes deu um passo filosófico radical. Propôs que a realidade era separada em duas categorias distintas: a *res extensa*, ou o domínio fisicamente extenso da matéria em movimento, e a *res cogitans*, o domínio imaterial dos pensamentos, sentimentos e da experiência religiosa. O objetivo da nova ciência mecanicista era descrever apenas as ações de corpos materiais no espaço físico, aplicando-se portanto unicamente à *res extensa*.

Mas, ainda que a *res cogitans* de Descartes — a esfera da mente e da alma que postulou — não devesse ser abrangida pela nova ciência, ele a considerava uma parte fundamental da realidade. Sua famosa máxima, "Penso, logo sou", fundava a realidade não no mundo físico, mas no fenômeno imaterial do pensamento. Assim, em sua forma inicial, o mecanicismo foi uma filosofia da natureza genuinamente *dualista*. Tal como o pensamento medieval, conferia realidade tanto ao corpo *quanto* à alma. Há contudo uma diferença fundamental entre o antigo dualismo medieval e a nova versão cartesiana — diferença que teria conseqüências profundas para os seres humanos.

Na transição da visão do mundo medieval para a mecanicista, ocorreu uma mudança crucial, pois, enquanto o universo medieval era finito, o novo mecanicismo sugeriu que ele poderia ser infinito. Depois que os astrônomos abandonaram a idéia de esferas celestes, não havia razão para supor que o universo físico tivesse qualquer limite. Em meados do século XVIII essa concepção já se convertera na ortodoxia científica, e o espaço físico passara a ser visto como se estendendo para sempre em todas as direções. Com um espaço físico infinito, tornou-se extremamente difícil imaginar, mesmo metaforicamente, que restava algum lugar para *qualquer* outro tipo de realidade.

Um dos principais efeitos da revolução científica foi, assim, eliminar da visão ocidental da realidade qualquer concepção de um espaço para a alma cristã — e, juntamente com isso, qualquer concepção de um espaço da mente ou psique. Essa exclusão precipitou uma crise filosófica com que nós no Ocidente viemos lutando desde então. Embora isso tivesse horrorizado Descartes, o resultado final do seu mecanicismo foi uma visão puramente fisicalista da realidade. É, portanto, um equívoco completo chamar a moderna imagem científica do mundo de *dualista*, como freqüentemente se faz. Trata-se de uma imagem do mundo inteiramente *monista*, que admite unicamente a realidade do mundo físico.

Fossem quais fossem as crenças pessoais de Descartes, o mecanicismo pôs o Ocidente numa trilha que levou rapidamente ao aniquilamento da alma e da psique como categorias do real. A atmosfera iluminista do século XVIII mostrou-se madura para um materialismo inflexível e, no final daquele século, muitos concordavam que o domínio físico era a totalidade do real. Para os europeus da Idade Média, uma imagem do mundo que abrangesse somente matéria teria sido inconcebível, e no entanto, de maneira quase inexorável, essa visão passou a prevalecer. Na nova visão científica do mundo, a humanidade já não era a cavilha de uma grande hierarquia metafísica; tornamo-nos máquinas atômicas. A velha imagem do mundo, com suas almas diligentes e seu espaço celeste, deu lugar a um universo mecânico em que a Terra se tornou um bloco de rocha a girar sem objetivo num vazio euclidiano. Além disso, enquanto os medievais viam os homens como seres ao mesmo tempo físicos e espirituais — amálgamas de corpo *e* espírito —, os novos mecanicistas nos viam num sentido puramente físico. Assim, a visão monística do espaço foi transformada numa visão monística do Homem.

Um dos temas que estamos explorando neste livro é o modo como nossas concepções de espaço e as concepções que temos de nós mesmos estão inextricavelmente entrelaçadas. Como nós, seres humanos, estamos intrinsecamente incrustados no espaço, o que pensamos ser deve logicamente refletir em nossas concepções do esquema espacial mais amplo. Nesse sentido uma história do espaço torna-se também uma investigação de nossas concepções cambiantes de humanidade. Para os cristãos medievais, que acreditavam no primado de um reino imaterial transcendente presidido por um espírito divino, era impossível imaginar seres humanos sem seu próprio espírito ou "alma"; no entanto, para os materialistas modernos, que vêem o universo puramente com uma esfera física, os seres humanos se tornam quase inexoravelmente seres puramente físicos.

Como uma transformação tão monumental ocorreu? Como deixamos de nos ver no centro de um espaço repleto de anjos, impregnado da presença e do propósito divinos, para passar à visão científica moderna de um vazio físico sem sentido? O que estava em jogo nesse caso não era simplesmente a posição da Terra no sistema planetário, mas o papel da humanidade no todo cosmológico. Como deixamos de nos ver como incrustados em espaços tanto do corpo quanto da alma, para nos conceber inseridos apenas no espaço físico? E, o que é decisivo, como essa transformação de nossa concepção do espaço afetou nossa compreensão de quem e do que somos como seres humanos?

O propósito deste livro é acompanhar a história das concepções ocidentais do espaço desde a Idade Média até a era digital, delineando de que modo passamos a nos ver incrustados num esquema espacial mais amplo e de que modo nossas concepções desse esquema mudaram através dos séculos. Uma parte-chave dessa história será a transição de uma cosmologia dualista que abrangia tanto o espaço do corpo quanto o "espaço da alma" — isto é, um espaço físico de matéria e um espaço imaterial de espírito — para uma cosmologia puramente monística que acarreta uma visão puramente física. Por fim, consideraremos a arena emergente do ciberespaço.

Começando no final da Idade Média, no capítulo 1 nos voltaremos para a imagem medieval do mundo, tomando como exemplo paradigmático a descrição do cosmo apresentada por Dante na *Divina comédia*. Aqui veremos a maneira harmoniosa como, para os cristãos medievais, o espaço físico do corpo e o espaço imaterial da alma formavam um todo integrado. Enquanto a arquitetura do primeiro era definida pelo plano geocêntrico dos planetas e das estrelas, a do último era definida pela geografia tríplice do Paraíso, Inferno e Purgatório. Nós modernos estamos tão acostumados a pensar o espaço em termos geométrico-físicos que nos é difícil considerar seriamente qualquer outro sistema espacial. No entanto, como enfatizou o historiador Max Jammer, "um sistema de coordenadas tridimensional não foi considerado razoável até o século XVII".[23] De que maneira tal descrição do espaço se tornou "razoável"? Como veremos no capítulo 2, a resposta tem tanto a ver com história da arte quanto com a história da ciência; em particular, tem relação com a crescente obsessão pelo corpo do Renascimento e o surgimento da pintura em perspectiva. Sob esse aspecto, a nova ciência seria prefigurada por uma nova estética.

Inspirados em parte pelo novo estilo visual, os astrônomos começaram a buscar uma nova visão do cosmo. Durante o século XVII, enquanto "os matemáticos se apropriavam do espaço" (para usar a pertinente descrição do filósofo Henri Lefebvre), as concepções ocidentais do espaço tanto terrestre quanto celeste passavam por uma revolução.[24] A conseqüência dessa revolução seria a nova cosmologia newtoniana, que é o tema do capítulo 3. Nela, o espaço celeste era concebido em termos não de uma ordem metafísica, mas de forças físicas e leis matemáticas terrenas.

Em nosso próprio século, a descrição matemática do espaço tornou-se algo extremamente complexo, conduzindo em primeiro lugar à concepção *relativística* do espaço famosamente articulada por Albert Einstein. Nessa concepção, que é o assunto do capítulo 4, espaço e tempo se entretecem num múltiplo quadridimensional, com o tempo se tornando, de fato, mais uma dimensão do espaço. Na segunda metade do século XX, uma transição ainda mais radical teve lugar, com físicos inventando a noção fantasticamente bela de um *hiperespaço* de onze dimensões — o assunto do capítulo 5. Segundo essa maneira de ver, em última análise não há *nada senão espaço*; até mesmo a matéria não passa de espaço enroscado na forma de padrões minúsculos. Nessa visão, o espaço se torna a totalidade do real, a "substância" subjacente última de tudo que existe. Com cada um desses passos conceituais o espaço assumiu um papel cada vez mais importante na visão científica da realidade, até ser visto agora pelos físicos contemporâneos do hiperespaço como o elemento primordial da própria existência.

Após traçar a história do espaço pré-digital, voltamo-nos, nos capítulos finais deste livro, para o ciberespaço. Que tipo de espaço é esse novo domínio? Como se encaixa na história que estivemos considerando? De fato, como vimos, o próprio ciberespaço está sendo apregoado como um novo tipo de espaço espiritual. Se à primeira vista esse movimento pode parecer estranho, sugiro que, à luz da história, o sonho religioso a propósito do ciberespaço tem certa lógica. Como hoje podemos constatar, muita gente no Ocidente moderno — em especial nos Estados Unidos — *não* está satisfeita com uma visão estritamente fisicalista. Quero sugerir que a "espiritualização" do ciberespaço é parte integrante de um padrão cultural muito mais amplo que é, ele próprio, uma reação a esse reducionismo rígido.

Por mais que os reducionistas insistam em que não passamos de átomos e genes, há claramente mais do que isso em nós. "Eu penso, logo sou", declarou Descartes; e quer troquemos o "penso" por "sinto", ou "sofro", ou "amo", o que resta é o indissolúvel "eu", e com ele temos lidar. O malogro da ciência moderna em incorporar esse "eu" imaterial — esse "eu", essa "mente", esse "espírito", essa "alma" — em sua visão do mundo é uma das principais patologias da cultura ocidental moderna e uma das razões por que muitas pessoas estão dando as costas à ciência. Sentindo que algo de importância fundamental foi obliterado do quadro puramente fisicalista, elas olham em outras direções na esperança de encontrar esse ingrediente vital que falta.

Essa omissão é um fator importante na atração exercida pelo ciberespaço, pois é desse "eu" imaterial que, de certa forma, o ciberespaço está a serviço. Esse novo espaço digital coloca um desafio inesperado ao paradigma puramente fisicalista dos últimos três séculos. Embora seja verdade que o ciberespaço concretizou-se através de subprodutos da ciência física — as fibras ópticas, os microchips e os satélites de telecomunicação que tornam a Internet possível só puderam eles próprios ganhar existência graças à nossa formidável compreensão do mundo físico —, ainda assim o ciberespaço *em si mesmo* não está situado no quadro fisicalista do mundo. Não é possível localizá-lo em nenhum mapa cosmológico. Não é possível determinar suas coordenadas no espaço euclidiano ou relativístico. Como diriam os teóricos da complexidade, é um fenômeno *emergente*, cujas propriedades transcendem a soma de suas partes. Como o Empíreo medieval, o ciberespaço é um "lugar" fora do espaço físico. Alguns podem objetar que não se trata em absoluto de um lugar, ou de um espaço. Mas sustentarei que, de fato, faz jus a essa categorização.

Num determinado sentido, revelamos com o ciberespaço uma espécie de espaço eletrônico da mente. Quando "vou" ao ciberespaço, meu corpo permanece em repouso na minha cadeira, mas algum aspecto de mim "viaja" para outra esfera. Não quero sugerir com isto que deixo meu corpo para trás. Pessoalmente, não acredito que mente e corpo possam se separar — seja durante a vida ou após a morte. O que estou sugerindo é que, quando estou interagindo no ciberespaço, minha "posição" não pode mais ser fixada puramente por coordenadas no espaço físico. Estas são certamente parte da história, mas não da história inteira — se é que alguma vez o são. Quando estou on-line, a questão de "onde" estou não pode ser plenamente respondida em termos físicos. Como veremos no capítulo 6, o ciberespaço está sendo especificamente promovido como um novo reino para o "eu". Aqui, de alguma maneira, há um novo cercadinho em que o excluído "Eu" cartesiano pode brincar — uma espécie de *res cogitans* tecnológica.

De maneira mais problemática, como examinaremos no capítulo 7, o ciberespaço está sendo apresentado também como um novo espaço do "espírito", ou alma. Com os sonhos contemporâneos de *ciber-imortalidade* e *ciber-ressurreição*, temos, sob a roupagem da tecnologia, o ressurgimento de algo não muito diverso da velha alma cristã medieval, algo que chamo a "ciber-alma", e que em última análise quero rejeitar. Ironicamente, ao entrar no século XXI estamos testemunhando o surgimento de um novo tipo de dualismo, uma nova versão da antiga crença de que os seres humanos são seres bipolares. Em discussões sobre o ciberespaço e nas fantasias que o cercam, estamos vendo o renascimento da idéia de que os seres humanos são criaturas dotadas de corpos materiais mortais e de uma "essência" imaterial imortal — algo que poderia viver para sempre depois que morremos, neste caso em forma digital. É exatamente essa concepção que quero contestar.

A fusão de tecnologia com ideais e sonhos religiosos não é na verdade um fenômeno novo. O historiador da ciência David Noble mostrou que no Ocidente cristão a tecnologia sempre foi impregnada de sonhos religiosos desde o final da Idade Média. Nas suas palavras, quando "os defensores da inteligência artificial se tornam mais eloqüentes com relação às possibilidades da imortalidade e da ressurreição baseadas na máquina, e seus discípulos, os arquitetos da realidade virtual e do ciberespaço, se vangloriam em sua experiência de uma onipresença própria de um deus e de uma perfeição desencarnada", não estão fazendo nada de "novo ou estranho". Ao contrário, isso é a continuação de uma tradição milenar.[25]

Em particular, Noble mostrou que, no mundo cristão, a tecnologia é vista desde muito como uma força para apressar o advento da Nova Jerusalém. Em seu livro *The Religion of Technology*, ele descreve o entrelaçamento das artes técnicas com o espírito milenarista e mostra que, do século XII em diante, a tecnologia tem sido percebida como uma ferramenta para precipitar a era prometida da perfeição. Nas vésperas da revolução científica, Johann Andreae, Tommaso Campanella, Francis Bacon e Thomas More imaginaram todos uma Nova Jerusalém construída pelo homem — uma cidade fictícia em que a tecnologia desempenharia um papel-chave. A Cristianópolis de Andreae, a Cidade do Sol de Campanella, a Nova Atlântida de Bacon e a Utopia de More foram todas versões de comunidades cristãs idealizadas notáveis pelo uso que faziam da tecnologia. Também hoje, defensores do ciberespaço sugerem que sua tecnologia vai criar uma nova utopia — um mundo melhor, mais feliz, mais "celestial" para todos. No ciberutopismo contemporâneo, tema do capítulo 8, a tecnologia é digital em vez de mecânica, mas o sonho continua o mesmo.

Assim, no final de nosso percurso, a roda histórica fecha o círculo: de volta ao dualismo, de volta à "alma" (seja lá o que isso signifique num contexto digital) e de volta aos sonhos de uma Nova Jerusalém. Que sentido dar a esses sonhos? Como interpretá-los à luz de nosso próprio tempo? Estas são questões que vamos explorar nos capítulos finais. Quer aprovemos ou não as fantasias tecno-científicas, elas são uma parte cada vez mais poderosa de nossa paisagem cultural, e precisamos compreendê-las, pois esses sonhos estão moldando o modo como importantes tecnologias estão sendo desenvolvidas e implementadas na nossa sociedade. Não se trata apenas das criações imaginárias de autores de ficção científica, trata-se, cada vez mais, dos sonhos relativos ao mundo real de membros influentes da elite tecno-científica.

Tendo criticado e finalmente rejeitado grande parte dessas fantasias ciber-religiosas, vou, contudo, encerrar este trabalho com uma manifestação de meu próprio otimismo, um otimismo que procura interpretar o potencial do ciberespaço não num contexto utópico cristão, mas num contexto que se abre para a fantástica pletora de espaços que as culturas humanas à volta do globo conceberam. Pois me parece que, além da retórica muitas vezes ingênua, o ciberespaço *de fato* nos oferece uma metáfora poderosa e potencialmente positiva para uma compreensão do enigma persistente do quimérico segundo elemento da palavra que o designa. Num certo sentido, esse novo espaço digital pode nos ajudar a manipular a enigmática noção de "espaço" em geral.

Antes, porém, começaremos nossa jornada na era medieval — uma época em que os europeus se viam inseridos tanto no espaço físico quanto no espiritual. Nosso guia para essa era profundamente holística será aquele cartógrafo supremo do espaço cristão da alma, Dante Alighieri.

UM

Espaço da alma

No meio do caminho de sua vida, o poeta florentino Dante Alighieri empreendeu o que se tornou a mais famosa jornada da Idade Média: uma viagem de ida e volta ao fim do universo. Séculos antes do advento da ficção científica, Dante se ergueu acima do reino da Terra, além da Lua e do Sol, através dos planetas e até das estrelas. Não viajou numa espaçonave, ou em qualquer outro tipo de embarcação; seu único instrumento de navegação foi a sabedoria atemporal de seu guia, o poeta romano Virgílio. Que Dante tivesse por companheiro um homem que morrera mais de mil anos antes indica de imediato que não estamos falando aqui sobre nenhum tipo moderno de viagem espacial. No entanto, viagem espacial é precisamente o que os dois poetas fizeram. Sua jornada, como descrita na *Divina comédia*, é uma elucidação épica do cosmo medieval. Enquanto Dante e Virgílio viajam de um pólo ao outro do universo, vemos através de seus olhos uma geografia detalhada de todo o esquema espacial medieval.

A viagem que fazem é não apenas através do espaço físico (como na ficção científica), mas também através do espaço espiritual, tal como concebido pela teologia cristã da época. Trata-se, acima de tudo, da viagem de uma *alma* cristã. Embora Dante parta a pé, aparentemente em plena forma física, no final de sua história ele pergunta a si mesmo se terá viajado em seu corpo ou fora dele.[1] Essa incerteza é resultado de uma característica-chave da imagem medieval do mundo. Nesse esquema dualista, o espaço do corpo e o espaço da alma se espelham um ao outro. Num sentido muito real, Dante viaja ao mesmo tempo com seu corpo e sem ele. Como um ser corpóreo, percorre de ponta a ponta o universo material tal como compreendido pela ciência de seu tempo; simultaneamente, porém, viaja através do domínio imaterial da alma, o reino que para o cristão medieval existia, independentemente do corpo, na vida além túmulo.

Nisso residia, portanto, a diferença mais flagrante entre as imagens de mundo medieval e moderna. Enquanto nosso panorama científico abrange apenas o corpo, e por isso apenas o espaço dos vivos, o panorama do mundo da Idade Média cristã incluía ao mesmo tempo o espaço dos vivos *e* o dos mortos. Como um relato para os vivos sobre a terra dos mortos, a *Divina comédia* é o mapa supremo do espaço cristão da alma. É esse espaço que estaremos explorando neste capítulo.

Contudo, se a alma era soberana na mentalidade medieval, o corpo estava longe de ser irrelevante. A despeito de uma concepção errônea muito difundida, os cristãos do final da Idade Média consideravam o corpo decisivo para a individualidade humana. Tão importante, de fato, que o estágio final de beatificação na trajetória da alma pela vida eterna era assinalado pela sua tão almejada reunião com o corpo no fim dos tempos — a ressurreição de cada pessoa individual, tal como prefigurada pela ressurreição de Cristo. Somente através da unificação de corpo e alma, disse o grande teólogo do século XIII, Tomás de Aquino, poderia o homem retornar plenamente ao estado de graça em que foi concebido pelo Criador de todas as coisas. O poema de Dante nos faz empreender uma jornada em direção a esse estado beatífico.

O espaço da alma medieval cristão era dividido em três regiões ou "reinos" distintos: Inferno, Purgatório e Paraíso, documentados sucessivamente nas três partes da *Divina comédia* — *Inferno*, *Purgatorio* e *Paradiso*. Na descrição de Dante, o Inferno é uma fenda dentro da Terra (Figura 1.1), o Purgatório é uma montanha na superfície dela (Figura 1.2) e o Paraíso coincide com as estrelas (Figura 1.3). Depois da morte, cada alma seria ou levada por um demônio até as portas do Inferno, ou transportada por um anjo numa barca até as praias do Purgatório, que Dante situou numa ilha no meio do hemisfério sul. Só os *verdadeiramente* virtuosos — os santos e os mártires — estavam destinados a ir diretamente para o Paraíso; os cristãos comuns deviam sempre esperar alguma forma de punição após a morte. O "segundo reino" do Purgatório era para eles uma espécie de escola preparatória para o Paraíso.

Teologicamente, o reino intermediário do Purgatório situava-se entre o Paraíso e a Terra, por isso Dante o representou como uma montanha que apontava para Deus. Nesse reino do meio, as almas que não eram suficientemente más para ser condenadas à danação eterna, mas que também não tinham tido vidas impolutas, podiam se livrar da mancha de seu pecado através da *purgação* — um processo que envolvia uma serie de tormentos purificadores. Apesar desses tormentos, as almas do Purgatório estavam numa situação fundamentalmente diversa da experimentada pelas que estavam no Inferno, porque neste a punição era para sempre, ao passo que no Purgatório era apenas temporária. Em essência, o Purgatório era "um Inferno de duração limitada".[2] Teologicamente falando, as almas do segundo reino estavam no mesmo lado do livro-razão que as do Paraíso, e era para *lá* que também iriam finalmente.

Na *Divina comédia*, Dante percorre sucessivamente cada um desses reinos, conduzindo-nos, em uma turnê pessoal, pela paisagem da vida eterna medieval. Começando nas portas do Inferno, ele primeiro nos faz mergulhar no coração das trevas,

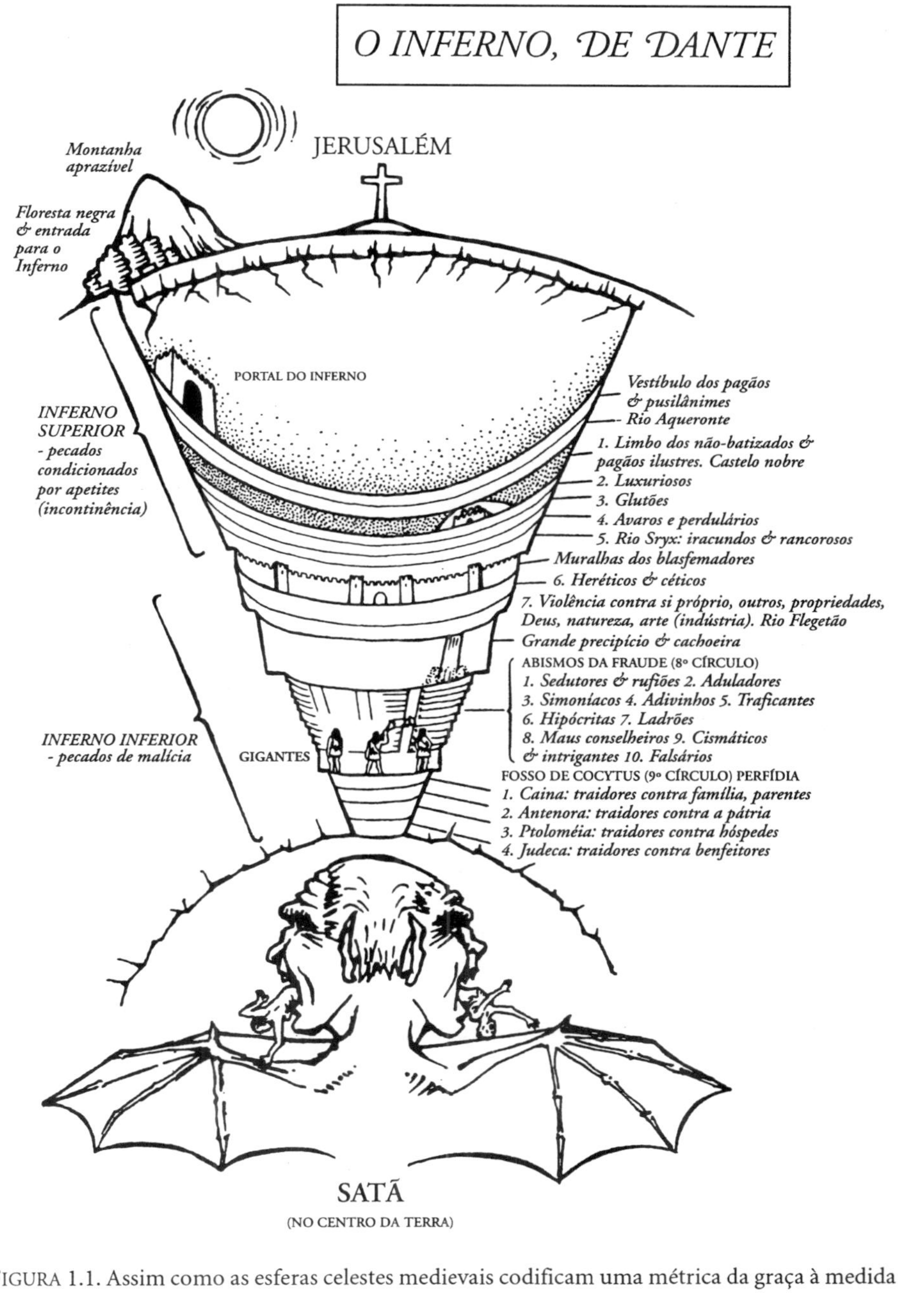

FIGURA 1.1. Assim como as esferas celestes medievais codificam uma métrica da graça à medida que se ascende em direção a Deus, assim também o espaço do Inferno de Dante codifica uma métrica do pecado à medida que se desce em direção a Satã.

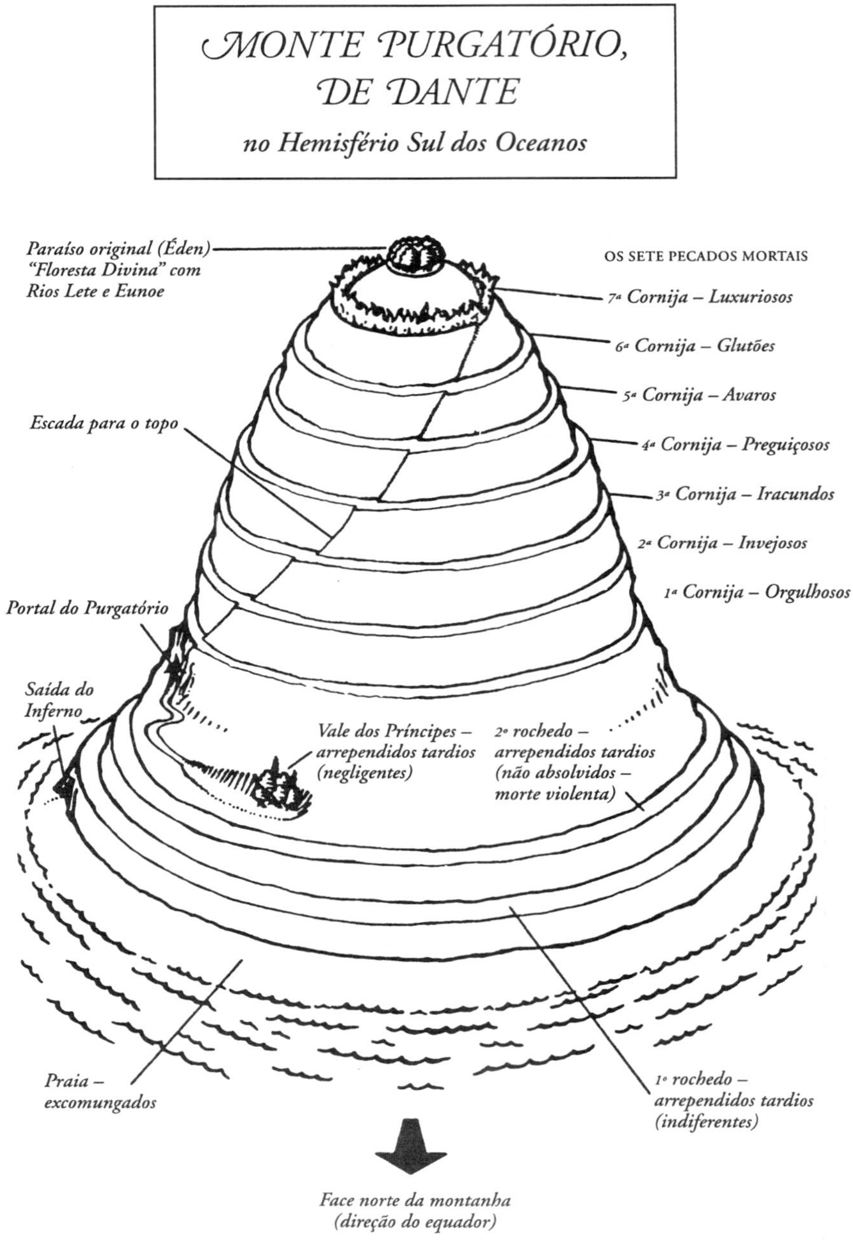

FIGURA 1.2. Para Dante, o Purgatório é uma montanha cônica que aponta para o Paraíso. Do mesmo modo o Paraíso e o Inferno, está também organizado como uma hierarquia espacial.

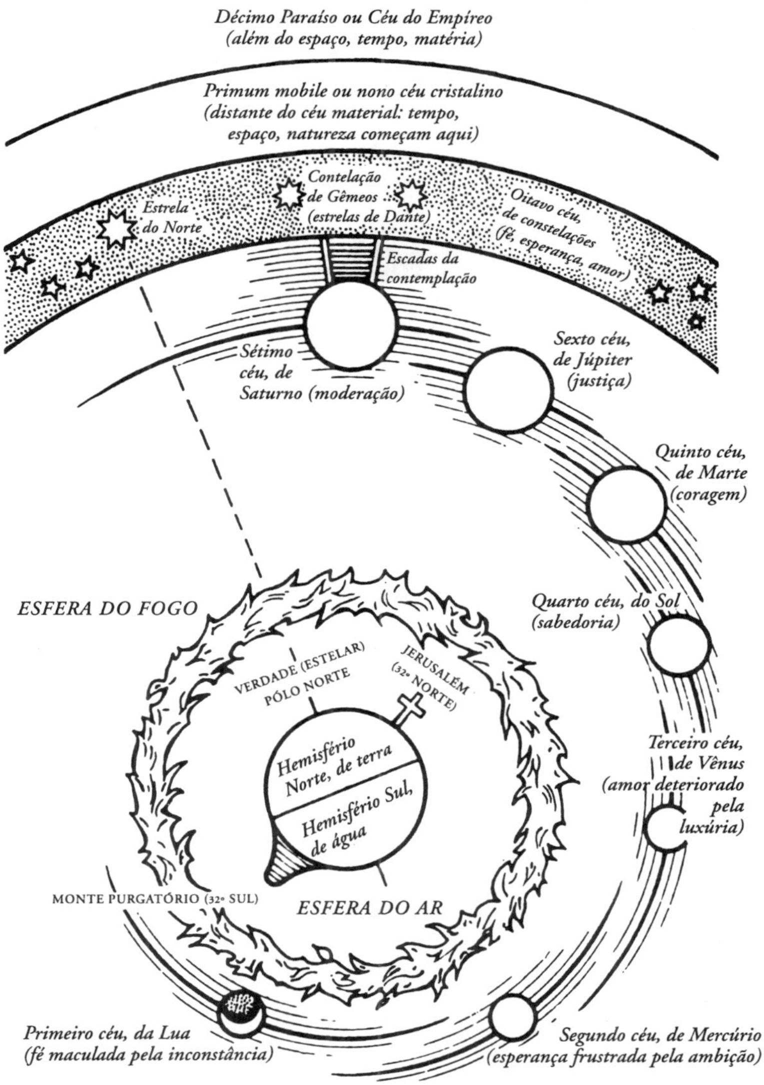

UNIVERSO GEOCÊNTRICO, DE DANTE

mostrando também as virtudes das almas redimidas
que Dante encontrou em sua jornada no Paraíso

FIGURA 1.3. No cosmo de Dante, o céu dos planetas e das estrelas serve como uma metáfora do Paraíso cristão — o domínio de Deus e dos anjos.

nas profundezas cada vez maiores rumo às entranhas do pecado. Avançando rumo a essa zona de horror, emergimos no pé do Monte Purgatório, prontos para iniciar a escalada da salvação. Durante a subida da Montanha Sagrada, nossas almas são purgadas do pecado e assim, purificados, chegamos ao pico da montanha, de onde a leveza de uma alma pura nos permite ascender sem esforço ao Paraíso.

Dante nos mostra tudo isso em incomparáveis tercetos rimados. Mas se a *Divina comédia* é, antes e acima de tudo, a viagem arquetípica de uma alma cristã, é também a história de um homem histórico, real. O gênio de Dante foi combinar a epopéia cristã da alma do "homem" com a história particular de sua própria vida e tempo singulares. Do princípio ao fim, a *Divina comédia* está povoada de pessoas reais que Dante conhecera. À medida que viaja pela vida eterna, ele conversa com essas almas, discutindo as questões mais sutis de teologia e filosofia, além das complexidades da política florentina do final do século XIII e início do século XIV. Até hoje, quase sete séculos mais tarde, os partidários das facções políticas acerbamente antagônicas de Florença — os guelfos e os gibelinos — continuam a nos deleitar com suas rixas locais. Nesse sentido, a *Divina comédia* é uma obra profunda de comentário social, um retrato sem retoques de uma comunidade medieval fraturada, em cujo centro está o próprio Dante.

Pois Dante não foi só um poeta, mas também — pelo menos na primeira parte de sua vida — um animal profundamente político. Como membro da facção guelfa, parece ter desfrutado plenamente a vida turbulenta da elite política florentina. Lamentavelmente, viu-se apanhado no fogo cruzado entre as várias facções e, em 1302, quando afastado da cidade numa missão diplomática junto à corte, foi julgado *in absentia* pela facção contrária e sentenciado à morte. Impedido de retornar a Florença, nunca mais viu sua cidade bem-amada e passou o resto de sua vida no exílio.

Mas, se foi um golpe cruel, o exílio veio a ser também uma "bênção disfarçada",[3] pois o liberou para se concentrar em sua escrita. Não mais podendo participar da política, iniciou o projeto da *Divina comédia*, decidido a criar nada menos que uma nova poética, entretecendo história, filosofia e teologia num todo integrado. Escrito em italiano vernacular, não em latim erudito, o poema é uma extraordinária fusão do secular e do divino, uma mistura audaciosa e única na história cristã. O próprio Dante parece ter encarado o poema como uma espécie de novo evangelho, e desde o início foi acolhido como tal. Nenhum outro texto cristão não-canônico foi tão lido, tão analisado, ou tão amado.

Banido de seu lar e de seus amigos, Dante criou na *Divina comédia* uma nova vida para si. Reduzido ao silêncio em Florença, recriou-se a si mesmo em ficção e deu ao seu "eu" poético uma voz que iria ecoar através das eras. O que temos no poema é, na verdade, um "Dante virtual". De fato sabemos muito mais sobre esse Dante virtual (o que os críticos literários chamam o "Dante-peregrino") do que so-

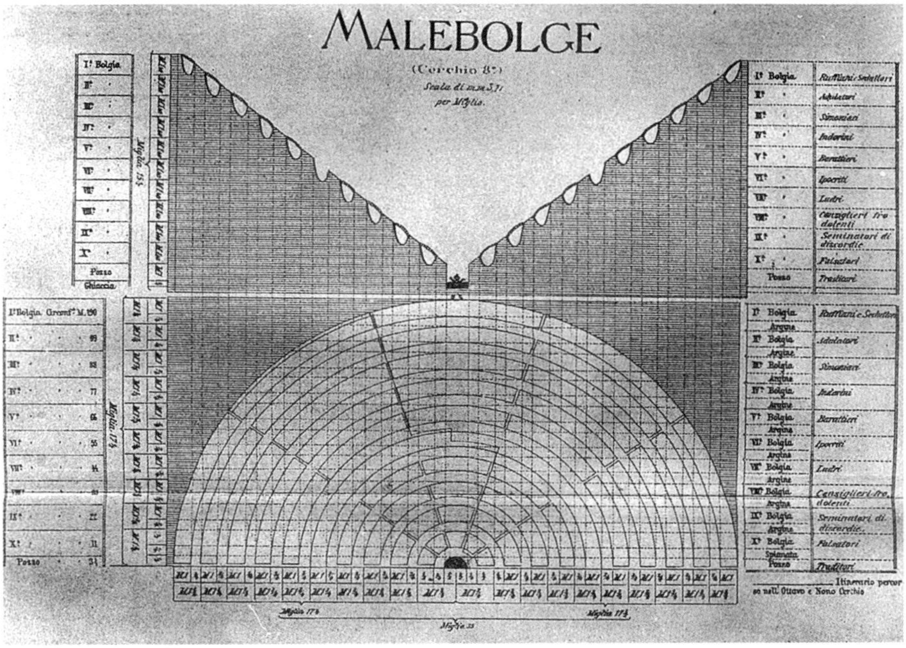

FIGURA 1.4. Seção transversal do Malebolge, extraída da *Topo-cronografia* (1891), de Agnelli. A partir do Renascimento, produziram-se intricados mapas do Inferno de Dante, a que não faltavam mensurações detalhadas.

bre a pessoa histórica real (o "Dante-poeta"). É esse eu virtual que nos fala através dos séculos e é nosso guia pela paisagem do espaço da alma medieval.

Como muitos comentadores observaram, um dos grandes apelos do épico de Dante é a realidade vibrante do mundo que descreve. Caminhando a duras penas através das valas fétidas do Malebolge, ou escalando os socalcos agrestes do Purgatório, temos a impressão de estar realmente lá. Podemos quase sentir o mau cheiro do esterco no Inferno, ouvir o coral dos anjos no Paraíso. Essa pode ser uma viagem da alma, mas poucas obras de literatura despertam tão poderosamente os sentidos físicos. Ouvimos, vemos, sentimos o cheiro do mundo que Dante retrata. Tão real parece esse mundo que, durante o Renascimento, prosperou a tradição de elaborar intricados mapas do Inferno de Dante, a que não faltavam projeções cartográficas e medidas precisas (ver Figura 1.4).[4] Ali havia, verdadeiramente, um rico "mundo virtual". Como a *Divina comédia* demonstra tão bem, a criação de mundos virtuais antecede o desenvolvimento da tecnologia contemporânea da "realidade virtual". De Homero a Asimov, uma das funções de toda grande literatura foi de fato invocar "outros" mundos críveis. Operando puramente com o poder das palavras, os livros nos projetam em realidades alternativas totalmente absorventes. Não por coincidência, a Bíblia se inicia com a frase: "No princípio era o Verbo."

A *Divina comédia*, no entanto, é mais que uma obra de literatura, e há uma diferença importante entre o mundo que Dante invoca e os dos especialistas em realidade virtual (RV) de hoje. O ponto crucial é: os "mundos virtuais" que estão sendo construídos hoje nos computadores têm em geral pouca ou nenhuma relação com o mundo de nossa experiência cotidiana. Para a maioria dos gurus da RV, o que interessa é precisamente *fugir* da realidade cotidiana. Dante, contudo, não estava procurando fugir da vida cotidiana; ao contrário, fundou seu "mundo virtual" em pessoas reais, acontecimentos reais e história real. Longe de tentar fugir da realidade, estava obcecado por ela. Embora seja verdade que na *Divina comédia* encontramo-nos num mundo povoado por demônios e anjos, que descemos pelo corpo de Satã e conversamos com os mortos, devemos lembrar que, para os cristãos do final da Idade Média, tudo isso *era* parte da realidade. Era parte da grande realidade metafísica de que o mundo físico representava apenas uma pequena porção. Em vez de nos atrair para uma fuga da realidade, Dante nos convida a ver a totalidade dela, em toda a sua vasta abrangência *dualista*.

Assim como Dante fundou sua epopéia na história humana real, assim também seu reino da eternidade se funda na cosmologia física e na ciência de seu tempo. Seus três reinos do espaço da alma estão em belo paralelismo com o plano geral do universo físico medieval. Como na Figura 1.3, esse universo era geocêntrico, com a Terra cercada por dez "esferas celestes" concêntricas, que sustentavam coletivamente o Sol, a Lua, os planetas e as estrelas à nossa volta. Cabe destacar que, nesse esquema, também a Terra era esférica. A idéia de que aqueles sofisticados pensadores supunham a Terra chata é um mito, como o historiador Jeffrey Burton Russell mostrou.[5] Nenhum homem de cultura sério do final da Idade Média acreditava que a Terra era chata e, de fato, a *Divina comédia* está cheia de referências à forma esférica de nosso globo. No final do Inferno, por exemplo, Dante se refere reiteradamente ao "hemisfério" sul.[6]

Segundo o plano básico do espaço da alma de Dante, o Céu coincidia com o reino celeste, cercando e envolvendo metaforicamente a humanidade num abraço etéreo; o Inferno estava nas entranhas da Terra, metaforicamente falando na sarjeta do universo; e o Purgatório, sendo uma montanha presa à superfície terrestre, apontava metaforicamente o caminho para o Paraíso. Tudo isso estava longe de ser arbitrário; na verdade, todo o plano era governado por uma lógica rigorosa, inerente à cosmologia medieval e sustentada pela ciência física do tempo de Dante.

Uma característica essencial da ciência e da cosmologia medievais era a crença de que o domínio celeste dos planetas e das estrelas era *qualitativamente* distinto do domínio terrestre do homem e de seu mundo. Na Terra, tudo era mortal e mutável, sujeito à morte e à degradação, mas o reino celeste, segundo a compreensão medieval, era imutável e eterno. No reino terrestre, dizia-se, tudo era composto dos quatro elementos materiais — terra, ar, fogo e água —, no domínio celeste, porém, as coisas eram feitas da quinta essência, ou quintessência, por vezes conhecida como "éter". A natureza exata dessa misteriosa quintessência foi fonte de muito debate, mas o importante aqui é que ela era qualitativamente diferente de tudo que havia no reino terrestre.

Os sábios da Idade Média acreditavam que, à medida que se afastavam da Terra, elevando-se em direção a Deus, as esferas celestes se tornavam sucessivamente mais puras e "etéreas" em virtude de sua crescente proximidade do Ser Supremo. Entre a Terra e o Empíreo havia, portanto, uma gradação de crescente pureza e graça. Matéria e espírito estavam em relação inversa, com a matéria pura (a Terra) no "fundo" do universo e o puro espírito (Deus) no "topo". O esquema cosmológico em sua totalidade assemelhava-se a uma grande cebola metafísica, com a porção "inferior" (a Terra) no centro e cada camada consecutiva ganhando em perfeição à medida que se situava mais acima. De fato, esse universo codificava uma métrica da graça: quanto mais próximo de Deus estava um lugar, mais nobre era considerado, ao passo que quanto mais afastado Dele estivesse, menos participaria supostamente da graça divina.

Assim como o Céu (o Empíreo) estava no *topo* do cosmo medieval, assim também, na lógica inerente a esse sistema, o lugar natural do Inferno era o *fundo* absoluto — isto é, dentro da Terra e tão longe quanto possível de Deus. Como pólo espiritual oposto ao Céu, o Inferno tinha sua localização inexoravelmente determinada pela lógica da cosmologia medieval. O caso do Purgatório, contudo, era um tanto mais problemático. Por causa da sua associação com o pecado, muitos autores situavam o Reino do Meio sob a terra, muitas vezes numa caverna profunda; mas a opção de Dante foi diferente (e bastante criativa). Em consonância com sua condição de casa intermediária entre Paraíso e Terra, ele escolheu concebê-lo como uma montanha arremetendo para cima em direção à graça.

Para os cristãos medievais havia um entrelaçamento inevitável entre o cosmo físico e o cosmo espiritual — o espaço do corpo e o espaço da alma. Mas, uma vez que o reino espiritual significava para eles a *realidade primária*, era acima de tudo por uma bússola espiritual, não por uma física, que se orientavam. A evidência disso está nos mapas da época de Dante. Antes da era da cartografia fundada na matemática, os mapas-múndi europeus representavam em geral apenas uma única massa de terra, o hemisfério norte, com Jerusalém no meio. Nesses mapas, o Paraíso Terrestre (ou Jardim do Éden) era freqüentemente desenhado como uma ilha ao largo da costa mais ao oriente, um detalhe colhido da Bíblia. Para Dante e seus contemporâneos, o mundo físico era sempre um reflexo do "verdadeiro" reino subjacente da alma, e foi nessa realidade primordial que Dante se aventurou de maneira tão memorável. Como a sua história é uma história de redenção, uma escalada rumo à graça e à luz, é natural que comece na parte inferior do cosmo. Nossa exploração do espaço da alma começa portanto como a sua, no portal do Inferno.

Inscrita acima da entrada do reino infernal, saudando Dante e Virgílio, está a advertência célebre, popularmente parafraseada como "Deixai aqui toda a esperança, ó vós que entrais".[7] De fato, para as almas que transpõem esse limiar, a esperança se torna coisa do passado. Uma vez no Inferno, o destino da alma está selado: está condenada à punição até o fim dos tempos e não pode sonhar com alívio nem reparação. À sua frente há só aflição e sofrimento para todo o sempre. Com os dados assim lançados, a narrativa humana se encerra. No Inferno, literalmente, *não há futuro*. Em termos cristãos, o abandono da esperança é sinônimo da perda da redenção. Pela magnitude de seus pecados, as almas do Inferno malbarataram o mais básico direito cristão, a salvação prometida a toda a humanidade pelo sacrifício que Deus fez de Seu filho, Jesus Cristo.

A peregrinação de Dante pelo Inferno é uma "descida" pelo vórtice do pecado, um despencar da graça. A senda que ele e Virgílio trilham é de fato literalmente uma *espiral*, que os faz descer sinuosamente por um longo dia em direção à noite. Vinte e quatro horas é o tempo preciso que passam nessa morada metafórica das trevas, um lugar onde o sol jamais brilha e onde reina a putrefação. Assim como o reino celeste medieval é estruturado em níveis crescentes de perfeição à medida que se eleva pelas esferas celestes rumo a Deus, assim também o Inferno de Dante está estruturado em níveis decrescentes de perfeição à medida que se baixa rumo a Satã. São os famosos nove "círculos" do Inferno. Essencialmente, o Inferno de Dante é o reflexo infernal, ou negativo, de seu domínio celeste. Se o *espaço externo* do Paraíso codifica uma hierarquia da graça, o *espaço interno* do Inferno codifica, reciprocamente, uma hierarquia do mal. À medida que se desce Inferno abaixo, a magnitude e a concentração do pecado vão se tornando maiores, até que no fundo está o próprio Satã.

O verdadeiro Inferno começa não no primeiro círculo — uma terra de ninguém para os não batizados e os não comprometidos, conhecida como "Limbo" — mas na entrada do segundo círculo. É aqui que todo pecador deve encarar o julgamento do monstruoso Minos, o primeiro do memorável elenco de demônios de Dante. A cada vez que uma alma se aproxima desse ser horripilante,

> Ele vê que lugar no Inferno lhe é conveniente;
> E agita a cauda em torno de si mesmo tantas vezes
> Quantos forem os círculos que o pecador deve baixar.[8]

Assim que passamos pelo olhar dardejante de Minos, sabemos de imediato pelos gritos angustiados que rasgam o ar que entramos no reino infernal. E quanto mais descemos, mais pavorosos os gemidos.

No Inferno de Dante, cada círculo está associado a uma classe particular de perversidade: em ordem decrescente, são elas a luxúria, a gula, a cobiça, a ira e preguiça, a heresia, a violência, a fraude e perfídia. Quanto mais se avança, mais graves os pecados. (De nossa perspectiva contemporânea, é interessante notar que para os medievais a luxúria era o pecado *menos* abominável.) Em conformidade com a lógica geral do espaço da alma medieval, as punições no Inferno são proporcionais às transgressões e ficam mais severas à medida que descemos. Assim, no círculo mais alto dos libidinosos, a punição para os que se envolveram em amores ilícitos é terem todo o seu corpo vergastado por um vento implacável e cortante. Seu destino, por assim dizer, é ser infindavelmente açoitado pelos ventos incontroláveis do desejo. Em contraste, nas profundezas do oitavo círculo, encontramos almas chafurdadas em breu fervente que, se tentam fugir, são implacavelmente atacadas por demônios munidos de ganchos. Se baixamos ainda mais, tanto o tormento quanto o desespero aumentam. É verdadeiramente uma descida no desespero.

Nessa espiral descendente, cada círculo do Inferno é também progressivamente menor à medida que o pecado se torna mais concentrado. Essa crescente putrefação da alma é manifestada no próprio ambiente, que se torna cada vez mais escuro, úmido e fétido. Mais que os tormentos, é a ambiência do Inferno de Dante que é medonha. Sentimo-nos asfixiados pelo bafio inescapável. O próprio espaço parece pútrido e a sensação de sufocação logo se torna insuportável. Mas, contrariando a imagem comum de fogo-e-enxofre, o Inferno de Dante fica mais frio à medida que nos aproximamos do núcleo escuro onde Satã reside. No círculo final, chamado Cocytus, as almas dos traidores estão mergulhadas num lago de gelo com somente as cabeças emergindo. Impedidos de movimento, não podem sequer tentar correr de seu tormento. Os piores pecadores não têm nem as cabeças livres; estão totalmente imersos no gelo — "como palhas no vidro" —, condenados para sempre a um torpor glacial.[9]

Mais uma vez, isso está em conformidade com uma lógica interna rigorosa. À medida que descemos rumo ao Inferno, o que constatamos é que as almas estão cada vez mais *confinadas* por seus pecados, até que as do fundo, capturadas no gelo, se vêem completamente imobilizadas pela magnitude de sua iniqüidade. A mensagem de Dante, poeticamente expressa, é que o pecado *aprisiona*. E isso valia, mais que para qualquer outro, para Satã. No meio do Cocytus encontramos o anjo de confiança de Deus decaído, "criatura que havia outrora sido tão bela", enterrado no gelo até o peito.[10] Enorme gigante peludo com três faces monstruosas, cada boca mordendo um pecador, Satã gera com o bater de suas seis grandes asas de morcego o vento enregelante que mantém o Cocytus gelado. São portanto as ações do *próprio* diabo que o mantêm aprisionado. Aqui, no coração do pecado, aprendemos que o Inferno *é um lugar que fazemos para nós mesmos*. Essa é uma das mais fortes mensagens de Dante. Mostrando-nos como o mal asfixia verdadeiramente, ele espera ajudar a reconduzir o leitor à trilha da virtude.

Se a jornada de Dante é antes e acima de tudo espiritual, John Freccero nos alerta que sua descida ao Inferno pode também ser interpretada psicologicamente. "Pode-se dizer que o espaço interno do Inferno", escreve ele, "representa a distância interior de uma descida dentro do eu."[11] No final da Idade Média, o conceito de "alma" abrangia não somente aqueles aspectos do homem que podiam estar relacionados com Deus, mas também o que nós modernos chamaríamos de "emoções". Nessa idade pré-freudiana a noção de uma "psique" puramente secular estava ainda meio milênio à frente, e o discurso medieval da "alma" se estendia por um vasto campo que incluía muitos aspectos do que hoje conhecemos como fenômenos "psicológicos". Assim, embora seja expressa fundamentalmente em termos teológicos, a viagem de Dante deve ser vista também como um metáfora da transformação psicológica. Obedecendo à injunção agostiniana, "Desce, para que possas subir", Dante também viaja para o núcleo escuro de *si mesmo.*[12] Somente após profundo escrutínio de sua "vida interior" ele pode alcançar "o ponto zero" a partir do qual a cura psicológica pode começar.[13] Para Dante, essa cura se inicia no pé do Monte Purgatório.

O especialista em literatura Ronald R. MacDonald afirmou que, como os autores épicos da Grécia e de Roma, Dante compreendia muito bem essa dimensão psicológica de seu texto. Citando, além de Dante, Virgílio e Ésquilo, MacDonald escreve: "Todos esses pensadores e poetas ensinam, de uma maneira ou de outra, que através da luta, do sofrimento e da reflexão, submetendo o eu, individual ou coletivamente, tanto ao pior quanto ao melhor que nele se encerra, é possível efetuar uma passagem de um estado de barbárie e desordem para um estado de integração e harmonia."[14] O trajeto para fora do Inferno, e de subida das escadarias que levam da purgação ao Paraíso, deve portanto ser visto como uma espécie de psicoterapia medieval.

Quer o chamemos "purgação" ou "terapia", o resultado é não apenas uma alma purificada, mas também uma mente curada. Em termos freudianos, poderíamos dizer que a jornada para fora do Inferno e de subida ao Paraíso representa a libertação do eu, o abandono daquela carga tão pesada que *oprime* os homens. No caso de Dante, isso é literal — uma vez que sua jornada é essencialmente uma busca da perfeita *leveza* de ser. Durante o processo de cura psicológica encenado na *Divina comédia*, o espaço interior da mente é transformado de um estado infernal de caos e desespero (metaforicamente denotado pela sordidez do Inferno) num estado celestial de ordem e alegria (denotado pela beleza bem-aventurada do Paraíso). Muito antes de Freud, a teologia cristã codificava em si uma compreensão sofisticada da psicologia humana — como de fato o faz a maioria dos sistemas religiosos e mitológicos.

Para Dante, o processo de transformação psicológica e espiritual é encenado durante o trajeto de escalada do Monte Purgatório, a cuja base ele e Virgílio retornam após ascender das entranhas do Inferno de volta à superfície. Depois da abjeção sufocante do Inferno, aqui no Reino do Meio seus pulmões se enchem de ar fresco, o capim é verde sob seus pés e o céu resplandece azul sobre sua cabeça. Há um palpável tom de otimismo no ambiente; sente-se o cheiro da esperança no ar.

Aqui, como Dante nos diz, "o espírito humano se cura, e se torna apto para saltar para o Paraíso".[15]

Como o Purgatório não era explicitamente mencionado na Bíblia, a questão de sua localização e natureza exatas foi fonte de muitos debates durante a Idade Média. Dante optou por situá-lo no meio de um vasto oceano no hemisfério sul, em situação diametralmente oposta no globo à de Jerusalém (observe a Figura 1.3). Na lógica da *Divina comédia*, a linha que unia esses dois lugares sagrados definia um eixo de salvação através da Terra. Na concepção medieval, padecendo tormentos na Montanha Sagrada, as almas expiavam seus pecados na vida eterna, removendo camadas de perversidades numa inescapável jornada rumo à graça. Como Jacques Le Goff observa, aqui "a ascensão é dupla, tanto espiritual quanto física".[16] Na *Divina comédia*, o Monte Purgatório é, na verdade, uma escada medieval para o Paraíso*.

Se o Inferno era caracterizado pela morte da esperança, o Purgatório poderia ser definido como o lugar da esperança. Para os condenados, o Inferno não tem saída, mas "as almas do Purgatório estão em trânsito", escalando incessantemente a trilha para o Paraíso.[17] Em oposição à estase atemporal do Inferno, o Purgatório é um lugar em que o tempo ainda tem sentido. O processo de purgação pode ser longo e árduo — uma alma com quem Dante conversa havia passado mais de mil anos lá —, mas é sem dúvida um lugar positivo.[18] Aqui a narrativa cristã prossegue à medida que a alma avança rumo a Deus. E, do pé ao topo, a montanha ressoa com hinos de ação de graças entoados para o Senhor. Aqui, são anjos e não demônios que guardam cada nível.

Como o Inferno, também o Purgatório de Dante está dividido em nove níveis distintos, conhecidos como "cornijas", cada um mais purificado que os inferiores. Mais uma vez, a própria estrutura do espaço codifica a transformação espiritual que está sendo encenada, a "passagem de um estado de barbárie e desordem para um estado de integração e harmonia". O primeiro nível é o ante-Purgatório, onde as almas que se arrependeram tarde demais devem cumprir um período de espera antes de ser admitidas à montanha propriamente dita. Equivale ao limbo do Purgatório.[19] Quando por fim ingressam no Purgatório, as almas ascendem através de sete níveis sucessivos de *purgação*, ou purificação espiritual. Cada nível, ou "cornija", está associado a um dos sete pecados veniais, a começar, desta vez, pelos piores e elevando-se até o menos abominável. Em ordem ascendente, são eles: orgulho, inveja, ira, preguiça, avareza, gula e luxúria. Como no Inferno, as punições no Purgatório são proporcionais às transgressões. Na primeira cornija, por exemplo, os pecadores carregam pedras às costas, compensando metaforicamente a "carga" do orgulho. Na cornija da preguiça, as almas devem contrabalançar a letargia que tiveram em vida com azáfama incessante, e na cornija da gula a punição é fome contumaz.

---

* A autora está aludindo à música *Stairway to Heaven*, do grupo de rock Led Zeppelin. (N.R.T.).

Diferentemente do Inferno, porém, o Purgatório não é um pesadelo. Em contraste com o lodo e a imundície do Inferno, a Montanha Sagrada é esculpida numa série de cintilantes terraços de mármore, todos adornados com elegantes entalhaduras representando exemplos de virtude. Se a impressão geral que o Inferno transmite é enxovalhada e sórdida, no Purgatório encontramos ordem e limpeza. Sentimos de imediato que, aqui, a guerra contra o caos está sendo ganha. E enquanto o caminho através do Inferno *descia* em espiral para a *esquerda* — em italiano a palavra é *sinistra* —, o caminho pelo Monte Purgatório *acima* espirala para a *direita*. Assim a própria geometria do trajeto de Dante através do espaço da alma codifica, mais uma vez, o sentido moral de sua viagem.

À medida que sobe pela Montanha Sagrada e sua carga de pecado é aliviada, a alma vai se tornando cada vez mais leve. "No mito cristão", observa Freccero, "o que pesa na alma é antes o pecado que a matéria."[20] Em outras palavras, *o pecado é a gravidade do espaço da alma*, a força depressora que afasta a alma de sua "verdadeira morada" com Deus. Com a crescente leveza engendrada pelo processo de purgação, a alma é inexoravelmente atraída para o Empíreo celeste nas alturas. Assim, no Purgatório, a atração gravitacional (para baixo) do pecado é transmutada na "atração ascendente, orientada para Deus, do amor sagrado".[21] Após subir todas as sete camadas — purificando-se assim de cada ofensa —, a alma emerge, no topo do Monte Purgatório, no "Paraíso Terrestre" — o Jardim do Éden bíblico. Como explica o estudioso de Dante Jeffrey Schnapp, no Purgatório "o curso do tempo é invertido, o pecado apagado, a imagem divina restaurada".[22] A purgação desenrola assim a espiral do pecado e nos leva de volta para o Éden, o berço de nossa inocência.

O contexto inescapavelmente cristão dessa viagem ganha marcado relevo com a chegada de Dante e Virgílio ao topo da montanha. Aqui no Paraíso Terrestre, Dante deve deixar para trás seu bem-amado guia, que de sua parte deve retornar ao Limbo. Segundo a teologia medieval, somente os cristãos propriamente batizados podiam entrar no Paraíso.[23] Assim, nos bosques floridos do Éden, Virgílio é substituído por um guia cristão, a "salvadora" pessoal de Dante, a bela Beatriz. Objeto da que foi talvez a mais magnífica história de amor não correspondido de todos os tempos, Beatriz se torna aqui um símbolo universal do amor cristão. Mais uma vez, contudo, a mulher histórica real, Beatrice de Folco Portinari, é transformada numa versão *virtual* de si mesma. E mais uma vez, é essa Beatriz virtual que conhecemos hoje, ao passo que da mulher que realmente viveu quase nada sabemos. Com essa dama celestial por guia, o Dante virtual, agora metaforicamente purgado de seus pecados, está "puro e pronto para subir às estrelas".[24]

Para seu assombro, Dante descobre que, livre do peso do pecado, sua alma está tão leve que se eleva sem esforço para o domínio celeste. Assim como um rio corre naturalmente montanha abaixo, assim a alma desimpedida ascende naturalmente rumo a Deus, explica a Beatriz virtual.[25] A jornada de Dante através do domínio celeste não é uma viagem para outros "mundos" físicos, como na ficção científica contemporânea, mas uma espécie de dança cósmica extática por um reino crescentemente abstrato de luz e movimento. Aqui, coros luminescentes de anjos enchem o espaço celeste com harmonias paradisíacas — a mítica "música das esferas".

Ao indicar que deixamos para trás o domínio da carne e da dor, as almas no Paraíso de Dante não aparecem para ele sob suas formas materiais como o fazem nos dois primeiros reinos. Aqui elas são tão-só formas resplandecentes de luz. Ademais, segundo a associação neoplatônica da luz com a graça, tanto as almas individuais como todo o ambiente celeste tornam-se progressivamente mais radiantes. A luz, como fato e como metáfora, é uma característica distintiva do Paraíso. O mesmo se aplica ao movimento. Após a lúgubre e penosa caminhada através do Inferno e da lenta escalada do Monte Purgatório, o Paraíso imprime à alma uma velocidade extraordinária. Dante e Beatriz percorrem zunindo esse espaço celeste como "setas" arremetidas por um arco.

Como os dois reinos inferiores, essa região final do espaço da alma de Dante é organizada numa hierarquia de nove níveis, desta vez mesclando-se naturalmente com a hierarquia medieval das esferas celestes. Assim, encontramos no *Paradiso* uma elaborada fusão de ciência e religião à medida que Dante entrelaça sentido teológico e fato cosmológico. Aqui, por exemplo, é dito que a esfera da Lua significa a fé. Mas como muda de aparência quando cresce e mingua, a Lua se torna para Dante um símbolo da fé maculada pela inconstância — como os monges e freiras que se desviam de seus votos. Assim como no *Inferno* e no *Purgatorio* cada nível da hierarquia estava associado a um pecado particular, no *Paradiso* cada esfera celeste está associada a uma das virtudes cardinais cristãs: juntamente com a fé e a esperança, o amor, a prudência, a coragem, a justiça e a moderação.

No entanto, se no Inferno uma hierarquia de pecadores parecia justificável, Dante fica de início perturbado ante a hierarquia celeste das almas abençoadas. Não mereceria toda alma salva estar tão próxima quanto possível de Deus? Não deveriam todas elas estar no *mesmo* nível? Em resposta às indagações de Dante, Beatriz explica que cada alma reside na esfera que melhor corresponde à sua própria natureza espiritual. Todas são eternas, todas abençoadas, mas apenas algumas têm uma sensibilidade mais apurada para a graça. Essa hierarquia é importante para Dante, porque a única característica que esse domínio celeste partilha com o domínio infernal é serem ambos espaços em que o tempo efetivamente terminou. Como no Inferno, as almas do Paraíso não se deslocam nem para cima nem para baixo na hierarquia; estão fixadas para sempre em suas esferas. Como o Inferno, o Paraíso é um beco sem saída — um beco jubiloso e bem-aventurado, sem dúvida, mas ainda assim um lugar onde o tempo cessou.

Das três regiões da eternidade, o Paraíso é a única que Dante tem dificuldade em descrever. Enquanto o *Inferno* e o *Purgatorio* apresentavam ambos uma paisagem e um conjunto de imagens bem definidos, o *Paradiso* é célebre por sua nebulosidade. Nos dois reinos inferiores, as provações da carne fornecem o combustível imagético, mas o estado bem-aventurado das almas no *Paradiso* dá pouco ensejo à visualização. À medida que Dante e Beatriz fazem sua escalada, há uma profusão de luzes alegres e magníficas faixas de névoa fulgurante, mas não uma verdadeira geografia. Estamos agora no reino do puro espírito, um espaço que, Dante admite, em última análise, desafia a descrição. Nos cantos finais do *Paradiso*, quando ele finalmente ingressa no Empíreo, as palavras finalmente lhe faltam. A mensagem — tanto concreta quanto metafórica — é que, na presença de Deus, atingimos não só os limites do tempo e do espaço como também os limites da linguagem. O Paraíso podia ser a apoteose do espaço da alma medieval, mas precisamente em razão de sua *perfeição* está essencialmente além das palavras humanas. É o reino do inefável.

A estase essencial do Paraíso e do Inferno significava que a cavilha do espaço da alma medieval era realmente o Purgatório. Somente no segundo reino o tempo continuava a fluir num sentido significativo. Segundo muitos teólogos medievais, o tempo no Purgatório era de fato igual ao tempo terrestre, estando os dois espaços unidos pela mesma matriz temporal. Além disso, a teologia medieval admitia que o processo de purificação do Purgatório podia ser afetado pelas ações dos *vivos*. A fronteira entre a terra dos vivos e o segundo reino da vida eterna era na verdade surpreendentemente permeável. Para citar Le Goff, o Purgatório estabelecia uma "solidariedade ... entre os mortos e os vivos", instituindo um elo entre os dois mundos e servindo como uma ponte conveniente entre o espaço físico e o espaço espiritual.[26]

Devido à sua "proximidade" da Terra dos vivos, o Purgatório desempenhou um papel-chave na imaginação medieval. A começar do início da Idade Média, houve um volume crescente de literatura relacionada com ele, grande parte descrevendo visitas dos vivos ao segundo reino, ou visitas feitas à Terra por almas que de lá voltavam. Com o Purgatório, espaço do corpo e espaço da alma se tornam, efetivamente, países contíguos.

Antes da *Divina comédia*, a mais famosa aventura envolvendo o Purgatório foi um campeão de vendas medieval, *O Purgatório de são Patrício*, uma história do século XII em torno de uma viagem supostamente verídica que o cavaleiro Owein faz ao Purgatório.

Como Dante, Owein entra no "outro mundo" através de uma caverna no solo, situada neste caso nos terrenos de uma igreja real em County Donegal, na Irlanda. (A igreja está de pé até hoje.) A paisagem infernal da viagem de Owein tem mais em comum com os horrores do *Inferno* de Dante do que com sua visão purificadora do *Purgatorio*, mas as almas que ele encontra também estão a caminho do Paraíso. Nessa versão, Owein percorre campos onde homens e mulheres nus estão pregados na terra, sob o ataque de dragões e serpentes. Em outro lugar, são cozidos vivos em metal fundido ou assados em espetos. Outros ainda estão pendurados em ganchos pelos olhos e os genitais. No todo, é uma visão de pesadelo, mas a viagem tem um final feliz no Paraíso Terrestre, a que Owein também pode aspirar, segundo lhe é dito, se conduzir propriamente a sua vida.

Histórias como essa têm clara função moral; mas serviam também para alimentar as imaginações medievais. Assim como a ficção científica nos diverte hoje com relatos fantásticos de aventuras no espaço, o Purgatório fornecia um cenário para aventuras fantásticas no espaço da alma. Só um gênio poético como Dante podia lidar com as abstrações do Paraíso, e só os verdadeiramentes audaciosos ousavam invadir o domínio do Inferno, mas o Purgatório era um espaço em que a imaginação e o impulso narrativo podiam estar à solta. Owein não foi o único que se aventurou no Purgatório através da caverna de County Donegal. Essa entrada para a vida eterna teria supostamente sido mostrada ao são Patrício original pelo próprio Cristo, e desde então as pessoas vinham fazendo peregrinações ao local para se purgarem do pecado. O perigo era que, ao que parecia, muitos que entravam no buraco jamais saíam.

Na ambiência imaginativa que reinava na Europa no final da Idade Média, havia considerável trânsito entre a terra dos vivos e o segundo reino da eternidade. A maioria dos que visitavam o Purgatório, no entanto, não o fazia corporalmente; iam puramente em espírito, suas almas deixando o corpo para trás, numa espécie de viagem astral medieval. Uma jornada como essa foi relatada pela mãe do monge Guibert de Nogent, que lá testemunhou as provações sofridas por seu falecido marido. Na outra direção, o renomado teólogo do século XII Peter Damian contou histórias da visita fantasmagórica feita por um homem morto a um afilhado seu, e da visita de uma mulher morta à sua afilhada. Para a mentalidade medieval, a fronteira com o Purgatório era extremamente porosa: os mortos visitavam os vivos e os vivos visitavam os mortos. Espaço do corpo e espaço da alma estavam inextricavelmente entrelaçados.

Para os cristãos do final da Idade Média, o sofrimento das almas no Purgatório era de fato muito real. Ademais, eles acreditavam que os vivos tinham o poder de *mitigar* esse sofrimento e ajudar os mortos a atravessar mais rapidamente esse tempo de provação. Isso podia ser feito mediante o oferecimento de orações em nome dos mortos, ou de donativos para a Igreja. Essa prática, conhecida como "sufrágio", passou a desempenhar um papel-chave na vida cristã no final da Idade Média. Ao longo de toda a sua jornada pelo Purgatório, Dante recebe agrados de almas que lhe imploram que lembrem a seus parentes lá na terra de rezar por elas e assim aplacar seus tormentos.

Aparentemente, o sufrágio podia ser muito eficaz. Na oitava cornija do Purgatório, Dante encontra a alma de seu amigo Forese, que, embora tivesse morrido havia apenas cinco anos, já avançara quase até o topo da montanha, façanha que realizara graças às "preces devotas" de sua dedicada mulher Nella.[27] A responsabilidade pelos sufrágios recaía basicamente nos ombros dos parentes mais chegados, especialmente cônjuges; freqüentemente, porém, monges e freiras em suas ordens religiosas também "assumiam a oração pelos mortos como uma de suas obrigações diárias".[28]

Ao unir os vivos e os mortos numa rede complexa de responsabilidade, o sufrágio criava uma "extensão dos laços comunais ao outro mundo".[29] Os vivos na Terra e os mortos no Purgatório formavam uma espécie de superconjunto da humanidade, abarcando o que Le Goff chama com astúcia de "a falsa fronteira da morte".[30] Os vivos rezavam por seus mortos queridos não só por caridade, mas também porque tinham a esperança de, chegada sua própria hora, serem também auxiliados pelos que deixassem para trás. Era uma espécie de confucionismo cristão do além-mundo.

Ao estender a eficácia da ação cristã à vida eterna, o sufrágio — que também incluía missas e ofícios religiosos especiais — trazia as almas do Purgatório para a esfera do poder *clerical*. "Embora Deus fosse nominalmente o juiz soberano no outro mundo", a Igreja Católica Romana "sustentava que devia ter uma jurisdição (parcial) sobre elas."[31] Segundo são Boaventura, o influente teólogo do século XIII, os papas tinham até o poder de livrar almas por completo das punições do Purgatório. Foi o que o papa Bonifácio VIII houve por bem fazer no ano jubileu de 1300, quando decidiu assegurar o pleno perdão dos pecados de todos que fizessem uma peregrinação a Roma naquele ano.

Na prática, contudo, o poder teórico dos papas de livrar almas do Purgatório foi raramente usado, pois a Igreja estava menos interessada em libertar almas mortas do que em manter um sistema que contivesse as almas vivas no redil cristão. Era do interesse do clero que *não* se pudesse escapar facilmente do Purgatório, porque a Igreja se beneficiava largamente do pagamento de missas especiais e outros serviços encomendados como sufrágio. Para falar sem rodeios, "o Purgatório proporcionava à Igreja ... um lucro considerável".[32] Como não é de surpreender, esse sistema estava aberto ao abuso e acabou por gerar muita corrupção clerical. Como guardas da fronteira entre duas nações, o clero que "patrulhava" os limites entre o espaço do corpo e o espaço da alma sucumbia com demasiada freqüência a doações ilícitas.

O abuso desse sistema montado em torno do Purgatório era especialmente flagrante quando a hora da morte se aproximava. Mesmo os que haviam levado vidas pecaminosas podiam, na teoria, encontrar a salvação caso se voltassem sinceramente para Deus antes de seu último suspiro. No sistema de sufrágios, o arrependimento tardio também assumia forma financeira e não raro homens e mulheres abastados faziam grandes doações à Igreja em seus últimos anos de vida, ou lhe legavam imensas somas em seus testamentos. Foram práticas desse tipo que conduziram à percepção de que algumas pessoas estavam tentando comprar seu ingresso no Paraíso. Essa percepção acabou por levar Martinho Lutero e outros reformadores protestantes do século XVI a condenar o Purgatório como uma abominação católica. Lamentavelmente, como os sistemas judiciários do mundo todo, o sistema do Purgatório *era* um ímã para a corrupção; mas a podridão em suas fileiras não devia arruinar toda a idéia. Quaisquer que tenham sido as falhas que gerou na prática, o Purgatório foi uma invenção gloriosamente humana que sofreu grave deformação na Idade Moderna.

Ao fornecer um espaço para a expiação espiritual, o Purgatório deu origem ao que foi chamado, com pertinência, de uma "contabilidade do além".[33] Alguns pecados são claramente mais graves que outros: qual era a penitência própria para cada um? Quanto de provação no Purgatório deveria ser reduzida pela penitência feita enquanto o pecador ainda estava vivo? E quanto em decorrência de cada sufrágio oferecido pela alma do morto? A duração exata da permanência de uma alma no Purgatório dependia da natureza dos pecados cometidos, da penitência cumprida em vida e da intensidade dos sufrágios oferecidos pelos vivos após a sua morte. No todo, essa contabilidade de partidas dobradas da alma era um negócio complexo.

O desejo de uma contabilidade satisfatória do pecado foi decisivo para que o Purgatório surgisse como um reino plenamente desenvolvido do além. Como a Bíblia só menciona explicitamente o Céu e o Inferno, o segundo reino levou um longo tempo para se estabelecer propriamente no pensamento cristão. Só no Concílio de Lyon, em 1274, ele recebeu aprovação teológica formal; até então o espaço da alma consistia oficialmente de apenas dois reinos. Esse devir do Purgatório é um caso raro em que podemos ver a emergência de *um novo espaço do ser*. Como tal, tem importantes paralelos com a criação do ciberespaço hoje, sendo por isso fascinante ver como esse novo espaço medieval surgiu.

A idéia de que se deve responder pelos pecados que se comete sempre fora central, por certo, na escatologia cristã: como o *Apocalipse* deixa claro, ninguém escapa ao Juízo Final. Ali, o autor descreve como "viu os mortos, grandes e pequenos, postados diante do trono ... e os mortos eram julgados pelo que estava escrito nos livros, pelo que haviam feito".[34] Assim, os bons seriam admitidos no Paraíso quando soasse a última trombeta, por mais humildes que tivessem sido na Terra, enquanto os maus, por mais elevada que tivesse sido sua posição na Terra, não teriam entrada.

Mesmo a justiça divina, porém, raramente é uma questão de sim ou não. A polaridade estrita do Paraíso e do Inferno cristãos primitivos entrava em conflito com a noção de um Deus *misericordioso*, um Deus que por Sua própria natureza deseja acolher tantos fiéis quanto possível em Seu seio eterno. O que dizer por exemplo, perguntou o teólogo Guilherme de Auvergne, do caso de alguém que é subitamente assassinado?[35] Como não teria tido a oportunidade de expiar seus pecados antes da morte, essa alma não se qualificaria para o ingresso no Paraíso, mas, contanto que não tivesse cometido nenhuma ofensa abominável, não parecia justo que fosse condenada à danação eterna no Inferno. A misericórdia divina em casos como esse foi freqüentemente expressada na literatura medieval por histórias de anjos em luta com demônios pela posse das almas recém-libertadas do corpo. Dante conta uma luta assim pela alma de Buonconte da Montefeltro, um soldado morto no campo de batalha.[36]

No entanto, a própria concepção da misericórdia divina também suscitava um dilema, pois, se Deus iria simplesmente perdoar toda sorte de pecados imediatamente após a morte, qual era o sentido de lutar arduamente por uma conduta santa enquanto se estava vivo? Se a misericórdia divina fosse muita, não haveria *incentivos* para santos e mártires. Com o decorrer do tempo, a concepção cristã da justiça divina, conjugada à noção de um Deus misericordioso, levou de maneira quase inevitável à necessidade de um lugar na vida eterna em que as almas que não mereciam a condenação pudessem limpar as máculas de seus pecados — um lugar de que os *verdadeiramente* virtuosos passariam ao largo. A Igreja primitiva reconhecia essa necessidade, mas de início declarava que essa purificação espiritual ocorria na forma de um abrasamento instantâneo da alma imediatamente após a morte. Do século V em diante, contudo, essa purgação instantânea foi sendo gradualmente transformada na idéia de um lugar onde a alma corrompida passaria um certo período. Agora, quanto maiores os pecados de uma pessoa, mais tempo ela sofreria. Santos e mártires continuariam indo diretamente para o Paraíso, mas os demais passariam por um período substancial de punição. Com o Purgatório como o "reino do meio", a justiça divina seria satisfeita em todas as frentes.

A única sombra perturbadora sobre esse quadro róseo era o problema dos "pagãos nobres", como Virgílio, o guia bem-amado de Dante. Como era possível, Dante perguntava, que pessoas como Virgílio, que viveram antes do nascimento de Cristo, tenham sua entrada no reino do Céu negada para sempre? Ademais, como podiam pessoas da própria época de Dante, que viviam em lugares como a Índia e a China, além do domínio do cristianismo, estar também condenadas? Em suma, como podem aqueles que nunca ouviram falar de Cristo ser considerados condenáveis por não terem sido batizados na "verdadeira" fé? Esta é uma questão que o grande épico italiano nunca responde, e na verdade ela "assombra o poema".[37] Mas se a concepção de justiça divina do final da Idade Média não englobava *toda* a humanidade, para os que estavam na esfera cristã o Purgatório a ampliava da mais bela maneira. Como Dante bem compreendeu, o Purgatório era a senda para a salvação.

Histórias sobre viagens de ida e de volta ao reino dos mortos tendem a evocar profundo ceticismo em nós, modernos de mentalidade "científica". Assim, surge a questão: sejam quais forem as façanhas do Dante virtual, o Dante histórico real acreditava *realmente* nessa visão da vida eterna? Ele e seus contemporâneos acreditavam realmente na existência de uma vasta fenda dentro da Terra? Acreditavam realmente numa montanha em terraços em posição oposta à de Jerusalém? Acreditavam realmente num conjunto de esferas celestes de cristal? Num ensaio famoso, Jorge Luis Borges respondeu a essas perguntas na negativa. A idéia de que Dante acreditava na "realidade" de sua visão é "absurda", diz ele.[38] Mas, embora Borges esteja certo sob um aspecto — Dante certamente jamais pretendeu que seu poema fosse lido de maneira *puramente* literal —, não considero a proposição assim tão "absurda". Como Le Goff escreveu, viagens ao outro mundo "eram consideradas 'reais' pelos homens da Idade Média, mesmo que as descrevessem como 'sonhos'".[39]

Um problema relevante, eu sugiro, é que as próprias perguntas suscitadas aqui são quintessencialmente modernas. Elas são formuladas no contexto de nosso paradigma puramente *fisicalista*, que era totalmente estranho à mentalidade medieval. Quando perguntamos se Dante "realmente" acreditava num conjunto de esferas celestes ou numa fenda infernal dentro da Terra, estamos fazendo perguntas sobre o *espaço físico*. Nas nossas mentes, começamos a pensar a que distância da Terra estaria a esfera lunar. A que profundidade, sob o solo, se situaria o segundo círculo do Inferno? Qual poderia ser a longitude do Purgatório? Pensamos isso porque não podemos deixar de fazê-lo. Nossas mentes foram tão adestradas — nossos cérebros tão lavados — para pensar o espaço em termos puramente físicos que nos é quase impossível pensar de outra maneira. Não é só uma questão de que fomos à Lua e não encontramos nenhuma esfera de cristal, ou de que circunavegamos o globo e não encontramos nenhuma montanha em terraços; simplesmente não somos capazes de conceber um lugar como "real" a menos que tenha uma localização matematicamente precisa no espaço físico.

De uma perspectiva puramente física, é absurdo sugerir que o Inferno está dentro da Terra ou o Paraíso sobre as estrelas, mas no esquema holístico de Dante e seus contemporâneos, essas eram as localizações *lógicas* para esses reinos. No esquema cristão medieval, Deus era o princípio organizador do espaço: Sua presença dava ao universo uma direção intrínseca, *para cima*, ao passo que o pecado criava uma atração intrínseca *para baixo*. A lógica interna do sistema ditava que o Paraíso devia estar no "topo" do universo e o Inferno no "fundo". A "realidade" não podia ser avaliada em termos puramente físicos, e sim vista num sentido mais amplo que abarcava ambos os espaços, físico e espiritual.

O mundo de Dante é "real" também num outro sentido — o psicológico. Assim como o Inferno está realmente *dentro*, psicologicamente falando, o Paraíso está *lá fora*. Não foi por mero costume medieval que o Paraíso de Dante foi situado acima da Terra, fora do caos obsessivo das mentes e das ações de homens doentios. Nas palavras de Le Goff: "À medida que nos deslocamos do Inferno para o Purgatório e do Purgatório para o Paraíso, as fronteiras são empurradas, o espaço se expande."[40] Não apenas o espaço físico, mas também o psicológico. *Espaço para mover-se* é a essência da liberdade tanto para a mente quanto para o corpo, e mais uma vez uma lógica perfeitamente plausível determina que o Paraíso estaria acima do domínio finito da Terra. Se o Inferno é uma cloaca em que a psique mal pode se "mover", o Paraíso é um campo infinito de provisão e amor — um espaço que *devia* transcender a finitude de nosso pequeno globo material.

Na cosmologia de Dante, alma *e* corpo são ambos libertados no espaço ilimitado do Paraíso. Ironicamente, é aqui, nessa região que é a mais tênue das três regiões da vida eterna, que encontramos os dois lados do homem mais inextricavelmente entrelaçados. É no Paraíso que a alma e o corpo cristãos se tornam finalmente *um*. Essa integração celeste não só serve como um lembrete final do quanto a imagem medieval do mundo era profundamente holística, como dá relevo aos paradoxos que esse holismo acarreta. Embora seja a apoteose do esquema espacial medieval, o Paraíso é ao mesmo tempo seu âmbito mais problemático. Precisamente por ser o domínio de Deus, é o lugar mais dificilmente conciliável com o homem.

Os profundos problemas associados ao Paraíso medieval cristão podem ser sintetizados numa única palavra: "ressurreição". É um lugar-comum da doutrinação pós-Renascimento que os medievais desprezavam o corpo, mas na verdade os teólogos cristãos ortodoxos da Idade Média insistiam em que o corpo era um componente essencial da individualidade humana. A teologia medieval sustentava que no fim dos tempos, quando a última trombeta soasse, os abençoados teriam assegurada a vida eterna tanto do corpo quanto da alma. Essa era a promessa que liam na ressurreição de Cristo e na sua ascensão corpórea ao Paraíso.

No Empíreo, os eleitos iriam se sentar na presença de Deus íntegros em espírito, mas completos também em carne, sangue e osso. O maior de todos os teólogos medievais, Tomás de Aquino, "disse explicitamente que a alma separada do corpo não é uma pessoa".[41] Para ele, diz o historiador Jeffrey Burton Russell, "não apenas a alma é mais humana com seu corpo do que sem ele, é realmente mais semelhante a Deus, porque com o corpo sua natureza é mais perfeita".[42] Ao longo de toda a *Divina comédia*, Dante ecoa esse tema, contando-nos diversas vezes como as almas dos abençoados anseiam pelo momento em que serão reunidas com seus membros.

Os teólogos dos séculos XII e XIII devotaram considerável energia a discussões do modo preciso como se daria o processo da ressurreição do corpo. De que maneira a matéria seria reconstituída? De que maneira partes separadas, como membros amputados, seriam religadas? Seriam aparas de unhas ressuscitadas? E cabelos cortados? Prepúcios circuncidados? Cordões umbilicais? Mas sob essas perguntas encontrava-se um dilema muito maior: como é possível ter um corpo, seja ele como for, num "lugar" que está, tecnicamente falando, *além* do espaço e do tempo? O Céu — o verdadeiro Céu do Empíreo — só é alcançado no fim dos tempos, quando o universo literalmente termina. Quando os abençoados forem finalmente para o Céu, para se sentar à luz do Senhor, também eles estarão, como Deus, em "eternidade". Tempo e espaço terão deixado de existir. A promessa de "salvação eterna" não significa salvação por todos os tempos, mas salvação transcendendo o tempo. O Céu não está *no* tempo; do mesmo modo que Deus está *além* do tempo. E além do espaço também, pois tempo implica movimento e movimento implica espaço. Não se pode ter um sem o outro. Mas se o Céu está além do espaço, porque o espaço deixou de existir, como então se pode ter um corpo ali?

Como Russell escreve: "Não é concebível que criaturas como os seres humanos, dotadas de processos sensórios, intelecto e emoção possam existir sem espaço e tempo."[43] Não se pode sequer cantar um hino sem a existência do tempo, porque "se não há tempo, não pode haver seqüência".[44] Dilemas similares aplicam-se ao espaço porque, se não há espaço, não pode haver corpos extensos, nem portanto gargantas para cantar. Alguns teólogos do final da Idade Média tentaram contornar esses problemas considerando o Céu a morada não de corpos físicos, mas de "corpos glorificados". Mas, como Russell observa com ironia, até corpos glorificados "precisam de tempo para cantar um hino ou pensar um pensamento".[45]

O dilema básico aqui é que "a idéia de eternidade condiz muito melhor com Deus do que com o Céu",[46] sendo este um espaço que, afinal, deve conter seres humanos. Mesmo que não possamos realmente visualizar um Deus sem espaço e tempo, podemos ao menos conceber um ser divino transcendente. Mas a noção de um ser *humano* transcendente é inerentemente problemática. A humanidade, por sua própria natureza, parece estar atada tanto ao espaço quanto ao tempo. Esse é o enigma com que Dante se confronta no final de seu poema. Como imaginar as almas ali abrigadas se, afinal de contas, não há nenhum "ali" onde possam estar? A solução de Dante para esse enigma reside numa dissolução extática na geometria. Atravessando "a pele do universo" o Dante virtual avista um Ponto Resplandecente de luz à cuja volta giram nove anéis de fogo: Deus e as ordens angélicas expressos simbolicamente em luz. Aqui, todas as direções e todas as dimensões se fundem: "O Ponto Incandescente é não só o centro, a mais profunda, mas também a mais alta, a mais externa" referência.[47] Nesse único ponto de amor infinito está contida a totalidade do tempo e do espaço.

Não há palavras capazes de explicar o "lugar" que não está em parte alguma, o "ponto" que está em toda parte. Nenhuma metáfora pode descrever a fusão de corpo e alma na Unicidade que para os cristãos medievais era a fonte de tudo. No instante dessa visão beatífica, a linguagem finalmente falha a um de seus maiores expoentes. Espaço do corpo e espaço da alma amalgamaram-se num espaço único. O mistério está além da intelecção.

DOIS

Espaço físico

Na parede frontal da nave da Capela Arena em Pádua está uma de minhas imagens prediletas da arte medieval, numa pintura que anuncia uma reviravolta capital na cultura ocidental. A cena, que se estende pelo topo da arcada que leva à abside da capela, é da Anunciação, aquele encontro seminal em que Deus, através de seu arauto, o arcanjo Gabriel, torna Maria a mãe de Seu filho (Figura 2.1). Do lado esquerdo do arco ajoelha-se Gabriel e do lado direito ajoelha-se Maria (Figura 2.2). Sobre esse devoto par, tomando o espaço acima do arco, voa uma hoste de anjos celestes em celebração do encontro sagrado que abaixo se realiza. Mediante o corpo e o consentimento de Maria, Deus dá seu filho à humanidade para que possamos ser redimidos. A cena da Anunciação foi pintada milhares de vezes; é uma das imagens centrais do cânone cristão, representando o momento supremo em que a encarnação do divino se inicia na Terra. Nas duas figuras ajoelhadas, Deus e a humanidade — Céu e Terra — são conjugados.

Mas se a cena teria parecido extremamente familiar a um visitante da Capela Arena do século XIV, a maneira como Giotto a interpretou estaria longe disso. De fato, deve ter parecido espantosa. Ali estava o equivalente medieval da *realidade virtual*, imagens tão convincentemente sólidas e aparentemente tridimensionais que visavam dar aos espectadores a impressão de estar contemplando figuras físicas reais em aposentos físicos reais. O que a Anunciação da Arena tem de tão impressionante é que Giotto representou cada uma das figuras de tal modo que temos a impressão de estar olhando, *através* da parede, um espaço físico "real" *sob* o plano da pintura. É como se o arcanjo e a Virgem estivessem "realmente ali", num pequeno mundo virtual próprio além da parede da capela.

Nessa sensacional versão de Gabriel e Maria, uma revolução é anunciada. Vemos aqui as primeiras cintilações de uma nova maneira de pensar que iria culminar na concepção "científica" moderna de *espaço físico*. A evolução e o desenvolvimento dessa visão do espaço é a história deste capítulo — que, como veremos, entretece as histórias da arte e da ciência.

FIGURA 2.1. A Capela Arena, em Pádua, é um mundo virtual medieval.

FIGURA 2.2. Capela Arena, *Anunciação*. Como personagens num cenário, Gabriel e Maria parecem estar em aposentos físicos reais recuados em relação à parede.

Com Gabriel e Maria, de Giotto, damo-nos conta imediatamente de uma guinada radical em relação ao estilo chapado da arte medieval anterior. As imagens góticas praticamente não haviam transmitido nenhuma impressão de profundidade ou solidez, pois aqueles artistas não estavam interessados na ilusão de três dimensões. Em suas representações, figuras flutuavam contra nebulosos fundos dourados, partes diferentes de uma imagem eram pintadas em escalas diferentes, tudo era plano e aparentemente bidimensional. Em resumo, a arte medieval inicial não era "realista". Giotto, por outro lado, estava se esforçando por simular corpos materiais sólidos que ocupavam um espaço físico real. Em seus afrescos, os edifícios parecem recuar; todos os objetos são representados na mesma escala; e as figuras humanas parecem feitas de carne material sólida. Além disso, Gabriel e Maria estão pintados para parecer não apenas tridimensionais, mas dotados de *peso*. Em vez de flutuar airosamente, como as figuras góticas, parecem ancoradas no chão por uma *força* gravitacional. Com essa pintura da Anunciação parecemos estar no domínio da *física terrestre* comum.

A simulação do espaço físico feita por Giotto em sua cena da Anunciação é ainda realçada por falsos detalhes arquitetônicos que envolvem as figuras de Gabriel e

Maria. Nos dois lados dos aposentos em que as figuras aparecem, Giotto pintou falsos *sporti*, pequenos balcões. Enquanto os aposentos que contêm as figuras parecem estar recuados em relação à parede, os *sporti* parecem se projetar a partir dela no espaço físico da própria capela. Esses traços falsos criam uma forte ilusão de arquitetura real cujo efeito é esmaecer a fronteira entre o espaço virtual da imagem e o espaço físico da capela. Com sutil arte ilusionista, eles atraem o espectador para um "mundo virtual" além do plano da pintura e sugerem que ele está "realmente" ali.

A importância dessas imagens na história da arte ocidental dificilmente pode ser superestimada. Nas palavras de John White, "os afrescos pintados por Giotto na Capela Arena em Pádua, por volta do ano 1305, assinalaram um estágio inteiramente novo no desenvolvimento da perspectiva empírica, bem como em todos os demais aspectos da arte pictórica".[1] Hoje considerado o pai da pintura renascentista, Giotto foi o primeiro pintor a explorar sistematicamente o estilo que seria finalmente codificado como "perspectiva".

Mas essa revolução na *representação* assinalou muito mais que o mero advento de um novo estilo artístico. Subjacente a esse movimento em direção a imagens de aparência sólida, havia um recém-descoberto interesse pela natureza e o mundo físico — um interesse que iria conduzir por fim à derrocada daquela grandiosa concepção dualista tão poeticamente expressa por Dante. Com o tempo, essa nova preocupação com domínio físico iria constituir um grande desafio à visão de mundo medieval, porque quanto mais as pessoas se concentravam no reino concreto do corpo, mais passavam a questionar toda a visão medieval de um reino espiritual etéreo. Ironicamente, no momento preciso em que Dante estava imortalizando essa visão, as sementes de sua destruição estavam sendo espalhadas.

Ninguém no início do século XIV teria podido prever a virada que a história daria. Certamente não Giotto ou Dante, que, como observou a filósofa francesa Julia Kristeva, "viveram num tempo em que os dados ainda não haviam sido lançados".[2] O próprio Dante louvou o novo "realismo" artístico em sua *Divina comédia*, e sabemos que visitou Giotto quando o pintor estava trabalhando na Capela Arena. No *Purgatorio*, os taludes de mármore da Montanha Sagrada são adornados com belas entalhaduras em relevo cinzeladas no novo estilo realista, e o Dante virtual nos diz que essas imagens parecem tão naturais que "envergonhariam a própria Natureza".[3] Fica tão absorvido no exame dessas formas belas e convincentes que só a custo consegue se afastar delas. E é exatamente assim que os primeiros visitantes da Capela Arena devem ter se sentido, pois ali havia um aposento inteiro cheio de imagens pintadas para parecerem tão naturais quanto possível. Não houvera quase nada na história da arte para preparar um visitante medieval para tal experiência. Para os contemporâneos de Giotto, o efeito da Capela Arena deve ter sido extraordinário: era como se tivessem sido *corporalmente* projetados na própria vida de Jesus Cristo.

Estava-se mergulhado do piso ao teto no mundo de Cristo, toda a história dele encenada com sensacional esplendor tecnicolor, tridimensional, naturalista. A capela é de fato uma homenagem multigeracional ao salvador cristão, pois não só cada acontecimento de sua vida está representado por uma cena individual, como temos também os eventos importantes da vida de sua mãe, Maria, e dos pais dela, santa Ana e são Joaquim. Como vemos na Figura 2.1., essa narrativa é apresentada em três camadas sucessivas de imagens que contornam as paredes da capela. Para acompanhar a história desde o início, o visitante começa com a seqüência superior de imagens na frente da capela, do lado direito. Seguindo a história seqüencialmente, ele avança ao longo da parede direita e depois retorna ao longo da parede esquerda. Tendo completado a camada de cima, passa para segunda camada, novamente avançando primeiro ao longo da parede direta e depois voltando ao longo da esquerda. Isso feito, o visitante passa para a terceira e última camada. Assim, numa espiral completa, pode acompanhar toda a história da sagrada família cristã.[4]

Essas imagens parecem tão "reais", com as novas técnicas naturalistas que Giotto aplicou, que nos sentimos quase como se tivéssemos nos aproximado de Jesus e o tocado. Não está ele realmente "ali", logo além das paredes da capela? E como é uma capela pequena (construída para o uso particular da família Scrovegni), tem-se a impressão de estar encasulado num pequeno universo-bolha. Expresso no gesso e não no computador, aqui está ainda assim todo um *mundo virtual.* Cada cena do ciclo constitui uma sala virtual separada, todas ligadas entre si numa narrativa épica de 40 partes. Na camada superior, as imagens contam a história da família *antes* do advento de Cristo: primeiro a história de Ana e Joaquim, depois a da própria Maria quando mocinha. Após esse prelúdio, a camada intermediária inicia a história da vida de Jesus com a famosa cena da Anunciação. Dali passamos a seu nascimento na manjedoura, a visita dos Três Reis Magos, o batismo do jovem Jesus por João, a ressurreição de Lázaro, e assim por diante. A camada final mostra a história da Paixão, desde a traição de Jesus por Judas, passando pela Última Ceia, a Crucifixão, a Ascensão e finalmente Pentecostes.

Mas o espectador não está obrigado, é claro, a começar do princípio. Pode imergir em qualquer lugar e acompanhar uma parte da história por algum tempo antes de enveredar por outra. Hoje chamaríamos isso de um *hipertexto.* Quase oito séculos antes dos artífices atuais de realidade virtual (RV) baseada no computador, Giotto criou na Capela Arena uma realidade virtual conectada por *hyperlinks*, a que não falta um elenco mesclado de personagens, múltiplos enredos, e opções que se ramificam. Sob muitos aspectos isso é um análogo visual da *Divina comédia* de Dante, uma suprema versão medieval da história cristã em toda a sua complexidade e em múltiplas camadas. Como veremos, Giotto pintou também ali uma imagem magnífica do espaço da alma medieval, a que não faltam o Céu e o Inferno. Como a *Divina comédia*, a Capela Arena pretendia transmitir um quadro abrangente da visão de mundo cristã medieval.

É amplamente reconhecido que Giotto é um dos maiores gênios artísticos da cultura ocidental, mas é preciso reconhecê-lo também como um dos grandes pioneiros da *tecnologia* da representação visual. Embora os afrescos da Capela Arena não tenham sido os primeiros exemplos do novo realismo artístico, White observa corretamente que eles representaram um salto quântico na simulação da realidade física. Giotto compreendeu, como nenhum artista antes dele, como simular o efeito de "estar ali". Ao fazê-lo estava respondendo não só como artista, mas também como "cientista". Devemos lembrar aqui, porém, que a distinção que hoje traçamos entre "arte" e "ciência" é uma classificação moderna que não era tão claramente estabelecida na era medieval. Mais que qualquer outro estilo de representação, a evolução do que veio a ser chamado "perspectiva" foi movida por considerações tanto estéticas quanto científicas. Acima de tudo, essa nova abordagem tecnológica da imagem codificou o recente interesse do homem ocidental pela natureza e o mundo físico.

Após um hiato de cerca de oitocentos anos, o século XIII testemunhou o retorno da ciência natural à Europa ocidental. Em particular, as obras científicas de Aristóteles foram reintroduzidas através dos mundos árabe e bizantino e, sob a influência imperiosa desse polímata grego antigo, os eruditos europeus voltaram a se interessar pelo funcionamento do mundo físico à sua volta. Esse foi o início da tendência que, quatrocentos anos depois, daria origem à ciência moderna. Nesse século criativo, vital, Petrus Peregrinus estudou as propriedades dos ímãs e formulou as leis básicas do magnetismo; Robert Grosseteste estudou as propriedades da luz, prenunciando o renascimento da óptica geométrica; e Alberto Magno estudou as plantas, os minerais e os astros. As obras astronômicas de Ptolomeu e as obras matemáticas de Euclides tornaram-se, umas e outras, foco de intenso estudo.

O novo estilo de pintura prenunciado por Giotto e seus contemporâneos refletiu esse borbulhante interesse empírico pelo mundo físico. Como White comenta, esses pintores "estavam investigando da maneira mais ativa o que era que podiam realmente *ver*, estavam olhando da maneira mais intensa para os objetos individuais do mundo à sua volta e ... tentando representá-los mais fielmente do que seus predecessores o haviam feito".[5] Na Capela Arena, por exemplo, vemos imagens de carneiros, cabras, cães e plantas cuidadosamente observados (Figura 2.3). Esse tipo de naturalismo detalhado era novamente uma ruptura radical em relação ao estilo gótico anterior. As paisagens de Giotto também são expressas com nova sensibilidade naturalista. Suas montanhas, embora na verdade não muito "realistas", possuem ao menos uma plausível solidez terrena. Suas árvores parecem enraizadas no solo, e seus rostos são retratos de pessoas singulares e não representações simbólicas do "homem". Em toda parte, há uma atenção ao detalhe que era inteiramente nova na iconografia cristã. Em suma, a arte da *observação empírica* estava agora sendo incorporada às artes visuais.

FIGURA 2.3. Capela Arena, *Sonho de Joaquim*. Rompendo com o estilo plano das imagens do início da Idade Média, Giotto introduziu um novo naturalismo na pintura.

Com freqüência nos foi ensinado na escola que esse movimento rumo a um estilo mais naturalista representou uma "maturação" da arte ocidental. Assim como se diz que o advento da ciência moderna assinala nosso progresso rumo a uma *compreensão* "verdadeira" do mundo, a arte do Renascimento é dita ser uma *representação* "verdadeira" do mundo. Mas, como o teórico da arte Hubert Damisch enfatizou, o novo naturalismo não pode ser visto como uma espécie de progresso darwiniano; tratou-se, isso sim, de uma *escolha* cultural.[6] Segundo Damisch, os pintores cristão primitivos "recusavam [essa escolha] de maneira mais ou menos deliberada e radical".[7] Esses artistas anteriores não pintavam num estilo icônico chapado por ignorância, simplesmente não estavam interessados em retratar o mundo físico tridimensional, concreto; visavam a algo inteiramente diferente. Em vez de representar o reino da natureza e do corpo, os pintores góticos e bizantinos esforçavam-se por evocar o reino cristão do espírito.

Na arte do início da Idade Média, por exemplo, Cristo era freqüentemente pintado maior que os anjos, que, por sua vez, eram pintados maiores do que os homens e as mulheres mortais. Essa disparidade de tamanho não deve ser interpretada como inépcia "infantil"; tratava-se antes de uma tentativa de significar a hierarquia espiritual cristã que encontramos no capítulo anterior. A questão é que a arte do início da Idade Média não pretendia ser *representativa* e sim *simbólica*. Talvez a indicação mais gráfica desse simbolismo artístico inicial sejam os fundos dourados característicos da arte bizantina. Feitos com lâminas de ouro verdadeiras, esses fundos significavam a presença de Deus, cujo valor era palpavelmente evocado pelo próprio material. Para citar o filósofo Brian Rotman, o ouro, "intrinsecamente belo, inalterável, precioso, imutável, serve como o ícone perfeito" de Deus.[8]

Giotto, por outro lado, embora ainda retratando temas religiosos, estava profundamente preocupado com a *verossimilhança física* — com a representação literal dos fenômenos físicos. A partir do final do século XIII, os artistas ocidentais afastaram-se cada vez mais dos estilos simbólicos anteriores, passando em vez disso a buscar representar corpos físicos concretos em cenários físicos concretos. Assim, no ciclo de Cristo da Capela Arena, todas as figuras — Cristo, anjos e mortais — são pintadas na *mesma escala*. Ali a igualdade física dos corpos substituiu a hierarquia medieval das almas como a métrica visual prevalecente.

Também não há na iconografia de Giotto nenhuma insinuação do fundo dourado; em vez disso, ele tenta representar ambientes naturalmente. Suas cenas exteriores, por exemplo, são marcadas por céus intensamente azuis. Embora seja verdade que o azul intenso era por vezes usado na arte bizantina para significar o espaço celeste, isso reflete também a realidade física do céu. (O pleno realismo na representação do céu seria abraçado no século XV com a adição de nuvens.) Mas se a arte de Giotto guarda indubitavelmente ligações com estilos anteriores, almeja claramente também um novo literalismo físico. O ciclo de imagens de Cristo na Capela Arena pode ser religioso em seu conteúdo, mas cada cena tem um sólido cenário terreno material. As figuras ali vestem trajes humanos reais, sentam-se em cadeiras humanas reais e moram em casas humanas reais. O tema divino do cânone cristão é traduzido em termos profundamente *humanos*.

Kristeva destacou que há algo de profundamente subversivo nas imagens da Capela Arena, pois, na sua tendência a naturalizar e humanizar, Giotto estava literalmente fundando a iconografia cristã, arrancando-a de seu foco celeste anterior e trazendo-a para a Terra. Nas palavras de Kristeva, Giotto deu "uma realidade gráfica às tendências 'naturais' e 'humanas' da ideologia de seu tempo".[9] Nesse sentido, sua arte reflete uma modificação profunda na cultura ocidental, à medida que a atenção cristã se desviava cada vez mais de uma esfera "transcendente" de Deus e da alma, rumo à esfera material do homem e da matéria. Com Giotto, diz Kristeva, testemunhamos um "sujeito se libertando do domínio transcendental".[10] Em outras palavras, a atenção estava gradualmente se transferindo do que caracterizamos como o domínio do "espaço espiritual" para o que seria cada vez mais compreendido como o âmbito do "espaço físico".

Outra maneira de ver essa transição crucial foi assinalada pela filósofa Christine Wertheim, que sugere que, enquanto os artistas do início da Idade Média pintavam o que "sabiam", Giotto e os novos mestres do século XIV começaram a pintar o que "viam".[11] Nesse sentido, a arte medieval anterior deve ser compreendida como essencialmente *conceitual* (como boa parte da arte do século XX). A arte gótica e a bizantina haviam tentado transmitir uma ordem conceitual imaterial, mas a nova arte naturalista do tempo de Giotto estava tentando especificamente transmitir a *ordem visual* vista pelo olho. Como Wertheim explica, com a transição para a representação naturalista, o "órgão da visão" do pintor começou a se deslocar do "olho interior" da alma para o olho físico do corpo. Isto é, os artistas começaram a olhar para *fora* em vez de para *dentro*. Esse crescente privilégio dado ao olho nos nossos modos de representação foi de fato uma característica singular da cultura ocidental pós-medieval — e, como veremos, iria se tornar um catalisador crítico para o surgimento da ciência moderna.

O exemplo mais óbvio dessa nova tendência visual na obra de Giotto é sua representação de edifícios. Aqui vemos com a máxima clareza o movimento rumo ao que conhecemos agora como perspectiva. Os *sporti* falsos da cena da Anunciação são apenas um exemplo do ilusionismo arquitetônico brilhante que Giotto demonstra na Capela Arena. Considere a maravilhosa eficácia da Figura 2.4, *A expulsão dos mercadores do templo*. Aqui Giotto pintou o templo de um ângulo ligeiramente oblíquo, de modo que podemos ver claramente dois de seus lados, ambos "apropriadamente" proporcionados como apareceriam no mundo físico. Aqui, também, portas e janelas dão a impressão de que realmente se abririam; as colunas do pórtico parecem realmente sustentar o teto. É verdade que a coisa toda tem uma qualidade ligeiramente esquemática, e há alguns ângulos "imperfeitos", mas não há dúvida de que estamos olhando a imagem de uma sólida construção tridimensional. A *ilusão* de solidez e profundidade, embora certamente não perfeita, é contudo convincente.

Ao longo de todo o século XIV, a ilusão de profundidade se tornaria, cada vez mais, uma prioridade para os pintores. Guiada inicialmente pela intuição, a simulação da tridimensionalidade acabaria por ser codificada num conjunto de regras no século XV. Muito tempo antes do rigor das regras da *perspectiva linear* formal, porém, Giotto e os mestres do Trecento afiaram suas artes ilusionistas, dando origem a um novo realismo surpreendente que hoje reconhecemos como a aurora do Renascimento.

No entanto, se Giotto se deleitou com o mundo físico, continuou sendo também um artista profundamente envolvido com o reino cristão do espírito. Ao mesmo tempo em que retratava a fisicalidade terrena dos corpos, pintava anjos

FIGURA 2.4. Capela Arena. *A expulsão dos mercadores do templo*. Os edifícios de Giotto começam a parecer genuinamente tridimensionais.

iluminados por uma luz espiritual interior que, a meu ver, é sem igual na arte ocidental. Se foi o primeiro pintor a fazer o corpo parecer fisicamente "real", foi também um mestre na arte de introduzir a alma cristã na pintura. Essa vocação *dual* é eu sugiro, uma chave para o sucesso duradouro de Giotto como artista. Em contraste com o que se passa na arte medieval, em que as figuras são demasiado impessoais para comover nossos corações hoje, as figuras humanas de Giotto são pessoas reais, que pulsam com alegria, compaixão e amor. Aqui está a glória da encarnação física integralmente impregnada de profunda sensibilidade espiritual. Essa síntese é, acredito, uma razão capital para que, setecentos anos depois, os afrescos de Giotto continuem nos falando com tanta força. Ele é o Dante da imagem e não é coincidência que tenham sido contemporâneos.

A época de Giotto e Dante — o início do século XIV — foi um tempo em que a cultura ocidental esteve momentaneamente equilibrada entre os dois pólos rivais do espiritualismo e do fisicalismo. Enquanto a Idade Média fora marcada por forte desconfiança do mundo material, o novo espírito naturalista dos séculos XII e XIII havia redespertado as mentes européias para a beleza, a glória e o puro fascínio da Criação física. Arte e ciência floresceram ambas sob essa influência. Contudo, como vimos no capítulo anterior, aquela continuava sendo uma era de anjos e demônios, um tempo em que os europeus ainda acreditavam na realidade de um domínio espiritual subjacente. Nesse período crucial, Giotto lutou para captar tanto a realidade física quanto a espiritual. Assim como Dante celebrou em verso a jornada da alma cristã e a glória do corpo, assim também Giotto conciliou, em imagens, a natureza dual da pessoa cristã.

Não há dúvida, no entanto, de que o *Zeitgeist* ["espírito do tempo"] ocidental estava mudando. O afastamento das formas simbólicas da arte gótica e bizantina foi também um afastamento da obsessão com a transcendência que marcava a teologia medieval. Não foi por acaso que os líderes espirituais através das eras encararam muitas vezes a pintura com desconfiança (não só no Ocidente cristão, mas também em muitas outras culturas). Buscando *representar o mundo*, a pintura — especialmente a pintura realista — é um ataque frontal à própria idéia do *inefável* que era o núcleo da visão medieval da realidade. (Na sua própria nebulosidade, a arte gótica havia buscado transmitir essa *incognoscibilidade* essencial.) Belas imagens naturalistas do domínio terrestre ameaçavam desviar a atenção do domínio inefável do espírito. Historicamente, esse temor, alimentado por alguns clérigos medievais, iria se revelar totalmente justificado, pois, como agora sabemos, foi isso que finalmente ocorreu. Desde o início, porém, havia também clérigos que viam o novo naturalismo como sendo ele mesmo um benefício para a fé cristã — e aqui encontramos um daqueles episódios cruciais em nossa história em que a teologia se tornou um poderoso aguilhão para a evolução do pensamento sobre o espaço.

O membro mais eminente dessa escola de pensadores medievais foi o monge franciscano e protocientista inglês Roger Bacon, que propôs uma fascinante argumentação teológica para justificar o novo estilo artístico. Bacon acreditava, muito simplesmente, que o realismo na arte religiosa podia servir como poderoso instrumento de propaganda para trazer incréus para o aprisco cristão. De fato, segundo o historiador da arte Samuel Edgerton, os argumentos teológicos de Bacon deram grande impulso à difusão do novo estilo realista em igrejas cristãs.

Uma das personalidades mais expressivas de um século verdadeiramente inspirado, Bacon é por vezes mencionado como o Galileu medieval. Defensor precoce da matemática e da experimentação, passou a vida promovendo a causa da ciência e escrevendo sobre suas virtudes. No século XIII, quando muitos teólogos opunham resistência à incursão da ciência grega no pensamento cristão, Bacon se autodesignou seu principal defensor contra esses críticos. Em 1267 ele enviou ao papa Clemente IV um longo tratado em que descrevia o valor da ciência para o cristianismo. O novo espírito fisicalista estava em grande evidência nessa obra. Segundo Bacon, a ciência iria conduzir a toda sorte de invenções que promoveriam a condição humana. Ele prefigurou máquinas voadoras, carruagens automotivas e máquinas para levantar grandes pesos; e mais lâmpadas perenes, pós explosivos, um espelho concentrador da luz solar para ser usado para queimar campos inimigos à distância e lentes de aumento que permitiriam aos homens ler escritas miúdas a grande distância. Ademais, disse Bacon, a ciência iria levar a melhoramentos na agricultura e na medicina, e a elixires para o prolongamento da vida humana.

O interesse de Bacon pela ciência e a matemática estava, porém, fundamentalmente centrado no que elas podiam fazer a serviço da fé. Ele se sentira motivado a compilar suas teorias e mandá-las para o papa depois que a sétima cruzada fracassara na tentativa de recapturar Jerusalém em 1254. Seu objetivo ao escrever fora na verdade inspirar uma outra cruzada para expulsar o "infiel" da Terra Santa, pois acreditava que a ciência podia ser uma chave para revigorar o entusiasmo cristão. Em seu tratado a Clemente, Bacon exaltou longamente as várias maneiras como a ciência podia servir à fé cristã, mas o que nos interessa aqui foi o que disse sobre sua aplicação a imagens de aparência sólida.

Para Bacon, a chave para o novo estilo realista na pintura era a aplicação da *geometria*. "Embora provavelmente nada soubesse da relevante atividade artística que linha lugar na distante Itália na época", Bacon "tinha plena consciência do poder da comunicação visual, e convenceu-se de que os que faziam imagens ... deviam aprender geometria se quisessem infundir em suas imagens espirituais suficiente verossimilhança literal."[12] Em outras palavras, Bacon acreditava que, se os artistas compreendessem geometria e a aplicassem a seu trabalho, seriam capazes de fazer as imagens religiosas parecerem tão *fisicamente reais* que os espectadores iram acreditar estar *contemplando os eventos reais representados*. Segundo ele, a verossimilhança visual aplicada a temas como a vida de Cristo iria convencer as pessoas da verdade literal das histórias cristãs, e com isso servir para convertê-las ao cristianismo. Chamou o novo estilo de "figuração geométrica". Por seu poder, escreveu, as pessoas iriam "se rejubilar contemplando o sentido espiritual e literal das Escrituras ... que *os próprios corpos sensíveis aos nossos olhos iriam exibir* [grifo meu]".[13]

Com uma antevisão quase sobrenatural, Bacon havia percebido o poder psicológico da *simulação* visual. Pela aplicação da geometria à imagem, ele nos diz, corpos podem se tornar "sensíveis aos nossos olhos". O que temos aqui, sete séculos antes da invenção do computador, é uma clara compreensão de que a "figuração geométrica" podia ser a base de uma ilusão tão forte que as pessoas se convenceriam da "realidade" do que estavam vendo. Como a primeira pessoa a compreender o extraordinário poder de ilusão de imagens matematicamente compostas, Roger Bacon poderia ser chamado com justiça o primeiro defensor da realidade virtual. Em particular, ele acreditava que o novo estilo visual seria capaz de fornecer simulações convincentes de eventos bíblicos — que poderiam, por assim dizer, dar *vida* às histórias de Cristo, e com isso servir na batalha contra os odiados "infiéis" muçulmanos.

À guisa de comparação cultural, a história nos oferece aqui uma considerável ironia, pois o "infiel" tinha, de fato, seu próprio e sofisticado estilo de "figuração geométrica". Não a perspectiva, mas uma arte extremamente desenvolvida de mosaico e composição de padrões marchetados com que adornavam pisos, tetos e paredes. Essa bela forma de arte do Oriente Médio era ela própria o produto de uma cultura ricamente impregnada de matemática. Essa arte árabe, contudo, nunca buscou simular a realidade física; como a arte gótica, visava um simbolismo sutil em que a ordem divina fosse significada pela beleza de padrões geométricos complexos.

Ora, embora o mundo árabe tivesse preservado a chama da matemática e da ciência gregas viva por mais de meio milênio — um serviço pelo qual nós no Ocidente lhe seremos para sempre devedores —, os cristãos do final da Idade Média desencadearam sobre essa sofisticada cultura um dos mais aterradores ataques da história humana. Pois de que outra forma se pode avaliar as cruzadas? Só podemos lamentar a oportunidade perdida quando o Ocidente, em vez de promover as cruzadas, deixou de buscar uma aliança com o mundo muçulmano. Que maravilhas poderiam ter resultado se as duas formas de "figuração geométrica" tivessem podido informar e enriquecer uma à outra?

Apenas uma década depois que Bacon escreveu seu tratado, idéias que ele advogara em teoria estavam sendo postas em prática. Considere uma seqüência de afrescos que antecedem até a Capela Arena: o magnífico ciclo de imagens que narra a vida de são Francisco na Basílica de Assis, a igreja matriz da ordem de Bacon (ver Figura 2.5). Datado da última década do século XIII, esse é o primeiro caso conhecido de uma igreja recoberta de imagens deliberadamente pintadas para parecerem sólidas e tridimensionais — o primeiro caso de "figuração geométrica" composta em grande escala.

Mais uma vez, pretendia-se que o visitante de Assis se sentisse como se tivesse sido projetado no mundo do santo. Todos os eventos importantes da vida de são Francisco foram pintado como cenas individuais, que se podia acompanhar como uma história ao redor das paredes da igreja. Aqui o amado homem dava seu manto a um mendigo, ali conversava com os passarinhos, e assim por diante. Embora não possamos ter certeza, muitos historiadores acreditam que Giotto foi também o mestre em Assis. Quem quer que tenha sido o responsável, essas novas imagens realistas tiveram um impacto imediato. São Francisco parecia realmente saltar das paredes, e "antes do fim do século XIII", a Basílica de Assis se "tornara o mais visitado santuário de toda a Europa cristã".[14]

A Capela Arena em Pádua e a Basílica de Assis são nada menos que maravilhas tecnológicas. Quem duvidar de que essas igrejas medievais merecem o título de "realidades virtuais" deveria refletir sobre o fato de que, em Assis, os artistas pintaram esmeradamente falsas molduras arquitetônicas acima e abaixo das imagens, e falsas colunas de mármore entre elas, no intuito claro de fazer esses traços falsos fundirem-se com a arquitetura real da igreja. Espaço físico e espaço virtual foram assim unificados. Em obras posteriores, na Catedral de Santa Croce, Giotto conseguiu pintar até as sombras nas cenas dos afrescos, como se elas fossem iluminadas

FIGURA 2.5. A Basílica de Assis — uma simulação em realidade virtual da vida de são Francisco.

por janelas físicas reais. Nessas três igrejas, o espaço virtual das imagens tornou-se uma extensão do espaço físico do edifício — uma outra parte da realidade "além" da parede da igreja. Até hoje, quem visita esses lugares é tomado por uma impressão irresistível de estar sendo transportado para um outro "mundo". Os artífices contemporâneos da RV, com seus bilhões de bits por segundo, podem ser capazes de produzir a ilusão de *movimento* (façanha impossível sobre o gesso), mas, em matéria de pura força psicológica, os profissionais das artes digitais teriam provavelmente alguma coisa a aprender com o gênio de Giotto.

Olhando os afrescos de Giotto de nosso ponto de vista contemporâneo, cartesiano, é fácil imaginar que ele tinha uma clara compreensão do espaço tridimensional. É fácil imaginar, em outras palavras, que uma compreensão moderna do espaço físico já estava presente no final da Idade Média, tendo cabido aos artistas simplesmente desenvolver as técnicas da *representação* desse espaço. Contudo, como Max Jammer salientou, a idéia do espaço tridimensional não estava clara em absoluto no século XIV.[15] Por mais óbvia que possa nos parecer hoje, essa concepção particular do espaço precisou de um longo tempo para se solidificar nas mentes ocidentais. A despeito de toda a aparente modernidade das imagens de Giotto, examinando-as bem podemos ver que ainda refletem uma compreensão essencialmente medieval do espaço. Apesar da habilidade do artista na simulação de profundidade, seu poder de ilusionista tem limites. E é nesses limites que podemos ter uma apreensão fascinante da enorme transformação psicológica que as mentes ocidentais teriam de sofrer antes que uma concepção verdadeiramente "moderna" do espaço físico pudesse emergir.

Dê uma olhada na Figura 2.6, uma imagem de *São Francisco enxotando os demônios da cidade de Arezzo*. Num lado da imagem aparece uma catedral, do outro a cidade de Arezzo. Entre essas duas formas arquitetônicas está são Francisco ordenando aos demônios que saiam. Como uma nuvem de morcegos, esses agentes de Satã se afastam em revoada da cidade. Teologicamente, é uma imagem forte: o humilde seguidor de Cristo exorcizando o mal de uma cidade assediada. O que nos interessa aqui não é a mensagem religiosa, mas os edifícios. Embora cada bloco arquitetônico em si mesmo seja razoavelmente convincente, quando os consideramos juntos não encontramos unidade entre os dois. Não apenas cada um está pintado numa escala diferente (a catedral é quase tão grande quanto a cidade inteira), eles estão retratados de pontos de vista diferentes. A catedral é vista do lado esquerdo, ao passo que a cidade é vista do lado direito. Cada um é um elemento desarticulado, separado, que parece ocupar seu próprio espaço independente. Em suma, não há nenhum senso de um *espaço global unificado*.

Essa impressão de espaço desarticulado é ainda mais pronunciada na imagem da Figura 2.7, *A visão dos tronos celestes por são Francisco*. Novamente, percebemos que o altar perante o qual o santo se ajoelha não é visto do mesmo ponto de vista que os tronos. Enquanto os tronos são vistos da esquerda, o altar é visto da direita. Mais uma vez, cada objeto está isolado em seu próprio espaço separado. O relevante aqui é que, embora os artistas de Assis fossem capazes de criar a ilusão de objetos individuais sólidos, não transmitiam a idéia de um espaço físico unificado. Em outras palavras, essas imagens não têm nenhuma *integridade espacial*.

Sem essa integridade espacial, a ilusão de realidade física é incompleta. Essa ilusão só seria plenamente realizada com a formalização das regras da perspectiva linear no século XV. Essas regras (que de fato formalizaram a noção de "figuração geométrica" de Bacon) deram aos pintores uma receita concreta para a representação de todos os objetos no *mesmo* espaço tridimensional. Acima de tudo, é essa integridade espacial que distingue imagens posteriores de pintores como Leonardo e Rafael. Nessas imagens plenamente "renascentistas", tudo aparece não só na mesma escala, como do mesmo ponto de vista. E, o que é fundamental, em imagens posteriores todos os objetos parecem ocupar *um espaço tridimensional homogêneo, contínuo*. É precisamente *essa* concepção do espaço que se tornaria, no século XVII, o fundamento da moderna visão científica do mundo.

Muito antes do surgimento da ciência moderna, os pintores desempenharam um papel decisivo no estabelecimento dessa visão essencialmente geométrica do espaço. Com Edgerton sugeriu, a "figuração geométrica" *reeducou* a mente ocidental para ver o espaço de uma nova maneira. Embora Giotto, no século XIV, não ti-

FIGURA 2.6. Basílica de Assis, *São Francisco enxota os demônios da cidade de Arezzo*. Embora os edifícios pareçam ser tridimensionais, cada um deles parece ocupar seu próprio espaço separado.

vesse uma concepção clara do espaço euclidiano contínuo, ao focalizar a atenção artística na simulação da *profundidade*, ele e outros mestres do Trecento puseram o Ocidente num novo curso. Sem que o soubessem, seu estilo artístico naturalista ajudou a precipitar uma revolução no pensamento que iria finalmente demolir o notável cosmo dualista medieval, e inseriria a humanidade ocidental num novo esquema espacial.

Nós, modernos, estamos de tal modo condicionados a pensar o espaço como um *vazio tridimensional abrangente* e contínuo que temos dificuldade em imaginar qualquer outra noção. No entanto, mais trezentos anos se passariam antes que essa concepção do espaço fosse claramente articulada. Para compreender a formidável mudança envolvida na formulação dessa nova visão do espaço, devemos primeiro compreender como os homens do tempo de Giotto *viam* efetivamente o espaço físico. Como tantas outras idéias medievais, sua concepção do espaço era herdada de Aristóteles, e é essa concepção aristotélica que vemos refletida nas imagens de Giotto.

Central na concepção do espaço de Aristóteles era o chamado *horror vacui*, ou horror ao *vácuo* — uma crença expressa no famoso dito de Aristóteles: "A natureza abomina o vácuo." Segundo Aristóteles, um volume de vazio — o que hoje chamaríamos um *espaço vazio* — é algo que a natureza não permitiria. Nas palavras do filósofo grego Melisso, "o vazio é nada e o que é nada não pode ser".[16] Como acreditava que um volume de nada era coisa que não podia haver, Aristóteles chegou à conclusão de que o próprio espaço não podia ter volume. Propôs, assim, que o espaço é apenas a *superfície* que envolve os objetos. Segundo ele, o "espaço" de uma taça, por exemplo, nada mais era que a superfície superfina em que a taça encontra o ar que a envolve. Na concepção de mundo de Aristóteles, não há volumes vazios (não há *vácuos*) porque ali onde uma substância termina outra sempre começa. Considere um peixe nadando na água. A água envolve o peixe completamente, de modo que onde o peixe termina, começa a água. Da mesma maneira, onde uma taça termina, começa o ar. Segundo Aristóteles não há vácuos dotados de extensão em lugar algum no universo. Na imagem aristotélica do mundo, a matéria preenche cada fenda, e o espaço é meramente o conjunto de limites que separam uma coisa material de outra.

Por mais estranha que essa visão do espaço possa nos parecer, ela se fundava numa crença profunda na *plenitude* do universo. Em palavras simples, o universo aristotélico é *cheio*. Para Aristóteles, a idéia de um vácuo era abominável porque implicaria uma região de nada. Usando suas formidáveis capacidades intelectuais, ele arregimentou um impressionante conjunto de argumentos para demonstrar que tal coisa era logicamente *impossível*. Assim, o próprio conceito de espaço, que parece tão óbvio a muitos de nós hoje, foi considerado pela maioria dos homens de cultura durante mil e quinhentos anos como de fato impossível — até em princípio. Ademais, essa abominação aristotélica ao vácuo traduziu-se perfeitamente no

FIGURA 2.7. Basílica de Assis, *A visão dos tronos celestes por são Francisco*. Os tronos e o altar são pintados de perspectivas diferentes. Não há unidade espacial global.

contexto da Europa medieval, pois o cristianismo também tinha uma tradição teológica de uma Criação abundante — um universo que Deus criara cheio.

Na concepção aristotélica, o espaço não tem volume, portanto tampouco tem profundidade, sendo apenas a superfície das coisas. Desse ponto de vista, só *objetos materiais* concretos têm profundidade — não o espaço *per se*. Essa simples idéia teve implicações profundas para os novos pintores realistas, porque ela implicava que somente objetos individuais podiam ser pintados para dar ilusão de profundidade, não as *áreas intervenientes* entre os objetos. De fato, é isso que observamos na obra de Giotto. Na imagem de são Francisco em Arezzo, por exemplo, só os edifícios parecem ter profundidade, enquanto o espaço entre eles permanece plano e gótico. Assim também, na Capela Arena, objetos individuais são convincentemente tridimensionais, mas não se tem nenhuma impressão de um espaço tridimensional entre eles. Num certo sentido, os objetos propriamente ditos são euclidianos, mas o espaço circundante permanece aristotélico. No momento em que começou a pintar a Capela Arena, Giotto estava adquirindo clara consciência dessa tensão, e procurando um meio de superá-la;[17] apesar disso, sob a ilusão da profundidade cuidadosamente construída, ainda podemos discernir uma visão essencialmente aristotélica do espaço. Sob esse aspecto, Giotto continuava sendo intrinsecamente um homem da Idade Média.

No início do século XIV, no entanto, os pintores não eram os únicos que lutavam inconscientemente por uma nova concepção de espaço. Homens de ciência também estavam tentando forçar as fronteiras das idéias aristotélicas. Apesar do domínio que o lógico da Grécia antiga exercia sobre o pensamento medieval, havia aqueles que rejeitavam suas concepções sobre o espaço. De fato, desde a Antigüidade o espaço vazio sempre tivera defensores, e os primeiros deles antecederam o próprio Aristóteles. Eram os antigos atomistas, a começar por Leucipo, no século V a.C. Segundo Leucipo e seu pupilo Demócrito, o mundo material era feito de partículas indivisíveis chamadas "átomos", e entre esses átomos havia espaço vazio. Como os leitores reconhecerão, essa configuração básica de átomos e vazio é de fato a concepção que seria abraçada pelos cientistas modernos, e que nos é ensinada hoje na escola. Mas, antes que essa visão *atomista* fosse resolutamente adotada, era preciso superar as objeções de Aristóteles ao espaço vazio.

O início de uma crítica sistemática das idéias aristotélicas sobre o espaço remonta ao final do século XIII — por volta da mesma época em que Roger Bacon estava escrevendo seu tratado para Clemente. Essa crítica foi na verdade apenas um aspecto de um importante episódio histórico que hoje é reconhecido como um dos primeiros embates sérios entre ciência e cristianismo. Também nesse caso, porém, seria mais uma vez a teologia que abriria a porta para novos e frutíferos modos de pensar o espaço. Central nesse conflito foi a idéia de "verdade" e a questão de quem tinha o poder de determiná-la. Teólogos de inclinação mais ortodoxa não ficavam nada satisfeitos, é claro, ao ouvir que as Escrituras deviam ser subordinadas a um "pagão" grego, e reagiam.

Os pontos em disputa eram muitos, mas um se provaria decisivo na história do espaço: a afirmação de que o universo é *imóvel*. De uma perspectiva aristotélica, a imobilidade do universo decorria diretamente da impossibilidade do espaço vazio. Caso o universo fosse movido, restaria um espaço vazio atrás; isso era considerado impossível, *ergo*, devia ser impossível mover o universo. De uma perspectiva cristã, a implicação era que nem mesmo Deus poderia fazer isso. Teólogos tradicionalistas sentiam-se ultrajados por tais limitações imputadas ao poder de Deus, e agiam. Entre os ultrajados, o mais notável foi o bispo de Paris, Stephen Tempier, que em 1277 publicou um decreto condenando 219 idéias filosóficas suspeitas. O quadragésimo nono item da lista de Tempier era a idéia de que Deus era incapaz de mover o universo sob a alegação de que isso implicaria a existência de um vazio.[18]

O decreto de Tempier encontrou vigorosa oposição, e em 1325 foi finalmente revogado. Do ponto de vista da ciência, porém, todo o episódio revelou-se imensamente proveitoso. De maneira paradoxal, as objeções desse teólogo conservador a Aristóteles tiveram o efeito de sacudir os homens de ciência. Acima de tudo, o furor gerado pelo decreto de Tempier precipitou um reexame das idéias de Aristóteles sobre espaço e movimento, cujo resultado final foi que os filósofos tiveram de admitir que a idéia de espaço vazio *não* era uma impossibilidade lógica. Se ele existia na *prática*, estava por ser determinado, mas do final do século XIII em diante foi preciso aceitá-lo como pelo menos possível em princípio. Deus *podia*, teoricamente, mover o universo. Vale a pena enfatizar aqui que foi no interesse da preservação de uma crença religiosa — a idéia da onipotência de Deus — que os eruditos foram forçados a repensar suas idéias científicas sobre o espaço. Ao contrário do dogma contemporâneo, idéias religiosas ajudaram muitas vezes a estimular o desenvolvimento da ciência — em particular a ciência da física.[19]

Depois do decreto de Tempier, os grilhões do pensamento aristotélico começaram a se afrouxar, e no século XIV ocorreu uma assombrosa explosão de atividade científica criativa. A simples possibilidade de espaço vazio real abriu toda uma série de indagações que os estudiosos exploraram avidamente. Em particular, começaram a considerar a possibilidade de movimento num vácuo. Assim, no início do século XIV, quando Dante estava escrevendo a *Divina comédia* e Giotto aperfeiçoando suas técnicas pictóricas, começamos a ver o surgimento de uma verdadeira ciência empírica do movimento. Um grupo de sábios em Paris, conhecidos como os *terministas*, e outro em Oxford, os *calculadores*, definiram conceitos como velocidade e aceleração e começaram a formular as bases da ciência moderna da dinâmica. Em suma, contestando as visões aristotélicas acerca do espaço, esses homens da Idade Média começaram a abrir caminho para Galileu e outros mestres da física do século XVII.

O pensamento medieval sobre o espaço alcançou seu ponto culminante com um brilhante judeu espanhol chamado Hasdai Crescas, que, segundo Jammer, "deu uma contribuição excepcional para a história do pensamento científico".[20] Talvez não seja irrelevante que tenha sido um pensador judeu que tanto fez avançar o pensamento medieval sobre o espaço, pois no misticismo judaico houvera uma longa história de associação do espaço com Deus. No judaísmo palestino do século I d.C., a palavra para lugar (*makom*) era também usada para designar Deus. Desde os primórdios da teologia judaica, a onipresença de Deus fora uma idéia importante, que acabara conduzindo por sua vez à noção do próprio espaço como uma expressão da ubiqüidade de Deus. Como veremos no próximo capítulo, a associação do espaço com Deus iria se revelar também enormemente importante no pensamento de Isaac Newton, o homem que finalmente sintetizou a visão científica moderna. De fato, diz Jammer, "uma tradição religiosa claramente reconhecível e contínua exerceu poderosa influência nas teorias físicas do espaço desde o século I até o XVIII".[21]

No início do século XV, Crescas se convenceu da realidade do espaço vazio — não apenas em princípio (como a maioria de seus contemporâneos), mas também na prática. Chegou a essa conclusão através de uma penetrante crítica em que demonstrou que as definições de espaço do próprio Aristóteles conduziam a absurdos. Mostrou, por exemplo, que sob as idéias de Aristóteles surgem problemas quando tentamos falar sobre a atmosfera terrestre. Em termos aristotélicos, o "espaço" da atmosfera terrestre é seu limite circundante com a primeira das esferas celestes. Mas se é assim, disse Crescas, qual é o espaço de uma pequena parte da atmosfera? Segundo Aristóteles, seria preciso dizer que ele é *também* o limite com a primeira esfera celeste — em outras palavras, é o mesmo da atmosfera inteira. Mas isso é claramente absurdo. Como Crescas observou, esse é um problema endêmico na concepção aristotélica de espaço.

Considere o corpo na Figura 2.8a. Agora olhe para 2.8b, que representa 2.8a com um pedaço cortado fora. Como Aristóteles define o "espaço" de um corpo como sua *superfície* continente, o "espaço" da parte é *maior* que o do corpo inteiro. Isso é claramente um absurdo. Tendo assinalado tais incoerências, Crescas prosseguiu para demolir todas as objeções de Aristóteles ao espaço vazio, e se convenceu de que não havia obstáculos intrínsecos à sua existência. Segundo Crescas, o espaço físico não era a superfície que envolvia as coisas, mas *o volume* que elas ocupavam e em que residiam. Ainda mais radicalmente, ele defendeu a idéia de um *vazio infinito* como pano de fundo de todo o universo. Lamentavelmente, Crescas nunca conseguiu desenvolver plenamente suas idéias, porque a instabilidade política na Espanha durante o século XV pôs fim às atividades intelectuais dos judeus catalães.

Além disso, as idéias de Crescas sobre o espaço estavam muito à frente de seu próprio tempo e teriam em geral de ser redescobertas por outros mais tarde. Apesar das críticas penetrantes dele, os grilhões do pensamento aristotélico só seriam

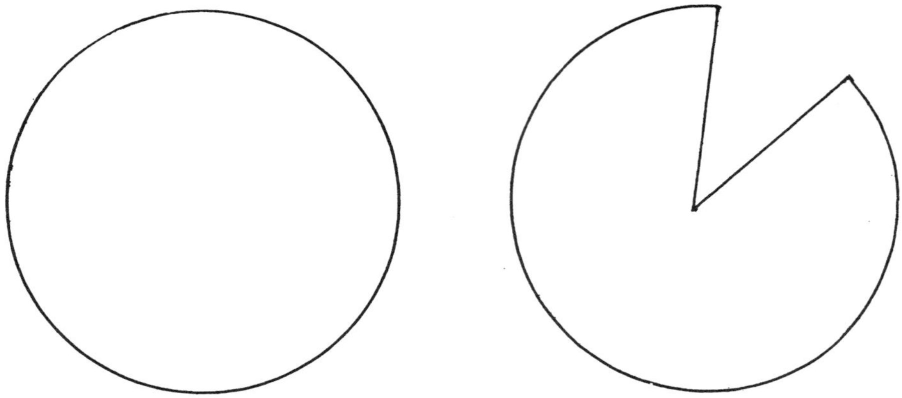

2.8a 2.8b

FIGURA 2.8. No pensamento aristotélico, o "espaço" de um objeto era equiparado ao seus limites externos. Assim, o "espaço" de uma parte era maior que o "espaço" do todo.

rompidos lentamente. Para citar o historiador Edward Grant, embora muitos sábios do final da Idade Média estivessem dispostos a especular sobre a possibilidade de um vazio *hipotético*, "as conseqüências do espaço vazio *real* eram demasiado destrutivas de tudo que a visão medieval do mundo viera a representar".[22] Se Aristóteles estava errado com relação ao vazio, talvez estivesse errado com relação a outras coisas também — no entanto, toda a imagem medieval do mundo fora construída em torno de sua ciência. Como a história mostra, os homens de ciência não foram capazes de superar as idéias de Aristóteles sobre o espaço até o século XVII — e, mesmo então, a idéia de espaço vazio *infinito* só seria aceita com ajuda de justificação teológica.

Não se comenta com muita freqüência o quanto a concepção coerente de espaço vazio foi decisiva para a revolução científica (e, de fato, para a ciência física deste então). Talvez por esse conceito parecer hoje tão evidente, tendemos a esquecer o quanto é na realidade uma idéia difícil. Que ele não é evidente por si mesmo fica claro pelas enormes dificuldades psicológicas que representou para a maioria dos pensadores da Idade Média e do Renascimento. E a argumentação lógica apenas não foi suficiente para romper a entranhada resistência. Mas, como a história mostraria, uma força mais poderosa que a lógica estava surgindo. É neste ponto que devemos retornar para a história da arte e o advento da *perspectiva linear* formal, pois muito antes que os homens de ciência aceitassem a nova visão do espaço, foram *artistas* que encontraram uma maneira de dar sentido coerente à idéia de um vazio físico dotado de extensão.

A chave foi a formalização que fizeram de um conjunto de regras para a representação de objetos em espaço tridimensional numa superfície bidimensional. Ao longo de todo o século XV, pintores como Leon Battista Alberti, Piero della Francesca e Leonardo da Vinci desenvolveram essas regras. Embora não estivessem desenvolvendo teorias do espaço *per se*, mas antes teorias da *representação*, seu trabalho pioneiro se revelaria crucial para a evolução do conceito moderno de espaço físico que conhecemos hoje.

Considere a Figura 2.9, a *Flagelação de Cristo*, de Piero della Francesca. Nessa pintura datada de 1450, um século e meio depois da Capela Arena, vemos de imediato que uma transformação de vulto ocorrera na representação do espaço. No lado esquerdo da imagem, Cristo e seus algozes são vistos num aposento que agora tem as marcas registradas do espaço tridimensional euclidiano. As linhas no piso e no teto, e a fileira de coluna à direita, tudo recua "apropriadamente" na distância. Em contraste com os edifícios de Giotto, não há ângulos "irregulares" aqui, e nossas mentes aceitam a plena viabilidade física desse aposento. Acima de tudo, todos os elementos são vistos do mesmo ponto de vista e todos ocupam um *espaço contínuo*. Em contraste com a desarticulação espacial que observamos na obra anterior de Giotto, Piero nos dá plena *integridade espacial*.[23]

A ilusão de integridade espacial, ou unidade espacial, que é uma marca registrada do Alto Renascimento, é uma razão fundamental para interpretarmos tais

FIGURA 2.9. Piero della Francesca, *Flagelação do Cristo*. Uma das marcas registradas da iconografia renascentista é a integridade espacial. Todos os objetos parecem residir num único espaço tridimensional, homogêneo e contínuo.

imagens como o epítome do "realismo". Ao olhar para Piero ou Leonardo, temos quase a impressão de estar olhando uma cena através de uma janela. E era precisamente isso que a perspectiva linear pretendia simular. No primeiro tratado formal sobre a matéria, em 1435, Leon Battista Alberti explicou o conceito da seguinte maneira:

> Antes de tudo, na superfície que vou pintar, traço um retângulo de qualquer tamanho que queira, o qual encaro como uma janela aberta através da qual o tema a ser pintado deve ser visto.[24]

Indo adiante, Alberti elaborou um conjunto de regras para a transmissão da ilusão de ver através de "uma janela aberta", método que os artistas do Renascimento viriam a chamar a *construzione legittima*. Embora a perspectiva seja de difícil realização na prática, seu princípio subjacente é simples. Imagine, como na Figura 2.10, uma tela interposta entre a cena e o pintor. Esta é a nossa "janela". Agora imagine que uma linha, ou "raio projetante", é traçada a partir de cada ponto da cena até o olho do pintor. Como na Figura 2.11, a imagem em perspectiva surge da interseção de todos os raios projetantes individuais com a tela. A imagem é, na verdade, uma *projeção matemática* da cena tridimensional sobre uma superfície plana bidimensional.

Alberti e os mestres do Renascimento que o seguiram acreditavam que, com a perspectiva linear, haviam encontrado uma maneira de simular precisamente o que o olho físico vê. Não por coincidência, seu novo estilo tomou seu nome da velha ciência medieval da visão e da óptica: *perspectiva*. Para Piero e Leonardo, diz o historiador Morris Kline, a perspectiva nada mais era que "óptica e geometria aplicadas".[25] Suas imagens eram "reais", pensavam eles, porque seu rigoroso método geométrico de construção imitava diretamente o *campo visual* humano. Com isso, a transição que começamos a ver com Giotto se completou. A visão física suplantara agora a "visão espiritual" como representação ideal: o olho do corpo material substituiu o "olho interior" da alma cristã como o "órgão" básico da visão artística. Uma imagem era agora valorizada não mais por sua evocação de uma ordem espiritual invisível, mas pela proximidade com que o artista simulara o mundo físico. Com esse avanço na tecnologia visual, o simbolismo espiritual do período gótico foi eliminado e, durante os quinhentos anos seguintes, a estrutura da arte ocidental foi, de maneira esmagadora, o espaço do corpo.

O corpo. A arte renascentista poderia quase ser resumida como um longo hino à forma humana. Após a longa era que o Renascimento iria começar a chamar "a Idade das Trevas", o homem ocidental redespertara com ímpeto para si mesmo como ser encarnado. Seguindo os passos dos gregos e romanos antigos, os artistas do Renascimento certamente cultuaram a forma humana. O "homem" era o tema não só da arte, mas da literatura e da filosofia. O "ismo" da época era "humano", à

FIGURA 2.10. Xilogravura de Albrecht Dürer. O alvo da perspectiva era simular a ilusão de estar contemplando uma cena como se através de uma janela.

medida que o homem em sua beleza física tornava-se novamente o *centro* da atenção. De fato, o que se tornou o próprio símbolo do Renascimento — o famoso desenho de Leonardo do "homem" com os braços estendidos, inscrito num círculo e num quadrado — é um vigoroso comentário da idéia do homem como medida de todas as coisas. Do século XV ao XIX, o corpo reinaria supremo na arte ocidental, refletindo o *Zeitgeist* profundamente fisicalista que foi a característica definidora da era pós-medieval.

Mais importante ainda que o *retrato* de corpos físicos da pintura perspectiva, porém, foi o fato de que ela incorporava também o *corpo do espectador* em seu esquema espacial. Por muitas razões, esse foi o aspecto mais radical do estilo do Alto Renascimento, e ele se revelaria enormemente importante na preparação do caminho para os cientistas do século XVII. Nesse sentido, a pintura iria fornecer um modelo que tanto Galileu quanto Descartes iriam emular. O decisivo aqui não é tanto

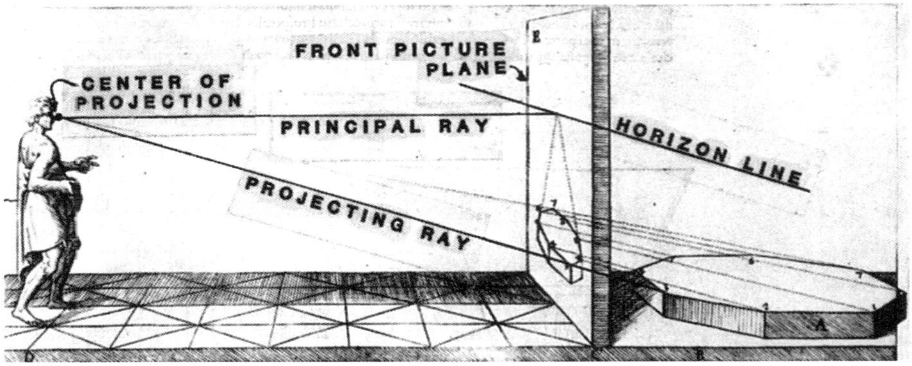

FIGURA 2.11. O pintor perspectivo constrói uma imagem como se vista a partir de um ponto particular — o "centro de projeção".

o espaço virtual da imagem (que estivemos discutindo até agora neste capítulo), mas a *relação* dessa imagem com o espaço físico do espectador.

A questão-chave é o princípio, de uma simplicidade surpreendente, segundo o qual uma imagem em perspectiva é construída a partir de um *ponto de vista* único — o chamado "centro de projeção". Esse ponto único (visto na Figura 2.11) é não só o lugar a partir do qual a imagem é *construída* (o ponto em que o *artista* tinha supostamente o olho ao criar a imagem), mas também o ponto a partir do qual a imagem deve supostamente ser *vista*. É o lugar onde se pretende que o olho do espectador esteja. Ao olhar para uma imagem em perspectiva a partir do centro de projeção, como na Figura 2.12, o espectador literalmente "toma o lugar" do artista: seus olhos substituem o olho do artista no ponto gerativo da cena. De fato, a imagem em perspectiva *determina* onde o observador deve se postar, porque codificado na imagem está o ponto único no *espaço físico* do qual a imagem se origina e do qual se espera que seja *recebida*.

O que isso significa é que a recepção de uma imagem em perspectiva baseia-se na "presença de um indivíduo corpóreo, fisicamente localizado" — um corpo físico concreto no espaço físico concreto.[26] Ao codificar a posição do *corpo observante*, a perspectiva vincula o espaço virtual da imagem e o espaço físico do espectador de uma maneira muito formal. A transição para a perspectiva marcou, portanto, uma transição não só na representação como também na *recepção* da imagem. Assim como o olho físico do corpo passou a preponderar sobre o "olho interior" da alma como órgão artístico gerativo, assim também o olho físico tornou-se o principal órgão receptivo. Em contraste com a arte gótica, que visava diretamente a alma cristã, a perspectiva nos dá imagens especificamente para o olho. Mais uma vez, essa localização concreta do corpo observante junto à imagem em perspectiva marca uma mudança com relação à arte medieval gótica anterior. As imagens góti-

FIGURA 2.12. Jean V. de Vries, *Perspective* (lâmina 30). Uma imagem em perspectiva codifica a "posição" do artista que cria — e também do olho que vê.

cas e bizantinas podiam em geral ser vistas de *qualquer* posição. Com seus panos de fundo nebulosos e sua falta de profundidade, não tinham nenhum "ponto" de vista particular. Como visões do "olho interior", não codificavam nenhuma relação com o espaço físico e não faziam nenhuma exigência desse tipo ao observador. A perspectiva, por outro lado, impõe nossa recepção de um ponto físico particular.

A vinculação rigorosa que a perspectiva opera entre o espaço físico do espectador e o espaço virtual da imagem iria permitir a artistas perspectivos posteriores produzir feitos extraordinários de ilusionismo. Um exemplo maravilhoso é visto na Figura 2.13, o teto barroco da Igreja de Sant'Ignazio, em Roma. O ponto preciso em que o espectador deve se postar está marcado no piso por um disco de mármore amarelo. Se erguemos os olhos nessa posição, as paredes da igreja parecem se abrir para uma paisagem celeste dinâmica em que santo Inácio está sendo recebido no Céu por um alvoroçado enxame de anjos. É quase impossível dizer onde termina a arquitetura real e onde começa a falsa.[27] As técnicas sutis da perspectiva tornam possível a ilusão de uma realidade virtual que parece se fundir inconsutilmente com o espaço físico da igreja — temos a impressão de realmente "estar ali", sob aquele céu cheio de anjos.

Em termos da história do espaço, o "ponto de vista" fisicamente específico codificado pela perspectiva linear tem o efeito de tornar tanto o artista quanto o espectador de uma imagem conscientes de estarem *eles próprios* localizados no espaço físico. Como um corpo de obras, as imagens em perspectiva submetiam com isso a mente ocidental ao equivalente de um curso extenso de percepção consciente do espaço físico. Dependendo do ponto de vista que escolhesse representar, um artista podia "obrigar" o observador a se postar *em qualquer lugar*. De início, artistas como Piero e Alberti ativeram-se à escolha mais simples e situaram o ponto de vista diretamente diante da imagem, como se o espectador estivesse realmente olhando através de "uma janela aberta". Mas as regras da perspectiva não exigem tamanha simplicidade, e logo os artistas estavam jogando com pontos de vista bastante esquisitos.

Na Figura 2.14, *São Tiago levado à execução* (1453-57) de Andréa Mantegna, o centro de projeção está na verdade sob a parte inferior da moldura do quadro. Se quisermos olhar para essa imagem do "ponto de vista" tecnicamente correto, temos de focalizar um ponto na parede abaixo dela. O efeito é uma imagem bastante surrealista. Outro exemplo de perspectiva inusitada ocorre na *Última ceia* de Leonardo, que tem um centro de projeção 4,5m acima do piso. Só subindo numa escada o observador poderia ver essa imagem da posição tecnicamente correta. O psicólogo da percepção Michael Kubovy sustentou que, em contraste com artistas perspectivos anteriores, pintores como Mantegna e Leonardo subverteram deliberadamente o conceito da "janela aberta". Em casos como o da *Última ceia*, o centro de projeção foi conscientemente *separado* da localização física do olho do espectador. Mas essas imagens encerram mais que truques técnicos. Como Kubovy obser-

FIGURA 2.13. Fra Andrea Pozzo, *Glória de santo Inácio*. O teto da Igreja de Sant'Ignazio em Roma parece abrir-se para um céu repleto de anjos acima. Um exemplo arrebatador de ilusionismo perspectivo.

FIGURA 2.14. Andrea Mantegna, *São Tiago levado à execução*. A perspectiva tornou-se a base para sutis estratagemas psicológicos. Aqui o centro de projeção está localizado abaixo da moldura da pintura.

va, elas correspondiam a uma sofisticada forma de jogo mental cujo efeito final era, ironicamente, trazer de volta às imagens em perspectiva um sentido de distanciamento do corpo.

Kubovy mostrou que, quando olhamos uma imagem em perspectiva de qualquer posição que *não* o centro de projeção, nossas mentes se ajustam de maneira automática e a vemos como se *estivéssemos* olhando daquele ponto.[28] É como se a mente tivesse um "olho virtual" capaz de vagar pelo espaço independentemente do olho físico. Kubovy sugere que artistas renascentistas posteriores compreenderam isso instintivamente, e que, ao separar esse "olho virtual" do olho físico, estavam tentando induzir especificamente no espectador uma espécie de dissociação mística do corpo. Rotman mostrou também que artistas posteriores, como Vermeer e Velázquez, levariam a dissociação a extremos ainda maiores.[29] Assim, embora tenha se iniciado pela *corporificação* de um "ponto de vista", a pintura em perspectiva acabou por se tornar, mais uma vez, um meio para distanciar o espectador de seu corpo.

Precisamente esse processo de afastar o "ponto de vista" do olho físico do corpo iria se revelar enormemente importante também na evolução da concepção científica moderna de espaço. Essa fase posterior da perspectiva, ao criar um olho virtual que estava, de fato, livre para vagar pelo espaço "independentemente", fornecia às pessoas uma forte experiência psicológica de um *espaço físico extenso como uma coisa em si*. Na verdade, essas imagens do Renascimento libertam a mente num vazio físico, permitindo às pessoas "sentirem" por si mesmas esse conceito até então abominável. Assim, sem nenhuma intenção consciente, os artistas perspectivos conseguiram burlar as restrições impostas por Aristóteles, e, de modo extremamente vigoroso, tornaram real e palpável a idéia do espaço vazio extenso. Sob muitos aspectos, essa façanha é seu legado mais duradouro, pois o "olho virtual" livremente flutuante, que perambula pelo espaço, é precisamente o modelo que Galileu e Descartes iriam adotar ao formular sua nova imagem científica do mundo no século XVII.

Atribuir aos pintores perspectivos a *descoberta* do espaço físico moderno seria ir longe demais. Como vimos, porém, os avanços "científicos" por si sós *não* explicam a imensa mudança psicológica que teve de ocorrer antes que as mentes ocidentais fossem capazes de aceitar essa concepção. Acredito que Edgerton está certo quando, para explicar essa mudança, diz que, sem a revolução na *visão do espaço* operada pelos pintores dos séculos XIV ao XVI, não teríamos tido a revolução no *pensamento sobre o espaço* operada pelos físicos do século XVII.[30] Em termos práticos, Giotto e seus descendentes artísticos ensinaram os europeus a olhar para o espaço de uma maneira nova. Nenhuma outra cultura, antes ou depois, levou o experimento perspectivo tão longe. Ao optar por seguir esse caminho, os artistas do Renascimento, sem o saber, lançaram as bases perceptivas e psicológicas para uma revolução na ciência.

A primeira pessoa a articular claramente a nova visão do espaço num contexto científico foi o briguento italiano que tantos desgostos deu aos padres jesuítas, Galileu Galilei. Os físicos de hoje ainda se referem ao "espaço galileano" quando falam sobre a variedade pré-relativística, e o próprio Einstein reconheceu uma profunda dívida para com seu predecessor italiano. A noção de espaço que Galileu transformou em fundamento da física moderna era exatamente aquela representada pelos pintores renascentistas: *um vazio tridimensional, homogêneo e contínuo.* Teria sido por mera coincidência que essa concepção do espaço foi adotada por cientistas no apogeu da técnica perspectiva? Edgerton observou que o próprio Galileu era bem versado nas técnicas da perspectiva, tendo chegado a pleitear um cargo como professor de perspectiva na academia florentina de arte.[31] Para ele, o "vazio" já não era matéria de discussão; era o embasamento ontológico da própria realidade, a "arena" neutra em que todas as coisas estavam contidas e pela qual elas se moviam.

Com sua afiada mente reducionista, Galileu foi capaz de abstrair do mundo à sua volta as características aparentemente essenciais para uma nova física rigorosa. Acima de tudo, propôs que uma ciência matematicamente efetiva iria exigir uma versão matematizada do espaço e do tempo. Em sua nova imagem do mundo, o "espaço físico" tornou-se finalmente sinônimo de *espaço euclidiano*, um vasto vazio tridimensional sem traços característicos. Finalmente, após dois mil anos, Aristóteles fora derrotado — o *vazio* passara a ser visto como a própria base da existência. Como o dos atomistas antigos, o universo de Galileu consistia *unicamente* de matéria e vazio. Para ele, "o mundo real [era] um mundo de corpos que se moviam no espaço e no tempo".[32] Tudo mais — todas as ricas qualidades sensuais, como cores, cheiros, gostos e sons — devia agora ser considerado meramente secundário, subprodutos da "verdadeira" realidade, que era matéria em movimento num espaço vazio.

Seguindo o modelo dos pintores renascentistas, Galileu dissociou seu olho de cientista de seu corpo e mandou esse olho virtual perambular livremente no espaço à sua volta. Ao longo do século seguinte esse olho/mente desencarnado iria se tornar o árbitro do real. De agora em diante, a missão do físico seria ir em busca, com seu olho virtual, dos fenômenos "essenciais" — isto é, matematicamente redutíveis — no mundo à sua volta. Como os pintores renascentistas, os novos físicos estavam empenhados em representar, de uma maneira matemática rigorosa, as relações físicas existentes entre os corpos materiais no espaço euclidiano. Para esses cientistas, o espaço euclidiano não era apenas o pano de fundo da realidade; supunham que sua própria neutralidade garantia que a ciência seria ela mesma neutra e objetiva.

É difícil exagerar a magnitude dessa guinada filosófica. Na visão da realidade de Aristóteles, o espaço fora apenas uma categoria menor, e em última análise bem pouco importante, da existência, mas na visão de Galileu essa entidade efêmera era elevada à *arena da realidade*. Como vimos, centenas de anos foram necessários para que essa visão se cristalizasse, e pessoas haviam se rebelado contra ela a cada passo do caminho. Mas agora, no século XVII, os defensores de vazio haviam finalmente ganhado ascendência. A *tabula rasa* do vazio era a lousa em que esses novos físicos iriam pintar audaciosamente um novo quadro do mundo.

A crescente obsessão com o espaço físico foi fatal para a velha imagem do mundo medieval, com seu esquema inerentemente espiritual. Se o "mundo real" consiste de corpos materiais que se movem num espaço euclidiano, *onde* fica Deus? Se o substrato subjacente da realidade é apenas um vácuo físico, que *lugar* há aí para a alma cristã? De fato, como podíamos nós, seres humanos, com nossas emoções, sentimentos e anseios de amor, ser acomodados nesse espaço inerentemente estéril? Nos primeiros anos do século XVII, a resposta a essas perguntas ainda não estava clara, mas no final do século todo o edifício da cosmologia medieval teria sido varrido. As esferas cheias de anjos, a Grande Cadeia do Ser, a hierarquia do espírito, os esforços intencionais — tudo isso teria sido jogado fora, como mero lixo cultural, e em seu lugar estaria uma nova visão da totalidade cosmológica que, para o melhor ou pior, ainda hoje domina nossas vidas.

TRÊS

Espaço celeste

Para Dante e Giotto, a realidade era um fenômeno intrinsecamente dual — como vimos, seu universo consistia de duas ordens, uma física e uma espiritual. Ademais, numa completa inversão da visão de mundo materialista moderna, no final da Idade Média o cosmo espiritual era considerado a realidade primeira, ou verdadeira, com o cosmo físico servindo como uma alegoria desse domínio supremo. Nesse arcabouço filosófico, diz Jeffrey Burton Russell, a ciência natural era "uma verdade inferior que apontava para a verdade maior, que [era] teológica, moral, e até divina".[1] O interesse primordial dos artistas e filósofos medievais era a "realidade última" do cosmo espiritual, que para eles era "a palavra ou a canção de Deus".

Essa *outra* realidade também foi representada na Capela Arena, onde toda a parede defronte ao altar é dedicada a uma descrição épica do espaço da alma cristã medieval. Aqui, como na Figura 3.1, encontramos a monumental imagem do *Juízo Final*, de Giotto. Tal como Michelangelo faria dois séculos depois na parede no fundo da Capela Sistina, Giotto dedicou o lugar de honra de sua capela paduana à cosmologia cristã da alma. Percebe-se de imediato que essa imagem está em rematado contraste com o ciclo de imagens de Cristo que consideramos no capítulo anterior. Numa indicação de que deixamos para trás o reino físico, nela quase não se busca a ilusão de três dimensões, pois a alma cristã não deve estar sujeita às leis da geometria euclidiana. Tampouco ficará sujeita à física terrestre, que Giotto também deixa para trás. Em vez de estarem ancoradas no chão, como no ciclo de Cristo, aqui no mundo espiritual as figuras flutuam contra um pano de fundo de um azul intenso — um campo sem profundidade que significa o *espaço divino*.

Uma hierarquia de posição é também imediatamente evidente nessa imagem, com a figura central de Cristo aparecendo agora como uma presença monumental que amesquinha todos os outros personagens, e com os anjos e apóstolos no Céu ocupando o degrau seguinte na escala. Abaixo deles, no lado esquerdo do afresco, estão as fileiras dos abençoados com a salvação. No cumprimento da promessa da ressurreição, eles saem de seus túmulos como figuras pequeninas, ganhando tama-

FIGURA 3.1. Capela Arena, *Juízo Final*. Para Giotto, o espaço espiritual não podia ser representado segundo os ditames do ilusionismo naturalista.

FIGURA 3.2. Detalhe do *Juízo Final*, na Capela Arena. Para os cristãos medievais, toda representação do Céu era em última análise uma ilusão. Aqui, um anjo recolhe o plano da pintura, enrolando-o como se fosse um papel de parede, para revelar um vislumbre da "verdadeira" realidade atrás — os próprios portais do Paraíso.

nho e estatura à medida que ascendem para o Céu. No lado direito da pintura está o Inferno, seguramente confinado atrás de atemorizantes rios de fogo. Em conformidade com sua estatura espiritual insignificante, as figuras aqui são minúsculas; até Satã, senhor desse reino infernal, é significativamente menor que sua contrapartida espiritual, Cristo.

Essa poderosa imagem nos lembra que, para Giotto e seus contemporâneos, o mundo não podia ser reduzido unicamente à *física*. Por glorioso que fosse representar corpos e edifícios da Terra em proporções geometricamente corretas, os europeus do século XIV nunca perdiam de vista a dimensão espiritual de sua realidade profundamente cristã. Em particular, acreditavam que "além" do reino físico do corpo (tão gloriosamente celebrado no ciclo de Cristo), estendia-se o mistério eterno do Céu. No *Juízo Final*, Giotto manifesta explicitamente que o Céu é um plano da realidade fundamentalmente *diferente*.

Observe, na Figura 3.1, os dois anjos no alto do afresco; eles estão recolhendo o plano da pintura, enrolando-o como se fosse papel de parede (detalhe, Figura 3.2). Aqui, Giotto nos lembra que todas as representações do espaço da alma são, afinal de contas, ilusões. Assim como Dante compreendeu que o Céu está além da linguagem, Giotto sabe que ele está além da representação pictórica. As representações medievais do espaço da alma, especialmente do Céu, nunca pretendiam ser tomadas literalmente; eram sempre *metafóricas*. Mas se a arte jamais podia captar a verdadeira realidade do Céu, podia ao menos remeter o espectador para a direção correta. Assim, através das fendas na imagem, temos um vislumbre sedutor da verdadeira realidade que se estende além — duas portas cravejadas de pedras preciosas, os portais do Paráiso, eles mesmos.

Precisamente porque o Céu era um *outro* plano da realidade, inteiramente diverso do ocupado pelo mundo físico, os artistas do final da Idade Média podiam lidar com ele de uma maneira inteiramente distinta. Ao representar o Reino de Deus, Giotto não se sentia sob nenhuma obrigação de obedecer às técnicas da verossimilhança tridimensional que aplicara com tanto desvelo no resto da Capela Arena. Hoje, é o ciclo de Cristo que atrai mais atenção dos historiadores da arte, pois nele vemos uma cintilação precoce de nossa própria visão de mundo, mas, para os contemporâneos de Giotto, as imagens mais "antiquadas" do *Juízo Final* não pareciam menos reais. O dualismo estilístico observado na Capela Arena reflete uma visão de mundo que levava a sério a realidade tanto do corpo *quanto* da alma.

Esse dualismo *metafísico* (tão central na visão de mundo medieval) refletia-se de maneira decisiva em sua cosmologia, onde era expresso como uma distinção fundamental entre *espaço terrestre* e *espaço celeste*. Como já observamos, para os cristãos medievais o domínio celeste era qualitativamente diferente do terrestre. Essa distinção era central para sua imagem do mundo, pois, enquanto a Terra era a esfera do mortal e do mutável, acreditava-se que as coisas na esfera celeste eram imortais, imutáveis e eternas. Os objetos no domínio terrestre eram considerados *transientes*, como o corpo humano; mas os do domínio celeste eram considerados *permanentes*, como a alma humana. Uma das grandes fontes de poder da imagem medieval do mundo era precisamente esse duplo paralelo entre o dualismo *metafísico* de corpo e alma e o dualismo *cosmológico* de espaço terrestre e celeste. Na verdade, o segundo dualismo era visto como um reflexo do primeiro.

Como o espaço celeste medieval era qualitativamente diferente do espaço terrestre, o cosmo dos cristãos medievais era inerentemente *heterogêneo*. Sob esse aspecto, sua cosmologia contrasta frontalmente com a cosmologia científica moderna, pois hoje o universo é visto como essencialmente o mesmo em toda parte. Essa visão homogênea, como veremos, é uma extrapolação direta da concepção de espaço desenvolvida pelos pintores do Renascimento, pois, com o tempo, o poder da "figuração geométrica" seria estendido aos astros. O propósito deste capítulo é acompanhar essa transição da visão medieval do espaço celeste para a moderna.

O fato de o espaço celeste e o espaço terrestre medievais *não* serem os mesmos permitia aos cristãos da Idade Média ver a esfera celeste como uma *metáfora* da esfera espiritual. Não era por acaso que a palavra "céu" se aplicava tanto ao domínio dos astros quanto ao domínio de Deus. Essa coincidência lingüística é de fato um traço comum a muitas línguas. "Em hebraico, grego e nas línguas germânicas e românicas, a mesma palavra denota o céu divino e o físico."[2] (O inglês é um caso bastante raro ao ter uma palavra específica para o céu físico, *sky*.) Enquanto os medievais continuaram a ver o espaço celeste como qualitativamente diferente do físico, os corpos celestes dos planetas e das estrelas puderam continuar servindo como indicadores do Céu espiritual de Deus e dos anjos. Na verdade, essa foi a própria base da grandiosa consonância entre a cosmologia medieval e a teologia medievais tão esplendidamente articulada no *Paradiso* de Dante.

Mas e se o espaço celeste *não* fosse diferente do terrestre? E se os dois reinos não fossem qualitativamente diferentes, mas apenas partes de um domínio contínuo? Que seria então do glorioso holismo medieval? Essa era exatamente a questão implicitamente suscitada pela nova concepção de espaço antecipada pelos pintores perspectivos. Enquanto o sistema cósmico medieval se erguera sobre a crença de que o espaço é inerentemente heterogêneo e hierárquico (como manifestado na hierarquia das esferas celestes de Dante), o novo espaço perspectivo era quintessencialmente homogêneo. Num tal espaço não podia haver *nenhuma* hierarquia inerente porque cada lugar é igual a todos os outros; nenhum lugar é especial em relação a qualquer outro porque *todos* são iguais. Surgiu assim a questão: até que distância da Terra poderia se estender a visão euclidiana de espaço dos pintores perspectivos? Poderia esse espaço não hierárquico alcançar até as próprias estrelas? Poderiam os espaços terrestre e celeste constituir um domínio homogêneo único? Esta questão, no cerne deste capítulo, foi uma das mais importantes questões filosóficas dos séculos XVI e XVII.

Hoje, quando pusemos homens na Lua e fizemos *close-ups* de Marte e Júpiter, a continuidade dos espaços terrestre e celeste tornou-se um "fato" da vida. A engenharia de foguetes, que levou os astronautas da Apollo à Lua, foi estabelecida sobre a homogeneidade do espaço, como o serão quaisquer missões futuras aos planetas e além. Mas se para os engenheiros da NASA a continuidade do universo é uma evidência, não devemos esquecer que essa também foi uma idéia nova na história ocidental. Mais ainda que a própria noção do vazio, a idéia da homogeneidade entre a Terra e as estrelas pareceu de início inteiramente inacreditável. O universo homogêneo pode, de fato, ser visto como uma das principais invenções da imaginação científica moderna, um conceito tão explosivo que acabou por estilhaçar a bolha cristalina do cosmo medieval que havia perdurado por mil anos.

Novamente, essa revolução cosmológica foi pressagiada pela revolução visual da pintura em perspectiva. Mais uma vez, foram os pintores que abriram o caminho para os cientistas. E, agora, quem carregou a tocha foi o grande mestre do início do século XVI, Rafael. Considere a Figura 3.3, a magnífica *Disputa* pintada para o papa Júlio II no que são agora as Salas Rafael do Palácio do Vaticano. Também Rafael pintou uma imagem do Céu cristão, mas, em contraste com o *Juízo Final* de Giotto, procurou *unificar* esse espaço divino com o terrestre. Como vemos, a imagem consiste de dois níveis, a metade superior representando o Céu, a inferior a Terra; entre elas há um espesso banco de nuvens. No plano terrestre, uma falange de bispos, papas e santos estão ordenados em semicírculo num terraço de mármo-

FIGURA 3.3. Rafael, *Disputa* (*Disputa do Santo Sacramento*). Aqui Rafael tentou unir Céu e Terra num único espaço homogêneo.

re; acima deles, sentados sobre o banco de nuvens correspondentemente semicircular, estão Cristo, a Virgem Maria e são João Batista, flanqueados pelos apóstolos. Atrás do trono de Cristo posta-se Deus, cercado por anjos. Embora o conteúdo da imagem fosse inteiramente convencional, sua forma era tudo menos isso. Como Edgerton explica, Rafael ofertou a "seu patrono papal uma visão atualizada do cosmo [cristão] tradicional de acordo com as mais recentes convenções da perspectiva linear".[3] Em outras palavras, o artista deu o passo extraordinário de combinar Céu e Terra num único espaço euclidiano. Aqui, a integridade espacial da imagem em perspectiva uniu os domínios de Deus e do homem.

Se ignorarmos por um momento a porção mais elevada da imagem — a parte acima do trono de Cristo onde Deus e os anjos comungam — vemos que de, Cristo para baixo, até o terraço de mármore, os dois domínios estão conjugados numa imagem coerente do ponto de vista da perspectiva. Embora as regiões celeste e terrestre estejam divididas pelo banco de nuvens, ambas estão pintadas no *mesmo* espaço euclidiano. A integridade das duas regiões é ainda realçada pelo uso do naturalismo terrestre no domínio celeste, onde, por exemplo, os pés celestiais projetam sombras nas nuvens. Isto contrasta por completo com a visão apresentada na *Divina comédia*, em que Dante sublinhou que as almas no outro mundo não projetam sombras. Diferentemente do Paraíso de Dante, que era deliberadamente *não* natural, o domínio celeste de Rafael parece simplesmente uma outra camada do espaço terrestre; aqui as "leis da natureza" que prevalecem na Terra parecem ainda vigorar.

Na *Disputa*, tanto o Céu quanto a Terra são representados literalmente do mesmo *ponto de vista*, o "centro de projeção" perspectivo, que está situado no ostensório, sobre o altar. Nessa obra-prima do Renascimento, Egderton nos diz, Rafael "quase conseguiu geometrizar a teologia medieval".[4] Quase conseguiu pôr o Céu sob o controle da geometria euclidiana. Quase, mas não completamente. Pois, quando olhamos para a porção mais elevada da imagem, a homogeneidade espacial subitamente sucumbe. Ali, com Deus no Empíreo, estamos de volta ao domínio do simbolismo gótico, pois Rafael, como Giotto, abandona o espaço euclidiano e nos mergulha numa fantasia raiada de ouro em que espíritos angélicos rodopiam. Exatamente como Giotto, Rafael compreendia que no verdadeiro Céu do Empíreo a geometria devia ser descartada. Em seu sentido último, espiritual, o Céu cristão *não pode* ser unificado com o espaço físico terrestre.

Os medievais, com seu cosmo espiritualmente graduado e seu dualismo metafísico, tinham uma compreensão inata de que diferentes níveis de realidade exigem domínios espaciais diferentes: *uma realidade multiforme exige uma concepção multiforme do espaço*. Corpo e alma requerem, cada um, seu próprio meio espacial. Mas era exatamente esse dualismo espacial que estava sendo agora contestado pela visão perspectiva. Em face de uma concepção homogênea do espaço, como pode haver *dois* níveis de realidade? O espaço homogêneo por sua própria natureza só pode admitir *um* tipo de realidade. Assim, o novo estilo artístico que fora originalmente desenvolvido como um meio de angariar prosélitos para o cristianismo, estava agora ameaçando a própria base da imagem cristã do mundo.

Além do mais, a *Disputa* de Rafael não pretendia ser apenas uma imagem do Céu teológico; Edgerton descobriu que a composição dessa obra codifica a estrutura precisa da abóbada *celeste* tal como compreendida pelos astrônomos da época. Assim, a *Disputa* sugere também uma unificação implícita dos espaços terrestre e celeste. Com a "arte lógica" da perspectiva, Rafael estava portanto questionando um dos "mais acalentados pronunciamentos sobre a composição do cosmo".[5] De fato sua tentativa de conciliar o espaço terrestre e o celeste levantou "questões que iriam exasperar os cientistas pelos próximos duzentos anos".[6] Rafael não foi em absoluto a primeira pessoa a lutar com a relação espacial entre Céu e Terra; a *Disputa* foi antes uma síntese de uma das questões mais absorventes da época: qual é exatamente a natureza do espaço "celeste", tanto no sentido teológico quanto no de domínio dos astros? Procurando responder a esta última pergunta, astrônomos e cientistas iriam gradualmente articular uma nova cosmologia radical.

O primeiro a articular um sério desafio sistemático à distinção medieval entre espaço terrestre e celeste foi um contemporâneo de Hasdai Crescas, tendo vivido no século XV. Como Crescas, Nicolau de Cusa era um homem cujas idéias sobre o espaço estavam muito além de seu tempo. Meio século antes de Rafael, formulou no campo de sua ciência as mesmas perguntas que o pintor iria tentar resolver em seu afresco, pois, assim como ele, desejava unificar o Céu e a Terra. Humanista, filósofo e cardeal da Igreja Católica Romana, Cusa foi sob muitos aspectos o ideal do homem do Renascimento. Colecionava manuscritos antigos, fundou um hospital e foi um pioneiro da ciência experimental e teórica. Seu estudo do crescimento das plantas é considerado "o primeiro experimento formal moderno na biologia".[7] Cusa foi também um dos primeiros defensores da ciência fundada na matemática e, portanto, um precursor dos físicos do século XVII. Segundo o historiador Eduard Dijksterhuis, suas conclusões a esse respeito tinham tão grande alcance que "teria resultado numa revolução no pensamento caso tivessem sido adotadas e postas em prática no século XV".[8]

As especulações científicas de Cusa abrangem vários campos, mas é por suas idéias cosmológicas que ele é mais lembrado atualmente. Embora tenha vivido um ano antes de Copérnico, sua cosmologia, segundo Alexandre Koyré, estendeu-se "muito além de tudo que Copérnico jamais ousou pensar".[9] O ponto de partida do seu trabalho, contudo, não foi nenhum dado astronômico novo, mas Deus. Nesse sentido, pode ser corretamente visto como "o último grande filósofo da Idade Média agonizante". E, como uma estrela que termina com a explosão de uma supernova, Cusa representou um final espetacular para essa era gloriosa e tão infamada.

Cusa expôs sua cosmologia num belo e curioso tratado intitulado *Sobre a douta ignorância*, um livro que num primeiro contato mais parece conter os delírios de um extraterrestre engenhoso que uma obra de "ciência". Ele começa insistindo que somente Deus é absoluto, vendo nesta proposição uma negação de todos os absolutos no mundo físico. A partir dessa base, chegou à conclusão de que o universo não tem nem limite externo nem centro, já que ambos constituiriam um absoluto. Com esse movimento simples mas extraordinário, Cusa demoliu o cosmo medieval — pois, sem uma fronteira externa, o universo se torna necessariamente um interminável espaço *ilimitado*. De uma só vez, portanto, o cardeal de Kues estilhaçou o "mundo-bolha" medieval e libertou o cosmo da prisão cristalina de suas "esferas" celestes.[10]

Ora, por definição um espaço ilimitado e interminável não pode ter um *centro*; assim, Cusa insistiu que a Terra *não* era o centro do cosmo. Como tampouco o era nenhum outro corpo celeste. No espaço interminável do cosmo cusano, todas as posições eram *iguais*. Rejeitando a noção medieval de uma hierarquia celeste, Cusa afirmou: "não é verdade que a Terra seja o mais baixo e o mais inferior" corpo do universo.[11] Ao contrário, é um *astro*, "um nobre astro que tem luz, calor e influência" próprios.[12] Em termos muitos claros, Cusa negou o dualismo medieval de espaço terrestre e celeste. Seu cosmo era um *domínio unificado*, em que nada era inferior ou superior a nada. Nas suas palavras: "Há um só mundo universal."[13]

Por uma distorção da história das mais curiosas, é comum dizer-se que o deslocamento da humanidade do centro do cosmo foi uma *degradação* para ela. No entanto, nada poderia estar mais longe da verdade. Ao estilhaçar as esferas celestes e romper a hierarquia cósmica medieval, Cusa *elevou* a Terra da sarjeta do cosmo e a instalou no domínio da nobreza celeste. Não só Cusa, mas muitos inovadores cosmológicos posteriores viram o abandono do sistema geocêntrico como uma elevação da posição cósmica da humanidade. Não deveríamos esquecer jamais que, no sistema medieval, o centro era também o *fundo* do esquema cosmológico. Libertar a Terra dessa posição singular só podia significar uma promoção cósmica de enorme vulto.

Para Nicolau de Cusa, a homogeneidade cósmica era de fato um princípio geral. Ele declarou corajosamente que, onde quer que um homem estivesse situado no universo, veria as mesmas coisas. Nenhum lugar proporcionaria uma visão especial ou única. Novamente, isto estava em nítido contraste com a visão medieval, segundo a qual cada corpo celeste, com o lugar que lhe era destinado, proporcionava necessariamente uma perspectiva única. Com Cusa temos portanto, de forma crua, a primeira expressão de uma idéia que se tornou depois fundamental para a ciência moderna, o chamado "princípio cosmológico". Segundo esse princípio, o universo é essencialmente o mesmo em *todos os pontos*, uma exigência que é subjacente à crença moderna na replicabilidade dos experimentos. Para a física moderna, não importa se estou na Terra, ou em Marte, ou em Alfa do Centauro, as mesmas leis da natureza vão vigorar. Condições locais podem variar, mas a homogeneidade cósmica assegura que a totalidade do universo funciona segundo as mesmas leis naturais. É a afirmação desse princípio por Cusa (ainda que de forma rudimentar) que, segundo Jammer, nos dá "razões para considerar que Nicolau de Cusa marcou o ponto crítico na história da astronomia".[14]

Outro aspecto da cosmologia de Cusa também merece nossa atenção. Ele não hesitou em encher o espaço sem limites que concebeu com inúmeros outros astros. Insistiu em que, contrastando com o cosmo medieval finito, o universo tinha um sem-número de "mundos". Ademais, afirmou, cada um desses outros mundos era *habitado*: "Naturezas de diferente nobreza procedem de [Deus] e habitam cada região."[15] De fato, Cusa nos diz que "nenhuma das outras regiões dos astros é vazia de habitantes".[16] Isto é, todo o universo é povoado. E, assim como no seu cosmo não havia hierarquia entre os corpos celestes, Cusa firmou também não haver hierarquia entre seus habitantes. Fosse qual fosse a natureza desses outros seres celestes, os seres humanos não deviam ser considerados menos nobres que eles.

Essa rejeição de uma hierarquia de seres celestes era nada menos que uma refutação da hierarquia medieval dos anjos. E aqui vemos mais uma vez a humanidade sendo gloriosamente elevada, alçada da sarjeta cósmica à categoria de ser celeste. Embora admitisse que os habitantes do Sol e da Lua podiam ser mais "semelhantes a espíritos" que os habitantes da Terra, Cusa negou categoricamente que fossem de uma ordem superior.[17] De fato, ele passa então a especular que esses seres celestes poderiam estar também sujeitos à *morte*, fenômeno até então restrito às criaturas terrestres. "A morte parece nada mais ser que a decomposição de uma coisa compósita em seus componentes. E quem pode saber se tal desintegração ocorre apenas no tocante a habitantes terrestres?"[18]

No esquema cosmológico de Cusa, não são os homens, mas os anjos que foram degradados; pois agora eles se tornavam os iguais, potencialmente mortais, dos seres humanos. Historicamente, isso pode ser visto como o primeiro passo num processo que iria culminar na idéia moderna de *extraterrestres*. Que são ETs e congêneres, afinal, se não anjos encarnados — seres das estrelas manifestados em carne? Como os anjos — bons ou maus —, os extraterrestres da ficção científica moderna são dotados de poderes sobrenaturais. Descendo do Céu em orbes fulgurantes de luz, entram em nossas vidas vibrando com promessas e visões de paraísos distantes. A quintessência dos anjos-extraterrestres são os humanóides resplandecentes de *Contatos imediatos de terceiro grau*, de Steven Spielberg, seres que não só emanam uma luz celestial como se comunicam através de música, uma "harmonia das esferas" tecnológica. Ou poderíamos citar os seres radiantes de *Cocoon*, que prometem aos seres humanos que os seguirem uma vida livre da doença e do sofrimento.

Por outro lado, há extraterrestres demoníacos, como em *Alien*, *Independence Day*, ou qualquer das tramas de abdução que alimentam a paranóia americana neste final da década de 1990. Classicamente, os demônios eram anjos decaídos e, hoje, nossos irmãos celestiais também se apresentam sob as duas modalidades. Bons ou maus, os extraterrestres são o tema recorrente de sonhos outrora incorporados à imagem cristã do mundo na forma de anjos. Ao negar a hierarquia celeste de que esses seres de espírito dependem, Cusa deu início ao processo de trazer essas criaturas celestes *para o chão* e envolvê-las na rede da *natureza*.

Dada a extraordinária abrangência das suas conclusões, Cusa pode apenas despertar nossa admiração, em especial quando lembramos que morreu um século e meio antes da invenção do telescópio. Mas sua obra, como a de Crescas, não chegou a influenciar a maior parte de seus contemporâneos. Só muito mais tarde suas intuições seriam reconhecidas e a natureza inovadora de sua cosmologia plenamente apreciada. Que Cusa tenha podido ir tão longe sem a ajuda de novos instrumentos é prova não só da agilidade de sua mente como do caráter cambiante da própria época.

Renascimento — essa foi a palavra que sábios e artistas europeus usaram para descrever a notável eflorescência cultural da época. O "homem" estava agora sendo celebrado como a medida de todas as coisas e, na aurora do século XVI, crescia entre as pessoas a insatisfação com o lugar inferior que lhes era atribuído na hierarquia cósmica pelo esquema medieval. Como podiam as pessoas, numa era que produziu a magnificência de Michelangelo e Rafael, continuar acreditando que seu legítimo lugar era a *sarjeta* do cosmo? Mesmo sem Cusa, a Europa cristã estava madura para uma mudança, e nesse novo século as placas tectônicas da cosmologia ocidental começaram finalmente a se deslocar.

O principal motor desse movimento não foi Nicolau de Cusa, mas um obscuro cônego polonês chamado Nicolau Copérnico. No momento mesmo em que Rafael estava pintando a *Disputa* em Roma, Copérnico estudava na Universidade de Bolonha, no norte da Itália. Como Rafael, o astrônomo polonês também buscaria uma "imagem" unificada do Céu e da Terra — de fato, iria dedicar a vida a essa empreitada.

Como a pintura, a nova ciência seria inspirada pelo borbulhante espírito renascentista; pois a ciência era, como sempre foi, um projeto cultural. Entre as "características específicas da época" que fertilizaram o solo para Copérnico, as mais importantes foram as grandes viagens marítimas, que começavam a "excitar a imaginação e a cobiça dos europeus".[19] Cinqüenta anos antes do nascimento de Copérnico, os portugueses haviam começado a fazer viagens ao longo da costa africana e, pouco antes que o polonês fizesse vinte anos, Colombo desembarcou na América. Como Thomas Kuhn observou, "viagens bem-sucedidas exigiam mapas aperfeiçoados e técnicas de navegação, e estas dependiam em parte de um maior conhecimento do céu".[20] Vastas somas de dinheiro estavam em jogo nessas viagens, e contudo mercadores e monarcas estavam à mercê de seus navegadores, que por sua vez estavam à mercê dos astros. Em suma, para saquear o ouro e as demais riquezas do Novo Mundo, o Velho Mundo precisava de uma melhor compreensão da astronomia.

Se a navegação foi uma inspiração para um novo olhar para os astros, outra foi a necessidade premente de uma reforma do calendário. Como a data da Páscoa (o primeiro evento do calendário cristão) é determinada pelos ciclos tanto do Sol quanto da Lua, a exatidão astronômica era de considerável importância para a Igreja Católica Romana.[21] No século XVI, sob o papa Gregório XIII, a reforma do calendário tornou-se um projeto oficial da Igreja e, em dado momento, o próprio Copérnico foi chamado para aconselhar o papa sobre a matéria. Porém o jovem polonês declinou o convite, sob a alegação de que a compreensão corrente dos movimentos celestes era tão deficiente que nenhuma reforma do calendário podia ser empreendida antes que a própria astronomia fosse reformada. Foi essa tarefa que Copérnico transformou na missão de sua vida.

Não há na história da ciência "revolucionário" mais enfadonho que Nicolau Copérnico. Após estudar medicina e direito canônico nas universidades de Bolonha e Pádua, esse filho de um comerciante de cobre da cidade de Torun foi designado cônego na catedral de Frauenburg, uma cidadezinha nos confins da cristandade no que é hoje parte da Polônia. Após breve interlúdio como médico de seu tio, estabeleceu-se naquele "canto remoto da Terra" e ali passou o resto de seus dias, no que um comentador qualificou de a descansada "vida de um fidalgo provinciano".[22] Nada de grandes patronos, cortes brilhantes ou rixas acaloradas; apenas uma farta e agradável vida rural.

As responsabilidades de Copérnico no tocante à administração das propriedades da catedral não eram opressivas — ele e os demais cônegos recolhiam tributos, cobravam aluguéis e administravam as leis locais. Durante suas abundantes horas de lazer, estava livre para se dedicar ao estudo dos astros. Ali, em sua torre privada que dava para a lagoa de Frisches Haff, passou trinta longos anos se batendo com os problemas do movimento celeste. A questão que o interessava era: como exatamente o Sol, a Lua e os planetas se movem através do céu? Aqui vemos um dos primeiros dos novos cientistas tentando se lançar com "olhos virtuais" na investigação do espaço à sua volta. Buscando ir além de seu corpo, por assim dizer, para alcançar os mais remotos objetos do universo.

O problema com que Copérnico se defrontava era que, a despeito de toda a beleza filosófica do sistema cósmico medieval, a astronomia a ele associada não era muito precisa. Em conjunção com o antigo sistema cosmológico do mundo, com suas esferas celestes, os medievais do fim do período haviam herdado também o antigo sistema *astronômico* desenvolvido por Ptolomeu de Alexandria no século II. Como o maior astrônomo da Antiguidade, Ptolomeu elaborara uma complexa descrição geométrica dos movimentos dos corpos celestes que, desde então, viera sendo usada pelos navegadores. Esse sistema, dito ptolomaico, podia ser usado para prever as posições do Sol e da Lua, das estrelas e dos planetas, mas estava longe de ser preciso e as naus estavam constantemente se perdendo no mar, junto com suas preciosas cargas.

Na descrição de Ptolomeu, o sistema cósmico se assemelhava a um vasto e desajeitado maquinismo celeste. Explicava os movimentos de cada corpo celeste em termos de um complexo conjunto de movimentos circulares. Embora numa primeira aproximação seja verdade que os corpos celestes se deslocam em círculos em torno da Terra, a um exame mais atento suas trajetórias *não* são círculos perfeitos. Alguns planetas têm trajetórias especialmente deformadas. Para explicar esses desvios em relação à perfeição circular, os astrônomos antigos haviam atinado com a idéia de que cada órbita celeste devia ser o resultado de vários movimentos circulares combinados. Pode-se imaginar isso como uma engrenagem celeste, com cada roda dentada principal sendo suplementada por rodas menores adicionais. Assim como se pode fazer uma bailarina movida a corda executar uma dança mediante um arranjo complexo de rodas dentadas, assim os antigos raciocinavam que a dança celeste das estrelas e dos planetas podia ser explicada por arranjos complexos de movimentos circulares. O sistema de Ptolomeu foi a culminação desse processo.

Segundo Copérnico, porém, o sistema de Ptolomeu era feio. O jovem cônego não podia acreditar que Deus pudesse ter criado um sistema esteticamente tão medonho. Assim, embora sem dúvida motivado por considerações práticas concernentes à navegação e à reforma do calendário, Copérnico estava também inspirado por preocupações *estéticas*. Em particular, diz o historiador Fernand Hallyn, estava inspirado pela estética dos pintores renascentistas, pelos ideais de beleza, harmonia e simetria que cultivavam.[23] "A consideração principal" da astronomia, escreveu Copérnico, é deduzir "a estrutura do universo e a verdadeira simetria de suas partes."[24] De fato, a visão do cosmo que ele desenvolveu poderia ser vista como a suprema imagem renascentista do mundo.

Em busca de uma visão mais "harmoniosa" e "simétrica" do sistema cósmico, Copérnico concebeu a idéia de um *cosmo centrado no Sol*. Nele, o Sol substituía a Terra como foco do sistema. Escapa às intenções deste livro descrever como Copérnico chegou a essa extraordinária conclusão, mas cabe assinalar que ele não foi o primeiro.[25] Um sistema cósmico heliocêntrico foi considerado por várias pessoas no início do século XVI e a idéia fora na verdade conhecida pelos gregos dois mil anos antes. O que Copérnico *fez* foi explorar, em todos os seus laboriosos detalhes, como um sistema heliocêntrico podia realmente funcionar. Em contraste com Cusa, que nunca articulou os detalhes de seu sistema cósmico, Copérnico trabalhou sem descanso na geometria para mostrar de que maneira exata os planetas podiam se mover num sistema centrado no Sol. Por esse trabalho monumentalmente tedioso, a cosmologia moderna tem uma enorme dívida para com ele.

A suposta simplicidade do sistema copernicano foi muito exaltada nos livros populares de ciência, mas nada poderia estar mais longe da verdade. O historiador Owen Gingerich, de Harvard, mostrou que o cosmo copernicano não era nem mais simples nem mais preciso do que seu predecessor ptolomaico.[26] Ao contrário, era igualmente complexo e igualmente impreciso. Também Copérnico descreveu os movimentos celestes com uma coleção bizantina de engrenagens celestes invisíveis — sua explicação da órbita da Terra, por exemplo, exigia nada menos que nove círculos celestes. Sob esse aspecto, seu sistema era tão feio quanto o anterior. O que não pode ser negligenciado, porém, é que o sistema de Copérnico *tampouco era pior* que seu predecessor. Assim, pela primeira vez na história ocidental, a concepção geocêntrica do universo passou a ter um sério rival. Dali em diante, o heliocentrismo teria de ser admitido pelo menos como uma opção potencial.

No entanto, se não era mais simples que o de Ptolomeu, o sistema de Copérnico tinha de fato várias vantagens importantes do ponto de vista da história do espaço. Em primeiro lugar, num sistema heliocêntrico a Terra se tornava um dos planetas, e assim, tal como na cosmologia de Cusa, o homem era novamente catapultado para o domínio do *espaço celeste*. A segunda vantagem do sistema de Copérnico era que, pondo a Terra em movimento em torno do Sol, permitia que as estrelas se tornassem estacionárias. Como vimos, no sistema geométrico as estrelas revolviam em torno da Terra numa vasta esfera de cristal. De uma perspectiva teológica, isso podia ser aceitável, mas em termos práticos parecia um tanto absurdo. O próprio Copérnico observou que fazia muito mais sentido um corpo relativamente pequeno como a Terra estar se movendo do que a vasta esfera das estrelas.

De fato, a despeito de toda sua reputação de modernidade, Copérnico ainda acreditava em esferas celestes. Sua cosmologia realmente as *exigia*, pois em seu esquema Deus continuava sendo a fonte do movimento celeste. No tocante à história do espaço, outra questão é que, embora tenha situado a Terra entre os planetas, Copérnico não aboliu de modo algum a diferença entre os espaços terrestre e celeste. Para fazê-lo, teria de acreditar que os corpos celestes eram compostos de matéria física sólida, como a Terra. Nicolau de Cusa estava começando a pensar nessa linha, mas não há nenhuma evidência de que Copérnico acreditava em algo semelhante. Na visão cosmológica do cônego polonês, o domínio celeste continuava sendo um "outro" domínio, etéreo, e sob muitos aspectos ele foi um pensador muito mais medieval que moderno. Em suma, diz Kuhn, "é difícil encontrar no próprio Copérnico a revolução copernicana tal como a conhecemos".[27] Mas, quaisquer que tenham sido as crenças pessoais de Copérnico, não há dúvida de que sua obra prenunciou uma nova era no pensamento cosmológico.

O homem que realmente viu o potencial do esquema espacial heliocêntrico, e que verdadeiramente demoliu a distinção medieval entre espaço celeste e terrestre, não foi Copérnico, mas o matemático alemão Johannes Kepler. O "grande homem" em qualquer campo sempre inspira biografias, mas poucos na história da ciência inspiram amor. Um deles é Kepler. Baixote doentio da cidade alemã de Weil-der-Stadt, nascido numa família de dissolutos e bêbados, Kepler alçou-se dessa origem sórdida para se tornar um dos maiores gênios científicos de todas as épocas. Quando Newton disse "se vi mais longe foi por estar postado sobre os ombros de gigantes", era mais do que ninguém a Kepler que se referia. As leis do movimento planetário de Kepler abririam caminho para a descoberta da lei da gravidade por Newton e, com isso, para a união final dos espaços celeste e terrestre.

Nada na infância patética de Kepler parece tê-lo preparado para um papel tão importante. Afora o trauma de sua turbulenta família, era bastante malquisto entre seus colegas de escola, que "o viam como um sabichão intolerável e lhe batiam em todas as oportunidades".[28] Sensível, enfermiço e abertamente religioso, o jovem Kepler era um alvo fácil e convidativo. Relembrando sua atribulada infância, ele escreveu certa vez: "Quando era um menino de uns dez anos, ao ler pela primeira vez as Sagradas Escrituras ... ele lamentou que, em razão da impureza de sua vida, a honra de ser um profeta lhe fosse ser negada."[29] Mas Kepler *iria* se tornar um "profeta", pois foi o primeiro verdadeiro *astrofísico* — a primeira pessoa a ver o domínio celeste como um espaço de ação física concreta.

Kepler adotou a visão centrada no Sol de Copérnico, mas descartou os métodos medievais do velho cônego e se atribuiu a missão de explicar como um sistema heliocêntrico podia de fato funcionar fisicamente. Nesse sentido, deu o passo decisivo que Copérnico nunca ousara dar: encarou o reino celeste como um *domínio físico* concreto (exatamente como o reino terrestre), e tratou os corpos celestes como *corpos materiais* concretos que deviam funcionar segundo leis físicas naturais. Com essa intuição, o tampinha de Weil-der-Stadt reinventou o mundo.

Mais uma vez, para nós que vimos homens andando na Lua e sondas robôs rastejando pela superfície de Marte, a intuição de Kepler pode parecer um tanto redundante. Mas é impossível exagerar a enormidade desse salto intelectual. Quando Neil Armstrong caminhou sobre a Lua, estava, na verdade, seguindo as pegadas de Johannes Kepler. Nós, seres humanos, não podíamos sequer *sonhar* em caminhar na superfície lunar antes de passarmos a ver a Lua como um lugar físico concreto, e Kepler foi a primeira pessoa a fazê-lo. De fato, três séculos antes das missões Apollo, ele realmente imaginou uma viagem física à Lua.

Por acreditar que a esfera celeste era um domínio físico concreto, Kepler foi finalmente capaz de libertar sua mente dos velhos métodos ptolomaicos para ir em busca de uma alternativa genuína para o gasto sistema das engrenagens celestes. Ao fazê-lo, descobriu que os planetas se movem em torno do Sol não numa complexa combinação de círculos — idéia em que todos os astrônomos ocidentais desde Aristóteles haviam insistido — mas em *elipses*. Descobriu que a trajetória de cada planeta é de fato uma elegante elipse que tem o Sol por foco. Nessa sacrílega rejeição da perfeição circular residem os fundamentos de uma cosmologia genuinamente pós-medieval. Segundo Kepler, o que propelia os planetas em torno de suas órbitas não era Deus, mas *forças físicas* inerentes ao sistema cósmico. Para ele, o problema do movimento celeste não era uma questão de teologia, mas de *física*. Por essa razão, pode verdadeiramente ser considerado o fundador dessa ciência quintessencialmente moderna, a "astrofísica". Especificamente, disse Kepler, os planetas são impelidos em torno de suas órbitas por uma força física que emana *do Sol*.

Essa compreensão figura entre as mais importantes da história da cosmologia ocidental. O fato de o nome de Kepler não ser tão amplamente conhecido quanto o de Copérnico é uma das maiores injustiças da história popular. O que temos com a força solar de Kepler e suas elipses planetárias é a inclusão do domínio celeste no reino das *ciências naturais*. Como a primeira pessoa a propor a existência de forças físicas naturais e de leis que vigoravam na esfera celeste, Kepler lançou o repto definitivo à distinção medieval entre espaço celeste e terrestre. Seu universo era não só unificado, era fisicamente viável por inteiro. Nesse sentido, foi ele, não Copérnico, o primeiro verdadeiro "moderno".

O compromisso de Kepler com a unidade dos espaços terrestre e celeste fica evidente num curioso livrinho, hoje considerado a primeira obra de ficção científica. Intitulado simplesmente *Somnium* (*O sonho*), descreve uma viagem imaginária à Lua. Num quadro sem a menor sugestão de medievalismo, a Lua é um orbe material sólido, como a Terra. Nela há montanhas e cavernas, oceanos e rios; plantas crescem, animais nascem e morrem. Com essa Lua estamos sem sombra de dúvida no domínio da *natureza*. Segundo a história de Kepler, nosso primo lunar é povoado por uma coleção heterogênea de criaturas semelhantes a lagartos. "Em geral", lemos, "a natureza serpentina é predominante." Enquanto o narrador as descreve, essas criaturas "perambulam em bandos sobre toda a esfera, cada uma segundo sua natureza: algumas usam as pernas, que superam de longe as de nossos camelos; outras se valem de asas; e algumas seguem ... pela água em barcos".[30] Em outras palavras, algumas delas são inteligentes. Elas têm até noções básicas de astronomia. Vemos assim, no início de século XVII, a culminação lógica do movimento iniciado por Nicolau de Cusa duzentos anos antes. Agora a corporificação dos anjos está completa; encerrados em carne, os seres das estrelas tornaram-se criaturas *mortais*. Aqui está o "extraterrestre" moderno, sob forma material, sólida e encorpada.

Que transformação radical, desde que Dante ascendera ao Paraíso três séculos antes! Desapareceram as esferas de cristal e as harmonias angélicas da *Divina comédia*, substituídas por serpentes fugidias que se escondem em cavernas e mudam de pele como se fossem cascas. Desapareceu o "silêncio cantante" do Paraíso medieval, suplantado pelo "progresso científico" e por visões de sáurios inteligentes. Por mais empolgante que possa ser testemunhar o nascimento da ficção científica, não se pode deixar de sentir uma ponta de tristeza diante dessa nova visão fisicalista. Dali em diante, o espaço celeste iria ressoar não com os cânticos de querubins e serafins, mas com o ronco de foguetes e o sibilar de jornadas em velocidade *warp* ["por dobra"].

Com *Somnium*, a cultura ocidental atingiu uma junção crítica, pois não há dúvida de que lagartos lunares faziam soar o dobre de finados pela imagem medieval do mundo. Para expressá-lo nos termos mais elementares, o espaço celeste não podia comportar anjos *e* serpentes que fabricavam barcos. É preciso escolher: ou bem o domínio celeste é uma metáfora do espaço espiritual do Céu, um espaço povoado por "anjos", ou bem é um espaço físico cheio de planetas materiais e povoado por "extraterrestres". Embora ninguém vá ser formalmente solicitado a escolher, todos sabemos para onde iriam os votos. Como um sinalizador do futuro, os lagartos situam-se como um precursor peculiarmente apropriado de coisas por vir.

Kepler, mais do que ninguém, formulou a visão moderna do espaço celeste como um domínio físico concreto, mas enquanto cristalizava essa concepção, foi Galileu quem impeliu a idéia para o primeiro plano da consciência ocidental. Por isso é o nome dele, não o de Kepler, que é geralmente associado a esse passo seminal. A chave do sucesso de Galileu foi um novo instrumento assombroso. Enquanto Kepler viajava à Lua em sua mente, Galileu estava ocupado espiando-a através de um telescópio e, como Kepler, o que descobriu lá foi não um orbe nebuloso e "etéreo", mas montanhas! Ao anunciar ao mundo as descobertas que fizera com o telescópio, Galileu declarou que a "superfície da Lua não é plana, lisa, e perfeitamente esférica, como a grande massa dos filósofos acreditava ... mas ao contrário ... semelhante à face da própria Terra, acentuada aqui e ali por cadeias de montanhas e profundezas de vales".[31]

Além de revelar montanhas na Lua, o novo "tubo óptico" forneceu indícios concretos contra a crença medieval na imutabilidade do domínio celeste. Através de seu telescópio, Galileu viu que o Sol tinha manchas que se moviam pela sua face. Portanto, mudanças podiam ocorrer no Céu, como na Terra. Essa mutabilidade foi sugerida também pela descoberta de que os cometas não eram fenômenos atmosféricos, como Aristóteles afirmara, mas genuínos habitantes do céu. Em seu conjunto, os indícios que jorraram do tubo óptico revelavam a esfera celeste, cada vez mais, como um domínio físico concreto.

Desde que Galileu apontou um para a Lua pela primeira vez, o telescópio tornou-se o canal direto da humanidade com os astros, o instrumento mediante o qual temos sido capazes de mandar nossos "olhos" perambularem pelo espaço celeste, muito além de nosso campo natural de visão. Se, como vimos no capítulo anterior, as imagens em perspectiva educaram as mentes ocidentais a ver com um "olho virtual", o telescópio estendeu nosso olhar virtual além das fantasias mais arrebatadas dos pintores do Renascimento. Precisamente porque o espaço celeste não é um lugar a que possamos ir fisicamente (mesmo os poucos astronautas de elite jamais foram além da Lua), só é possível conhecê-lo em geral através de "olhos virtuais". Sob esse aspecto, nossa experiência do "espaço exterior" é similar à nossa experiência do ciberespaço, pois também *este* é um espaço que não experimentamos fisicamente. Tanto o espaço exterior quanto o ciberespaço são espaços *mediados*, que vemos através de um filtro tecnológico. E assim como só hoje estamos começando a ter noção da vastidão potencial do ciberespaço, também os europeus do século XVII estavam apenas começando a ter noção da vastidão potencial do novo espaço que estavam descobrindo na outra ponta de seus tubos ópticos.

Em meados do século XVII, a comunidade científica européia já aceitara mais ou menos que o cosmo era tanto centrado no Sol quanto físico. Uma questão, porém, continuava sendo um completo mistério: de que tamanho era exatamente o universo? O cosmo medieval havia sido pequeno e finito, com um limite definido na esfera mais exterior. O cosmo heliocêntrico possuía também um limite externo? Ou podia se estender para sempre? Podia o espaço celeste ser de fato — como Cusa sugerira dois séculos antes — *infinito*?

Surpreendentemente, essa idéia de espaço infinito foi talvez a que se mostrou mais perturbadora. De uma perspectiva teológica cristã, a noção de um universo infinito era particularmente inaceitável porque implicava um mundo *sem forma*. Toda a síntese aristotélico-cristã se fundara na crença de que, na arquitetura do cosmo, podemos discernir o reflexo de um Criador divino. Mas como podia Deus estar refletido na ausência de forma? Kepler, em particular, se opusera a isso. De todas as proposições da nova cosmologia, essa foi a que encontrou maior resistência. A Terra em movimento, o lugar central do Sol entre os planetas, a materialidade dos corpos celestes — tudo isso foi se tornando gradativamente parte da imagem científica do mundo nas décadas que se seguiram à invenção do telescópio. O que as pessoas não podiam aceitar era um vazio infinito e sem forma. A teologia cristã e a filosofia grega rebelavam-se ambas contra o infinito — o temido *apeiron* — e, como no caso do próprio espaço vazio, a aceitação da idéia de espaço infinito iria exigir uma mudança significativa na mentalidade ocidental.

Depois de Cusa, o primeiro grande defensor do espaço infinito foi o místico italiano herético Giordano Bruno, que foi queimado numa fogueira no ano de 1600. Seguindo as pegadas de Cusa, Bruno insistiu em que o universo era infinito e cheio de incontáveis outros astros. Ninguém, ele escreveu, "poderia jamais encontrar uma demonstração razoavelmente plausível ... de que este universo corpóreo pode ser limitado, e conseqüentemente de que os astros que neste espaço estão contidos são finitos em número".[32] Paradoxalmente, em face do que acabamos de dizer sobre objeções teológicas ao infinito, Bruno justificou seu universo interminável recorrendo a Deus. Valeu-se da tradição teológica que concebia a divindade cristã como um deus da abundância. De acordo com essa tradição, "um universo maior e mais povoado deve conotar uma divindade mais perfeita" — ou, em outras palavras, um Deus infinito só se poderia "satisfazer com um ato de criação infinito".[33]

Ao promover a idéia de uma criação infinita, Bruno enfatizou especificamente que o próprio *espaço* é infinito. "Nós que vemos um corpo líquido, espiritual, etéreo, aéreo ... sabemos com certeza que essa [entidade] causada e iniciada por uma causa e um princípio infinitos deve ser infinitamente infinita."[34] Assim, na cosmologia de Bruno, o espaço infinito tornou-se um reflexo direto de um Deus infinito. É precisamente essa *teorização do espaço* que iria finalmente tornar o *apeiron* palatável. Durante os séculos XVI e XVII, uma impressionante lista de pensadores foi gradualmente construindo uma teologia do espaço infinito, justificando esse conceito até então abominável mediante sua associação com Deus.

Uma das pessoas-chave cuja obra contribuiu para a aceitação final do espaço infinito foi René Descartes. Embora Descartes rejeitasse o espaço vazio *per se* (preferindo, como Aristóteles, ver o universo como um *plenum* cujo volume era inteiramente preenchido pela matéria), seu universo era, como o de Bruno, infinito.

Apesar de sua reputação de racionalista inflexível, Descartes tinha uma abordagem da ciência fundada numa revelação mística que acreditava lhe ter sido feita diretamente por Deus. Em 10 de novembro de 1619, quando descansava uma noite numa hospedaria, o jovem filósofo teve uma visão, mais tarde seguida por vários sonhos, em que era visitado por um poder mais alto. Nessa visão, diz Edwin Burtt, "o Anjo da Verdade lhe apareceu, e pareceu justificar, através de compreensão sobrenatural, a convicção, que já se aprofundava em sua mente, de que a matemática era a única chave necessária para a decifração dos segredos da natureza".[35] A partir dessa mensagem angelical, Descartes passou a conceber sua imagem mecanicista do mundo, em que o universo consistia de matéria em movimento através do espaço infinito em conformidade com leis matemáticas estritas.

Descartes arquitetou cuidadosamente essa visão mecanicista na esperança de corroborar a fé católica, mas, para seu desalento, muitas pessoas interpretaram o cosmo cartesiano como um perigoso construto ateu. O único papel que parecia restar para Deus nessa máquina universal era suprir as leis matemáticas segundo as quais o sistema funcionava. Para muitos de seus pares, Descartes parecia ter excluído Deus do universo de todas as maneiras significativas. Como podia um cristão convicto aceitar uma visão do mundo tão destituída de alma? No entanto, muitos cientistas do século XVII se dispunham a aceitar alguma forma de mecanicismo. Como Descartes, muitos deles acreditavam que o universo era, em certo sentido, análogo a uma máquina. O que desejavam, na verdade, era uma máquina mais cristã. Em sua busca de uma versão mais "espiritualizada" de mecanicismo, o espaço iria desempenhar um papel crítico.

Uma das primeiras tentativas de espiritualizar o cosmo cartesiano foi levada a cabo pelo teólogo inglês Henry More, que se dispôs a complementar a máquina do mundo de Descartes com o que via como características especificamente cristãs. More rejeitou a crença de Descartes num *plenum* e, seguindo os atomistas antigos, declarou que o universo era feito de átomos e espaço vazio. Como Bruno, justificou esse espaço vazio divinizando-o, chamando-o substância "sutil", "Amplitude Divina". De fato, para More o espaço era a substância mediadora entre a matéria física e o espírito divino, o elo entre os domínios material e espiritual. Mediante esses movimentos teológicos, More e seus contemporâneos buscaram credibilidade religiosa para um universo mecanicista. O que desejavam era nada menos que uma nova fusão entre ciência e religião, uma imagem mecanicista do mundo que pudesse ser conciliada com sua fé cristã. A esse respeito, como em tantos outros, a trajetória da "revolução científica" iria chegar ao apogeu com o jovem colega de More, Isaac Newton — o homem que iria marcar a ferro na consciência ocidental a nova cosmologia e a nova concepção do espaço.

Isaac Newton: gênio científico, herege cristão, praticante de alquimia: todas são descrições corretas do homem que paira sobre a visão do mundo ocidental moderna de uma maneira que só encontra equivalente no domínio exercido por Aristóteles sobre o mundo antigo. Para compreender Newton, porém, devemos considerar mais do que sua ciência, pois acima de tudo ele foi motivado por inspiração religiosa. A profundidade da fé de Newton pode ser avaliada pelo fato de que ele esteve prestes a abandonar uma carreira científica, preferindo isso a jurar fidelidade a uma concepção teológica que não apoiava. Na época, a Universidade de Cambridge ainda exigia que os acadêmicos fossem ministros da Igreja Anglicana, e a ordenação, por sua vez, exigia uma declaração de fé na Trindade — a doutrina cristã nuclear segundo a qual a divindade assume três formas simultâneas: o Pai, o Filho e o Espírito Santo. Mas Newton aderia secretamente à heresia do arianismo, que repudia a Trindade e insiste na unidade indissolúvel do Deus cristão. Não era tolo a ponto de divulgar essa posição, mas tampouco queria fingir fidelidade a algo em que não acreditava. Nas vésperas do dia da ordenação, Newton estava se preparando mentalmente para deixar Cambridge, quando, no último momento, chegou uma dispensa do rei: ele pôde permanecer na universidade sem se ordenar. Sua heresia continuaria sendo um segredo pessoal.

A história é de interesse pessoal, pois lança uma luz inusitada sobre um homem tão universalmente conhecido por sua ciência, mas nos dá também um vívido relance da contingência da história. E se a dispensa *não* tivesse chegado, e Newton tivesse trocado Cambridge pela vida de um fidalgo rural — o destino que seus pais pretendiam para ele? Teria ele ainda levado adiante sua ciência? Teria havido os *Principia*, uma "bíblia" unificadora para integrar a nova cosmologia? Richard Westfall, biógrafo de Newton, considerou essas questões e, no tocante à última, concluiu que muito provavelmente não.[36] Essa mente excepcionalmente inquisitiva teria sem dúvida continuado a pensar sobre o mundo à sua volta, mas sem o cenário de Cambridge suas idéias provavelmente não teriam sido publicadas. E, sem o impacto fragoroso dos *Principia*, a história ocidental do espaço poderia por certo ter sido muito diferente.

O que Newton apresentou ao mundo em seu legendário (e legendariamente difícil) volume foi uma síntese abrangente que integrava as intuições cosmológicas de todos os seus mais importantes antecessores, em especial Copérnico, Kepler, Galileu e Descartes. Com ombros de tão formidáveis gigantes em que se postar, Newton estava em condições de desenvolver uma visão abrangente do espaço celeste, e ele não nos desaponta.

Primeiro e mais importante: Newton completou a unificação dos espaços celeste e terrestre que Kepler iniciara. A chave para essa síntese foi uma equação matemática simples que até hoje representa o arquétipo da "lei da natureza" — a "lei da gravidade", inspirada originalmente, segundo reza a lenda, pela queda de uma maçã de uma árvore no jardim de sua mãe. Newton prosseguiu para mostrar que a mesma força que fizera a fruta cair no chão podia explicar também como a Lua girava em torno da Terra e como os planetas giravam em torno do Sol. De fato, demonstrou que a mesma força que, segundo Kepler especulara, sustentava os planetas em suas órbitas, era também responsável por manter nossos pés ancorados no chão. Uma única força física operava assim em ambos os domínios, o celeste e o terrestre.

Ademais, oculta na lei da gravidade havia uma bomba no tocante à natureza dos corpos celestes. A essência da lei de Newton é uma força de atração que se exerce entre duas *massas físicas*. Onde há gravidade deve haver *matéria*, matéria física sólida e bruta. Agora, como as leis do movimento planetário de Kepler o atestavam, a gravidade de Newton operava no *domínio celeste* — a forma elíptica das órbitas planetárias era uma conseqüência direta da lei de Newton. Com a força gravitacional operando entre o Sol e os planetas, esses corpos celestes *têm* necessariamente de ser todos corpos materiais concretos como a Terra!

Um aspecto pouco reconhecido da revolução científica é que a assimilação do espaço celeste ao domínio físico foi finalmente selada pela efemeridade de uma equação matemática. Antes da equação de Newton, podia-se continuar discutindo sobre a constituição dos corpos celestes, mas, depois da descoberta da lei da gravidade, essa batalha estava efetivamente encerrada. Agora a matéria reinava suprema, não apenas na Terra como em todo o cosmo. Assim, com sua lei, Newton completou a revolução primeiramente imaginada por Cusa: espaço celeste e espaço terrestre estavam agora unidos como um *domínio físico contínuo*.

Diferentemente do universo de Descartes, porém, o de Newton estava imbuído de espírito divino, pois, como Henry More, ele também associou o espaço a Deus. De fato, para Newton a própria presença de Deus e a presença do espaço eram sinônimas. Como ele escreveu, Deus "permanece para sempre, e está presente em toda parte; e ao existir sempre e em toda parte, Ele constitui duração e espaço".[37] Mais ainda que seus predecessores, Newton justificou sua visão do espaço em bases teológicas. O espaço, disse ele numa expressão famosa, era o "sensorium" de Deus — o meio através do qual Ele exercia Sua visão onisciente e Seu poder universal. Para Newton, a presença de Deus no seio do universo era realmente *assegurada* pela presença do espaço. E, como na sua concepção Deus estava *em toda parte*, o espaço também deveria estar em toda parte — e ser portanto *infinito*.

Assim, ao cabo de dois séculos, o impensável tornara-se aceitável: um universo sem forma e infinito, permeado de espaço infinito vazio, tornara-se a base da cosmologia ocidental. Primeiro as pessoas tinham passado a aceitar a própria idéia de um espaço vazio, depois tinham aceitado o domínio celeste como uma esfera física concreta, e finalmente tinham chegado a aceitar que esse domínio se estendia infinitamente. E haviam justificado tudo isso em bases religiosas.

Com o tempo, porém, embora a divinização do espaço tivesse sido psicologicamente importante para a superação da resistência inicial ao infinito (e ao próprio vazio), uma visão teológica do espaço deixou de ser verdadeiramente necessária para a nova cosmologia. Assim, no século XVIII, após a morte de Newton, testemunhamos o espetáculo de cientistas menos religiosamente inclinados despindo seu sistema dos adornos teológicos. Em meados desse século, a nova cosmologia havia sido quase totalmente secularizada e foi esse newtonismo essencialmente ateu que veio a dominar o Ocidente moderno. No final, os anticartesianos tinham razão: o mecanicismo leva quase inevitavelmente a uma visão atéia do mundo. Apesar dos esforços de More e Newton, o espaço revelou-se um meio insuficiente para a perpetuação de uma divindade no interior do sistema cósmico. Em última análise, os materialistas ganharam a parada, e na Idade da Razão o homem se situava não no centro de um cosmo repleto de anjos em que tudo se conectava com Deus, mas num grande bloco de rocha que girava despropositadamente num vazio euclidiano infinito. A era medieval estava verdadeiramente encerrada.

Paremos por um momento para refletir nas significativas mudanças descritas neste capítulo. Histórias da ciência populares tentam nos fazer crer que, com a nova cosmologia, a humanidade havia "progredido" das trevas da ignorância para a luz gloriosa da "verdade". A "verdadeira" arquitetura do cosmo teria sido supostamente descoberta quando os seres humanos finalmente ficaram "sabendo" onde se situavam no esquema cósmico. Assim como o Sol deslocara a Terra como o centro do sistema planetário, assim também a ciência teria deslocado a teologia como o centro de nosso sistema intelectual. Com a mente do homem girando agora em torno dessa "verdadeira" fonte de luz, o futuro estaria supostamente assegurado numa ascensão interminável rumo à Verdade.

De fato, veremos no próximo capítulo que a cosmologia moderna teve um êxito extraordinário, mas, ao avançar nessa trilha profundamente fisicalista, o homem ocidental também perdeu algo de imensurável importância. A própria homogeneização do espaço que está no cerne do sucesso da cosmologia moderna é também responsável pela obliteração, em nossa imagem do mundo, de qualquer tipo de espaço espiritual. Num espaço *homogêneo*, só *um* tipo de realidade pode ser acomodado, e na visão científica do mundo trata-se da *realidade física da matéria*. Na cosmologia medieval, a acomodação de corpo e alma se firmava na crença na *heterogeneidade* do espaço. Ao tornar obsoleta a velha divisão entre espaço terrestre e celeste, os cosmólogos modernos impuseram sua própria metafísica e reduziram a realidade a uma mera metade do dimorfismo corpo-alma clássico. Ademais, uma vez que esse espaço físico se estendia ele próprio ao infinito, não sobrava "lugar" para nenhum tipo de espaço espiritual.

Trocando em miúdos, no vazio euclidiano infinito da cosmologia newtoniana não havia, literalmente, *lugar* para a existência de algo como "alma" ou "espírito". No cosmo medieval, o "lugar" da alma era "além" das estrelas, pois, como observamos no início deste livro, com um universo finito era possível imaginar — ainda que, a rigor, apenas num sentido metafórico — que restava muito "lugar" fora do mundo físico. Mas uma vez que este se tornou infinito, onde poderia qualquer tipo de domínio espiritual existir? Com a *eliminação dos limites* à expansão do domínio físico, o domínio espiritual cristão foi expelido do sistema cósmico. Essa excisão precipitou uma crise psicológica no mundo ocidental com cujos efeitos ainda estamos nos batendo hoje.

É importante notar que esse é um problema especificamente ocidental. Se *perdemos* nosso espaço espiritual, por assim dizer, foi porque o havíamos vinculado ao espaço celeste. Nós o havíamos "situado", metaforicamente falando, no alto, além das estrelas. Assim, quando o espaço celeste tornou-se infinito, nosso espaço espiritual foi aniquilado. No entanto, como Christine Wertheim assinalou, se antes não tivéssemos situado nosso reino espiritual no alto, essa crise não teria ocorrido. De fato, muitas outras culturas não associam seu espaço espiritual ao céu estrelado. Muitos dos chamados povos "primitivos" situam seu domínio do espírito em sonhos, ou num passado mítico que permanece interligado com o presente. Para essas culturas, a extensão do espaço celeste ao infinito não acarretaria forçosamente a crise que gerou no Ocidente. *Elas* teriam sido capazes de possuir um espaço celeste infinito e ao mesmo tempo *manter* seu domínio espiritual.

Na cosmologia puramente física de Newton e seus descendentes intelectuais não podia haver lugar, é claro, para o Céu e o Inferno cristãos. Para os medievais, Céu e Inferno (embora tecnicamente situados fora do universo) estavam entrelaçados a um esquema em que a totalidade do espaço era espiritualmente graduada. No espaço euclidiano, contudo, em que uma ponta do universo é igual à outra, Céu e Inferno tornam-se símbolos vazios. Sem vínculo algum com a realidade física, esses lugares espirituais ficam inexoravelmente condenados à extinção. De fato, a partir do final do século XVII, a nossa visão fisicalista foi invocada como uma poderosa foice epistemológica para extirpar *tudo* que não pudesse ser acomodado na concepção materialista da realidade. Ao longo dos três últimos séculos, a realidade passou a ser vista, cada vez mais, como o mundo *físico* apenas. Assim, como afirmei no início deste livro, é um completo equívoco chamar a imagem científica moderna do mundo de dualista; ela é *monista*, admitindo a realidade *somente* dos fenômenos físicos. Nela, a alma cristã não é a base de um outro nível de realidade, como os medievais acreditavam, mas uma quimera da imaginação — o "fantasma na máquina" de Gilbert Ryle.

Newton e Descartes teriam ficado aterrados ante essa dessacralização da imagem científica do mundo, mas esse é o resultado final da cosmologia que eles nos legaram. Fossem quais fossem as crenças pessoais de ambos, a ciência matemática de Newton e a metafísica dualista de Descartes serviram afinal como ponte para um materialismo monista desenfreado. Descartes, em particular, com a divisão radical que operou entre um domínio fisicamente extenso de matéria em movimento (*res extensa*) e um domínio de pensamentos, sentimentos e experiência espiritual (*res cogitans*), fez a balança pesar fortemente em favor do monismo. Como a nova ciência iria descrever somente *res extensa*, apenas esse domínio receberia a sanção da autoridade científica. À medida que essa autoridade cresceu, tudo que estava fora do campo de ação da ciência tornou-se cada vez mais objeto de ataque.

Embora Descartes insistisse na realidade da *res cogitans*, ao excluir radicalmente esse domínio imaterial dos métodos e práticas da ciência, deixou-o extremamente exposto a ser visto como "irrealidade". Na visão medieval do mundo, o domínio espiritual (o que venho chamando de espaço da alma) havia sido sustentado por seu íntimo entrelaçamento com a ciência e a cosmologia da época. Com o dualismo de Descartes, porém, não há mais vínculos entre o domínio da matéria e o do espírito. Sem vínculos com o mundo concreto da ciência física, a *res cogitans* cartesiana tornou-se rapidamente (como o Céu cristão) um símbolo vazio. Como não é de surpreender, não demorou para que as pessoas estivessem lançando dúvidas sobre sua existência.

A tendência foi iniciada pelo filósofo inglês Thomas Hobbes, que, quando Descartes ainda vivia, declarou que os fenômenos mentais eram meros subprodutos secundários da realidade primordial que era matéria em movimento. "A mente nada será senão os movimentos de certas partes de um corpo orgânico", ele escreveu, no que logo se tornou um chamamento às armas para a crescente legião dos materialistas.[38] Assim, tal como o Céu e o Inferno, a *res cogitans* cartesiana foi também rapidamente extirpada do reino do real. No final do século XVIII, o monismo tinha livre curso. Para citar as palavras incisivas de Edwin Burtt:

> O mundo natural era [agora] representado como uma vasta e independente máquina matemática, composta de movimentos da matéria no espaço e no tempo, e o homem, com suas intenções, sentimentos e qualidades secundárias, foi posto de lado como um espectador sem importância e de efeito semi-real sobre o grandioso drama matemático lá fora.[39]

Pela primeira vez na história, a humanidade havia produzido uma imagem do mundo puramente fisicalista, um quadro em que mente/espírito/alma não tinham lugar algum.

QUATRO

Espaço relativístico

No livro judaico-cristão do *Gênesis*, é Deus quem cria "o Céu e a Terra". Nos seis dias seminais, ele molda as "trevas" nascentes no esplendor que é a Criação. Evocando a luz, Ele separa o dia da noite, depois, dividindo as "águas" acima e abaixo do "firmamento", delineia os domínios celeste e terrestre. Até agora, o "Céu" está vazio e é só no quarto dia que o divino arquiteto volta se ocupar de encher o vazio cósmico. Eis o relato da ontogenia celeste segundo o *Gênesis*:

> E Deus disse: "Que haja luzes no firmamento do Céu para separar o dia e a noite; e que sejam para sinais, e para estações, e para dias, e anos."... E Deus fez duas grandes luzes, a luz maior para reger o dia, e a luz menor para reger a noite: e fez as estrelas também.[1]

Com o Sol, a Lua e as estrelas acertando o mecanismo cósmico das estações e dos anos, o Criador cristão aplica então Sua energia a originar criaturas vivas: primeiro os peixes do mar e as aves do ar, depois o "gado e coisas rastejantes e bestas da terra", e finalmente homem e mulher. Assim o *Gênesis* narra sua história da Criação, articulando em linguagem poética o nascimento de um universo a partir do nada. Tudo tem um princípio, e para os escritores do Antigo Testamento a força ontogênica era Deus.

Em contraste com a Bíblia, porém, a cosmologia newtoniana não contava nenhuma história cristã. Ainda que as leis da física newtoniana descrevessem como os planetas giravam à volta de seus sóis, e os satélites à volta de suas terras, essas leis não tinham absolutamente nada a dizer sobre *história* cosmológica.

O cosmo newtoniano não *veio a ser*, ele simplesmente *era*. Ademais, enquanto as leis de Newton se calavam a respeito da Criação, o mesmo fazia a observação empírica. Quando olhavam através de seus telescópios, os astrônomos do século XVIII não podiam ter nenhum vislumbre de uma história cosmológica, nenhuma percepção de um início ou mesmo de um fim. A visão que o tubo óptico lhes dava era a de um universo aparentemente *atemporal*. Por mais longe que os homens espreitassem no espaço, não havia sinal de que nada fora jamais diferente. Se Deus havia criado seu cosmo — do que o próprio Newton nunca duvidara —, então parecia ter feito o possível para apagar todos os traços do processo gerativo.

O fato de a nova ciência *não* ter sua própria história da Criação só veio a facilitar sua harmonização com o cristianismo. De fato, não havia concorrência. Podia-se concordar prontamente com Newton em que a divindade cristã havia feito o mundo, e que, ao fazê-lo, incorporara nele as leis da física. Em outras palavras, juntamente com o Céu e a Terra, podia-se acreditar que os seis dias do *Gênesis* haviam produzido também as leis do movimento e da gravidade. Para cristãos convictos do início do século XVIII, a falta de uma história cósmica na descrição científica do universo era na verdade fonte de satisfação: podia-se aceitar tanto a Bíblia quanto o sr. Newton sem tensão.

Com o correr do tempo, porém, cientistas de propensão mais filosófica começaram a considerar a natureza anistórica da visão científica do mundo cada vez mais insatisfatória. Para ter real sucesso, acreditavam, a nova ciência teria de explicar a questão das origens; teria de descrever em seus *próprios* termos como um universo pôde surgir do nada. Neste capítulo, consideramos a questão da origem do universo e, com ela, a da origem do próprio espaço físico. Como veremos, a resposta científica para essas questões iria emergir de uma nova e extraordinária concepção do espaço desenvolvida em nosso próprio século — uma concepção que iria finalmente substituir o espaço euclidiano como fundamento da cosmologia moderna.

A partir da segunda metade do século XVIII, muitos começaram a propor teorias científica da gênese cósmica. A mais original e abrangente dessas concepções veio do grande metafísico e filósofo alemão Immanuel Kant. Embora fosse um teísta devoto, Kant acreditava que planetas, astros e até sistemas estelares inteiros deviam resultar de processos puramente naturais. Em 1775, em sua *História geral da natureza e teoria do céu*, Kant descreveu um processo pelo qual, acreditava ele, sistemas solares inteiros podiam se condensar a partir de nuvens de poeira cósmica. Imaginou um enorme disco de poeira girando lentamente no espaço e depois condensando-se para formar a matéria luminosa do Sol e as massas escuras dos planetas. Muito à frente de seu tempo, Kant aventurou-se a propor que galáxias inteiras poderiam se formar por solidificação a partir de nuvens enormes, de escala galáctica. Mais tarde no século essas idéias foram retomadas pelo astrônomo supremo da época, Pierre-Simon Laplace. Como Kant, ele acreditava que a ciência podia fazer um universo aparecer a partir de nada mais que matéria bruta e as leis newtonianas do movimento.

Na ausência de qualquer conhecimento de processos estelares, porém, as idéias de Kant e Laplace eram meros vôos especulativos da imaginação, construídos sobre pouco mais que sua fé no método científico. Eram "teóricos de poltrona", como Timothy Ferris, autor de livros sobre ciência, apelidou esses homens.[2] Sem nenhum embasamento empírico, esse trabalho pioneiro sobre a evolução cósmica foi rapidamente esquecido e, para a maioria dos astrônomos do século XIX, a origem cósmica era uma questão a ser vigorosamente evitada. Que sentido havia em especular acerca de um assunto sobre o qual a ciência não podia oferecer nenhum dado empírico? Era muito melhor ater-se a questões que seus instrumentos *podiam* iluminar; e com a tecnologia do telescópio evoluindo aos saltos, não faltavam projetos interessantes a desenvolver. Afora a glória dos planetas, um homem munido de um telescópio podia voltar sua atenção para os cometas, ou para o Sol, com suas manchas e penachos enigmáticos. Podia catalogar as estrelas, que a um exame rigoroso revelavam pertencer a uma surpreendente variedade de tipos; um astrônomo ambicioso podia também estudar as nebulosas, essas vagas manchas de luz que se emboscam nas bordas da nossa Via Láctea.

Com tantos fenômenos fascinantes a explorar, os astrônomos do século XIX estavam em geral satisfeitos em deixar de lado a questão da Criação. Os que assim quisessem, podiam continuar imaginando que Deus criara o cosmo de algum modo através de processos ainda não definidos, mas, na altura da segunda metade do século, muitos cientistas preferiam simplesmente aceitar as leis de Newton por seu valor nominal e imaginar que o universo existira num estado quase inalterado desde tempos remotíssimos. Em lugar da história da Criação cristã, emergiu assim uma representação científica *de facto* da *estase cósmica*: um universo sem começo ou fim, um cosmo que simplesmente é. Nesse quadro, o universo era *sem história*, um padrão atemporal eterno de astros que haviam perdurado, e iriam perdurar, por todo o sempre. Ao longo do século XIX esse quadro estático arraigou-se tão profundamente nas mentes da maioria dos cientistas que, no início do século XX, a idéia de uma origem cósmica do universo tornara-se quase impensável nos círculos científicos.

Na década de 1920, porém, essa concepção estática do cosmo foi estilhaçada por um jovem do Missouri chamado Edwin Hubble, que descobriu que as estrelas distantes estão se afastando de nós com velocidades imensas. É como se fossem empurradas para fora por uma força inimaginável que as arremessa pelo espaço como granadas cósmicas. As implicações da descoberta de Hubble iriam mudar para sempre nossa concepção do universo. A velha representação newtoniana, com seu rígido espaço euclidiano, seria substituída por uma visão muito mais dinâmica do cosmo e por uma concepção nova e *dinâmica* do próprio espaço.

Desde tenra idade, o homem que estava no centro dessa revolução cosmológica parecia destinado a grandes coisas. Pelo menos isso era pensado por aqueles que o cercavam, e o próprio Hubble, ao que parece, não duvidava muito de suas capacidades. Alto, de boa aparência, atleta dotado e aluno brilhante, Hubble tinha todas as razões para enfrentar o futuro com confiança. Uma vez na carreira que escolhera, a astronomia, iria realizar uma trajetória certeira. Parecia ter o dom de fazer as perguntas certas na hora certa. Em 1921, quando solicitado a atualizar seus dados pessoais para a comunidade dos bolsistas Rhodes, a que pertencia, teve a felicidade de poder responder:

> Minha única distinção é ser o único Astrônomo da Confraria. Porém, enquanto brinco com assuntos menores, como a estrutura do universo, às vezes enfrento os problemas sérios da vida, da liberdade etc. e esforço-me seriamente para contornar essas infames leis proibitivas.[3]

A resposta um tanto pomposa de Hubble irritou um biógrafo pelo seu "tom afetado", e não há dúvida de que "a estrutura do universo" *estava* ocupando a total atenção do astrônomo.[4] E nesse campo ele iria dar não uma, mas várias contribuições de vulto.

Na década de 1920, a idéia de um universo estático ainda dominava o pensamento astronômico, e Hubble, que sob muitos aspectos era um pensador bastante ortodoxo, nunca sonhara em se aventurar a bulir com esse acarinhado dogma da cosmologia newtoniana. O que o levou para essa direção herética não foi um radicalismo incipiente, mas dados nítidos referentes às suas bem-amadas nebulosas. As nebulosas, como seu nome indica, são manchas de luz brumosas, difusas, que os astrônomos encontram espalhadas por todo o céu noturno. A maioria delas só é visível através de telescópios, e desde o século XVIII os cientistas debatiam a natureza dessas manchas misteriosas. Algumas nebulosas contêm estrelas, mas outras pareciam não as ter. Que eram esses misteriosos objetos cósmicos?

Para a maioria dos astrônomos, a resposta parecia clara: eram nuvens luminosas de gás flutuando dentro da Via Láctea. Mas, ao lado dessa opinião majoritária, havia uma segunda idéia, bastante ousada. Segundo esta, as nebulosas não eram nuvens gasosas e sim sistemas estelares inteiros por si mesmos, exatamente como a Via Láctea. Hoje as chamamos "galáxias"; naquela época, porém, eram conhecidas como "universos-ilhas", termo cunhado por Kant, o primeiro a propor a idéia.

Para os leitores deste livro a idéia de *outras* galáxias sem dúvida parecerá banal, mas para as pessoas dos séculos XVIII e XIX essa proposição era verdadeiramente espantosa. Na teoria, o cosmo newtoniano era infinito, mas, na prática, a maioria dos astrônomos acreditava que a Via Láctea era a *totalidade* do universo. Preterindo a infinidade cósmica de Cusa e Bruno, a maioria dos cientistas retrocedera à idéia de uma única ilha de estrelas em meio a um vasto vazio. Quando Hubble entrou em cena, no início da década de 1920, a questão candente na astronomia era determinar se nossa ilha cósmica era a única ou se havia outras. Estávamos sós como galáxia, ou Kant estava certo ao supor uma profusão de "ilhas-universos"?

Como Kant, Hubble suspeitava que cada nebulosa era de fato uma galáxia inteira — embora tenha sempre rejeitado esse neologismo moderno, preferindo o antiquado termo latino incorporado ao inglês, *nebula*. Mas nada podia ser resolvido no "grande debate da nebulosa" até que alguém encontrasse uma maneira de medir a distância que nos separava dessas manchas cósmicas. Se as nebulosas fossem meras nuvens de gás *dentro* da Via Láctea, deveriam estar relativamente próximas; mas se revelassem estar *fora* de nossa galáxia, a hipótese de Kant seria corroborada. Como o maior especialista em nebulosas, Hubble sentiu que estava à altura do espinhoso problema de verificar essa distância e, como membro da equipe do Mount Wilson Observatory, era um dos poucos astrônomos com a sorte de ter acesso regular ao imenso novo telescópio da instituição, na época o maior do mundo, com 100 polegadas. Em meados da década de 1920, Hubble começou a medir as distâncias entre a Terra e várias nebulosas, no que era, de fato, uma exploração da extensão do universo como um todo. Qual era realmente a *escala* de nosso cosmo? Era uma questão monumental, e estava sendo formulada por um homem com uma vontade monumental de ter êxito. A chave da estratégia que Hubble arquitetou para medir as distâncias que nos separavam das nebulosas era uma descoberta feita alguns anos antes pela astrônoma pioneira Henrietta Leavitt. Esta havia descoberto que certo tipo de estrela conhecida como variável cefeida podia ser usado como uma vara de medir. As cefeidas têm a inusitada propriedade de pulsarem periodicamente, ficando mais claras e mais escuras num ciclo regular que dura algo entre algumas horas e alguns meses. Leavitt determinou que, quanto mais longo o período, mais intenso era o brilho da estrela. Essa relação período-brilho característica significava que as cefeidas podiam ser usadas como "sinais para o cálculo de distâncias através do vácuo".[5] Isto é, funcionavam como uma espécie de fita métrica padronizada celeste.[6]

Hubble decidiu procurar estrelas cefeidas *dentro* de nebulosas e, caso achasse alguma, usá-las para determinar a distância que a separava de nós. Essa foi uma decisão inspirada porque na época ninguém estava certo sequer de que as nebulosas continham *alguma* estrela. Se aquelas manchas difusas não passassem de nuvens de gás (como muitos astrônomos suspeitavam), não se podia esperar encontrar nenhuma estrela. Com o enorme novo telescópio de Mount Wilson à sua disposição, Hubble descobriu que, de fato, as nebulosas continham estrelas, algumas até cefeidas. Os números que calculou para as distâncias a que estavam da Terra eram simplesmente assombrosos. Numa época em que muitos astrônomos acreditavam que a Via Láctea (e portanto todo o universo) não tinha mais de 30 mil anos-luz de lado a lado, Hubble calculou que a nebulosa de Andrômeda estava a um milhão de anos-luz de nós! Ninguém antes jamais considerara seriamente distâncias tão imensas; não admirava que fosse tão difícil ver as estrelas individuais. Kant tivera razão o tempo todo; aquelas manchas difusas eram universos-ilhas inteiros, cada um composto de milhões, e até bilhões, de estrelas.

Dadas as distâncias reveladas por Hubble, toda a escala do universo deu subitamente um salto quântico. Podia-se falar sobre um universo infinito em teoria, mas, até a investigação das nebulosas por Hubble, poucas pessoas consideravam seriamente a idéia de um cosmo sem fim. Agora, com dados concretos de *outras galáxias* à disposição, a velha visão de Cusa e Bruno finalmente começava a parecer real. A cada nova geração de telescópios o espaço cósmico parecia maior, pois quanto mais longe buscavam, mais galáxias os astrônomos encontravam. Pelo que podemos dizer hoje, o espaço cósmico não tem fim. "De fato", diz Robert Romanyshyn, o telescópio "abriu, aumentou e expandiu o mundo", dando-nos um sentido ainda maior da enormidade cósmica.[7]

Se Hubble não tivesse feito nada além de estabelecer a existência de outras galáxias, e com isso a verdadeira escala da totalidade cósmica, seu nome teria entrado para os livros de história, mas sua grande realização ainda estava por vir. Em 1928 ele voltou sua atenção para uma outra faceta das nebulosas, que dessa vez iria levar a uma conclusão totalmente inesperada. A inspiração nesse caso veio do colega astrônomo Vesto Slipher, que, em 1914, descobrira o fenômeno conhecido como "desvio para o vermelho". Toda estrela, como toda lâmpada comum, emite luz num dado espectro. Ora, assim como o apito de um trem muda de tom enquanto ele passa rapidamente por nós, ficando mais baixo à medida que se afasta, assim também o "tom", ou freqüência, de uma *luz* em movimento fica "mais baixo" quando ela se afasta de nós velozmente. No caso da luz, o resultado é que ela parecerá *mais vermelha* do que é na realidade. Slipher descobrira que os espectros de luz de algumas nebulosas eram consideravelmente mais vermelhos que a norma — o que o fez compreender que deviam estar se afastando da Terra com grande velocidade.

Enquanto se pensava que as nebulosas eram apenas nuvens de gás, a descoberta de Slipher parecera pouco mais que uma curiosidade, mas, com os achados de Hubble de que as nebulosas eram de fato galáxias, esses desvios para o vermelho adquiriram nova importância. Que algo tão grande quanto uma galáxia que continha milhões de estrelas pudesse estar em movimento parecia por si só extraordinário. Mas qual podia ser o significado do fato de que galáxias inteiras estavam correndo através do espaço a velocidades enormes? Mais uma vez, Hubble teve um palpite inspirado. Imaginou que, quanto mais afastada estivesse uma galáxia, *mais rapidamente* estaria se movendo, e portanto *mais* seu espectro estaria desviado para o vermelho. Não tinha nenhuma razão particular para pensar isso; era apenas seu faro para o vento cósmico. Qualquer que tenha sido sua inspiração, foi um salto imaginativo brilhante, prova de que a ciência não é movida apenas por lógica.

Hubble se atirou nesse novo problema, dessa vez auxiliado pelo rei inconteste da técnica de Mount Wilson, Milton Humason — um homem de pouca instrução que tinha a rara distinção de ter ascendido à categoria de astrônomo após ter começado como zelador das instalações do telescópio. Esse "par improvável", o bolsista Rhodes e o zelador, pôs-se a trabalhar na medição de desvios para o vermelho galácticos.[8] Em poucos meses o palpite de Hubble estava confirmado; quanto mais distante de nós estava uma nebulosa, maior seu desvio para o vermelho e, em conseqüência, mais rápido seu movimento. Quando Hubble traçou um gráfico de distâncias contra desvios para o vermelho, o resultado foi uma nítida linha reta, uma bela relação linear. Hubble ficou em êxtase com sua descoberta, pois encontrara uma nova harmonia matemática nas estrelas. Ainda mais importante, sob o que parecia à primeira vista um achado técnico bastante esotérico, estava uma bomba cosmológica.

Como o fio da lâmina de um verdugo, a linha do gráfico de Hubble cindiu o cosmo newtoniano estático. Como Ferris explica: "Inscrito no diagrama de Hubble estava a assinatura da expansão cósmica."[9] Em outras palavras, o que o gráfico de Hubble revelava era o fato assombroso de que o *universo está se expandindo*! A relação que ele estabelecera entre distâncias e desvios para o vermelho implicava que as galáxias estão se afastando velozmente não só da Terra, como *uma das outras* — o que significa que todo o universo está ficando maior. A cada segundo que passa, cada galáxia se distancia mais de todas as outras, como estilhaços de uma explosão monstruosa. Toda a rede galáctica está explodindo com fenomenal energia, expandindo a cada minuto o tamanho do universo visível em bilhões de anos-luz cúbicos. Assim, com o gráfico de Hubble, de aparência tão inocente, a noção de um universo estático, atemporal, foi despedaçada. De repente se percebeu que o todo cósmico é *dinâmico*. Ironicamente, Hubble — que não era em geral um homem de se esquivar da glória — nunca conseguiu aceitar plenamente essa interpretação óbvia de seu trabalho. "Anos depois, continuava qualificando a idéia de expansão cósmica de 'bastante assustadora'."[10]

Mais assustador ainda era o que essa expansão cósmica implicava — e aí reside a verdadeira revolução cosmológica do século XX. Se todas as galáxias estão se afastando aceleradamente umas das outras, tornando o universo ainda *maior*, a lógica determina que, no passado, o universo deve ter sido *menor*. Retrocedendo a fita cósmica, deve ter havido um momento em que as galáxias *não* estavam separadas pelas vastas distâncias que vemos hoje, mas apinhadas em estreita proximidade. Da evidência da expansão cósmica decorria, portanto, a conclusão de que o universo teve um *começo*, uma pequena fase densa a partir de cuja explosão o vasto cosmo moderno se formou. Comentando esse panorama numa entrevista à rádio BBC, o astrônomo inglês Fred Hoyle cunhou a vigorosa expressão "big bang". Hoyle a usou de maneira depreciativa — a idéia toda lhe parecia um disparate —, mas o apelido pegou, e é hoje uma das expressões mais famosas na ciência.

Com a expansão galáctica e o big bang, os físicos haviam topado inesperadamente com o sentido de *história* cosmológica. Não só com a teorização de poltrona de Kant e Laplace, mas com uma base empiricamente fundada para uma história cosmológica. Ali estava finalmente o início de uma narrativa puramente física da criação: o primeiro passo rumo à explicação científica do desdobramento cósmico. Ninguém teria ficado mais surpreso que Hubble, que continuou inquieto com toda essa idéia até o fim de seus dias.

Hubble e Hoyle estavam longe de ser os únicos astrônomos incomodados com a idéia de um big bang. De início, *muitos* cientistas detestaram a idéia porque ela cheirava a religião. Se o universo tinha um começo, pensavam, devia ter tido um criador — o que seria anticientífico. No entanto, espantosamente, essa idéia "herética" foi apoiada por uma nova e audaciosa teoria na própria linha de frente do pensamento científico. Não era uma teoria familiar a Hubble, ou à maioria dos astrônomos na década de 1920, mas logo o mundo inteiro ouviria falar dela. O artífice dessa teoria, um jovem físico alemão chamado Albert Einstein, havia sido ele próprio tão dominado pela tradição da estase cósmica que também inicialmente resistiu à idéia de uma origem cósmica. Assim, embora sua teoria previsse exatamente isso, Einstein preferiu "ajeitar" suas equações para se livrar do movimento cósmico que elas implicavam. Em toda a sua vida, foi a única vez que esse grande iconoclasta se acovardou. Ao remendar suas equações, Einstein perdeu a oportunidade de fazer o que teria sido certamente a previsão mais espetacular da história da ciência. Maculou também a beleza prístina daquela jóia científica singularmente impressionante, a "teoria geral da relatividade".

De fato, Einstein completara sua teoria em 1916, mais de uma década antes da descoberta de Hubble. Ele e outros não tardaram a compreender que as equações relativísticas previam um universo não estático. Contudo, indagando astrônomos na época, Einstein foi informado de que não havia nenhum indício disso. Em geral, Einstein não tinha receio de expor suas bem-amadas teorias a observações contraditórias, mas dessa vez empacou. Cedendo à visão prevalecente, corrompeu a simetria de suas equações para forçar a estase cósmica. Mais tarde, chamou isso de "o maior erro da minha vida". Diferentemente de Hubble, porém, uma vez que o movimento galáctico *fora* descoberto, Einstein abraçou o universo em expansão e tudo que ele implicava. Se Hubble fez a descoberta de um cosmo dinâmico, foram as equações de Einstein que deram sentido a esse achado extraordinário. Codificada na teoria geral da relatividade havia uma história matemática de como o universo pôde se desdobrar a partir do nada. Ali, na linguagem da geometria, estava uma descrição rigorosa da criação cósmica, um rival científico para os seis dias do *Gênesis*.

O mais surpreendente nesse caso é que a relatividade geral não fora formulada com o objetivo de responder a questões cosmológicas. A preocupação inicial de Einstein não fora a arquitetura do cosmo, mas as leis comuns da física — as mesmas leis que tanto haviam empolgado o jovem Newton. No entanto, ao tentar conciliar anomalias nessas leis físicas básicas, Einstein fora levado a uma nova concepção do espaço; foi a partir desta que a visão de um universo em expansão emergiu inesperadamente. Mais uma vez, portanto, vemos que uma nova concepção do espaço iria acarretar uma nova visão do todo cosmológico.

A concepção de espaço de Einstein é verdadeiramente radical. Nem em seus sonhos mais desvairados, Newton e seus seguidores imaginaram a entidade complexa, multifacetada, que o espaço se revelaria. Essa nova visão arremessou o descabelado alemão para a estratosfera da celebridade, e o fato de Einstein, embora poucos compreendam o significado de suas teorias, ter se tornado um dos principais ícones de nosso tempo dá a medida do papel central que o espaço desempenha na imagem contemporânea do mundo. Sua história foi contada tantas vezes (inclusive por mim)[11] que se tornou difícil não soar enfadonho ao relembrar sua vida. Mas como a ciência é sempre um projeto pessoal, tanto quanto social, é iluminador conhecer alguma coisa da força psicológica por trás da obra — e, no caso de Einstein, estamos lidando com uma psique particularmente poderosa. A despeito de toda a imagem de tímido e desajeitado, o Einstein da vida real era uma força a considerar.

Tanto se insistiu no mito das péssimas notas que Einstein tirava na escola que ele quase se tornou o santo padroeiro do fracasso escolar. Menos sabido é que ele foi uma criança que, aos doze anos, pegou um livro e aprendeu geometria por conta própria. Mais tarde Einstein chamava esse manual de "o santo livrinho de geometria", e a profunda impressão que este deixou nele iria ressoar por toda a sua vida, pois a relatividade geral é acima de tudo uma *teoria geométrica do espaço*.[12] A vida inteira, Einstein fugiu da trajetória acadêmica clássica e dirigiu sua atenção para as coisas que o interessavam. Essa inclinação heterodoxa, aliada a um saudável senso de seu próprio ego, combinavam-se para fazer de Einstein um caráter que não tendia a ganhar a aprovação dos professores. Conseqüentemente, teve dificuldade para conseguir um emprego após se formar, pois, segundo reza a lenda, aterrissou num emprego no Departamento de Patentes da Suíça como "perito técnico, terceira classe".

Muito se falou sobre o "gênio" forçado a suportar essa posição infame, mas o próprio Einstein sempre se referiu afetuosamente ao departamento de patentes e mais tarde o qualificou de "aquele claustro secular onde gestei minhas mais belas idéias".[13] Seu ofício ali era verificar solicitações de patente, e toda espécie de mecanismos vinham parar em sua mesa, inclusive uma bizarra versão daquele velho sonho, a máquina do moto perpétuo. A experiência no departamento de patentes deu a Einstein um profundo amor às máquinas e ao conhecimento delas, o que, mais uma vez, desmente o mito do cientista distraído. Em 1931, quando foi convidado a visitar Hubble em Mount Wilson, ele provocou espanto geral ao trepar no telescópio e percorrê-lo todo, descrevendo alegremente suas muitas partes. Seu interesse por maquinaria prática deu lugar também a uma parceria com o colega físico Leo Szilard no projeto de geladeiras domésticas mais seguras.[14] Esse era o homem que supostamente não sabia lidar com um abridor de latas!

Mas, se Einstein aparentemente gostava de seu emprego no departamento de patentes, seus interesses básicos tomavam sem dúvida uma direção mais teórica. Entre uma verificação de patente e outra, o jovem engenheiro se dedicava a repensar os fundamentos da física. Em particular, pensava sobre a natureza do espaço e do tempo. O primeiro fruto de sua mente inovadora não foi a teoria geral, mas a "teoria especial da relatividade", mais simples, precursora da variedade mais geral. É com essa teoria que temos o primeiro vislumbre da direção radical que Einstein imprimiria à nossa concepção do espaço.

A teoria especial da relatividade emergiu de uma penetrante crítica da idéia de *espaço absoluto* de Newton. Trata-se da noção de que o espaço forma um pano de fundo absoluto para o universo, uma moldura absoluta contra a qual tudo o mais pode ser medido de maneira única. Apesar da tirânica insistência de Newton nela, essa noção teve muitos dissidentes, entre os quais se destacou seu arqui-rival, Gottfried Wilhelm Leibniz. Desde o início, Leibniz objetou que a idéia de espaço absoluto era um absurdo lógico. Opondo-se a Newton, sugeriu que espaço e tempo eram fenômenos puramente *relativos*. Newton refutou essa visão verdadeiramente engenhosa com todo o peso de sua autoridade; e também com o de sua teologia, que associava especificamente o espaço absoluto a Deus. Como acreditava que Deus era absoluto, Newton insistiu que o espaço também devia sê-lo. No azedo debate que se seguiu, Newton acabou levando a melhor. "Nada que Leibniz [e outros] tinham a dizer como crítica do conceito de espaço absoluto de Newton foi capaz de impedir sua aceitação" e, pelos duzentos anos seguintes, a maioria dos físicos simplesmente aceitou de bom grado a concepção do maestro.[15]

Fizeram-se até tentativas de "demonstrar a necessidade lógica" do espaço absoluto.[16] Aqui, mais uma vez, encontramos Kant na liderança. Num esforço para preservar a concepção de espaço e tempo absolutos, Kant tentou demonstrar que estes eram aspectos *necessários* de uma imagem científica do mundo. Chamou-os "categorias *a priori*", e conseguiu convencer a si mesmo e a muitos outros de que todo o assunto fora solucionado. Einstein deu prova de enorme autoconfiança ao se mostrar capaz, quando contava apenas vinte e poucos anos (não tendo sequer um título de doutor), de contestar a autoridade coletiva de Newton *e* Kant. Ao rejeitar a idéia de espaço absoluto, o jovem engenheiro estava se lançando contra os titãs da ciência *e* da filosofia.

Esse passo de Einstein foi inspirado por um dilema que na época ocupava algumas da melhores mentes na física. Para esses homens, era cada vez mais claro que sua ciência estava enfrentando uma crise. A essência do problema era que a velocidade da luz *sempre* parecia constante. Podemos entender porque isso era tão perturbador considerando não a luz, mas carros. Façamos portanto o que Einstein chamava um "experimento de pensamento". Imagine dois carros correndo um em direção ao outro numa estrada. Se um corre a 80km por hora e o outro a 65, a velocidade relativa entre eles será de 145km por hora. Na física newtoniana, como na experiência cotidiana, as velocidades se somam — razão por que colisões de frente tendem a ser fatais.

Ora, segundo as equações que descrevem a natureza da luz (equações de Maxwell), a velocidade da luz no vácuo é 299.792 quilômetros por segundo. De maneira muito razoável, os físicos supuseram que, tal como ocorre com os carros, as velocidades da luz também se *somariam*. Assim, se eu estivesse viajando a 1.610 quilômetros por segundo em direção a uma lâmpada, a velocidade da luz por ela emitida *relativamente* a mim seria de 299.792 mais 1.610, portanto 301.402 quilômetros por segundo. Mas quando dois cientistas fizeram um experimento para testar essa suposição, descobriram para sua surpresa que, fosse qual fosse a velocidade do observador, a luz *sempre* parecia se propagar a exatamente 299.792 quilômetros por segundo. Nada mais, nada menos. Em contraste com o que ocorria com os carros, a velocidade da luz parecia ser a mesma em relação a tudo.

Isso parecia a física de Alice no País das Maravilhas, e nuvens de tempestade começaram a se aglomerar sobre as torres de marfim do mundo acadêmico. Enquanto isso, no seu departamento de patentes, Einstein reinventava calmamente o mundo. Em vez de tentar contornar a velocidade constante da luz, simplesmente aceitou o fato pelo que parecia ser. Em vez de se afligir, perguntou francamente a si mesmo: como se *poderia* explicar que a luz se propaga com a mesma velocidade com relação a tudo o mais? Se, por exemplo, uma pessoa se desloca numa velocidade *diferente* da de outra, como pode a luz parecer se deslocar na *mesma* velocidade em relação a ambas?

Num daqueles magníficos saltos intuitivos por que é merecidamente famoso, Einstein se deu conta de que o problema residia na insistência de Newton em que espaço e tempo são absolutos. Percebeu que, se abandonássemos o espaço absoluto, todo o problema desapareceria. Que, se em vez de todas as pessoas partilharem um só espaço e tempo universais, cada uma ocupasse seu próprio espaço e tempo privados, a velocidade da luz seria constante para elas. Assim, segundo Einstein, espaço e tempo não são fenômenos absolutos, mas puramente *relativos*, como Leibniz afirmara dois séculos antes. Além disso, Einstein foi capaz de expressar essa idéia sob uma forma matemática rigorosa, mostrando precisamente como espaço e tempo variariam segundo a *velocidade* de cada observador. Quando maior a velocidade entre duas pessoas, maior seria a diferença entre suas percepções de espaço e tempo. Em resumo: quanto mais rapidamente eu me desloco em relação a você, mais o seu espaço parecerá se contrair e mais o seu tempo parecerá se desacelerar.

A reação inicial a esta assombrosa proposição foi de completa descrença — e, nem é preciso dizer, não choveram ofertas de emprego sobre o departamento de patentes. Para a maioria dos físicos, a idéia de que o espaço e o tempo podiam ser assuntos privados parecia simplesmente ridícula. No entanto, a relatividade especial funcionava. Não só Einstein fora capaz de explicar a contento a velocidade da luz, como suas elegantes equações faziam muitas previsões práticas acerca de fenômenos concretos, como o comportamento de elétrons em campos magnéticos. Se não houvesse uma compreensão da relatividade especial, por exemplo, não teríamos um fornecimento adequado de energia elétrica em nossas casas. Assim, a força prática da relatividade acabou por triunfar sobre os céticos. Tanto mais que, a essa altura, ficara patentemente "óbvio que o espaço absoluto escapava a todos os meios de detecção experimental".[17] De maneira lenta, mas segura, o que o físico Ernst Mach havia criticado como "a monstruosidade conceitual do espaço absoluto" cedeu lugar à concepção libertadora do *espaço* (e tempo) *relativo*.[18]

Aos vinte e seis anos, Einstein já revolucionara a compreensão científica do espaço e, no entanto, a relatividade especial lidava apenas com o caso de corpos que se moviam com *velocidade uniforme*. Se algo tão simples quanto o movimento uniforme em linha reta podia alterar radicalmente nossa experiência do espaço e do tempo, que efeito um movimento *não uniforme* poderia ter sobre esses fenômenos? Em outras palavras, qual seria o efeito da *aceleração* no espaço e no tempo? Mesmo enquanto ainda estava no departamento de patentes, Einstein havia começado a sonhar com uma teoria ainda mais grandiosa que abrangeria o caso geral de todo movimento, uma teoria que descreveria o que acontece no espaço e no tempo sob *todas* as condições dinâmicas.

Se antes estivera navegando em águas não mapeadas, agora o jovem engenheiro estava penetrando num território de cuja própria existência a maioria dos físicos jamais suspeitara, o tipo de região em que, nos mapas medievais, podíamos encontrar o alerta: "Há monstros aqui". E raramente um físico enfrentou monstros matemáticos tão colossais. Quando ainda estava em pleno trabalho, escreveu a um amigo: "Uma coisa é certa: que em toda a minha vida nunca labutei tão arduamente. ... Comparada com este problema, a teoria da relatividade original é brincadeira de criança."[19] Milagrosamente, descobriu-se que, no século anterior, um matemático alemão chamado Georg Riemann havia desenvolvido precisamente as ferramentas de que Einstein precisava agora. Finalmente, em 1916, usando a nova geometria de Riemann, Einstein conseguiu generalizar sua teoria. O fruto de seu trabalho foram dez equações extraordinárias, uma para cada ano de esforço: a teoria geral da relatividade.

Embora a relatividade geral seja certamente uma das teorias mais esotéricas da ciência, fomos todos profundamente afetados pela obra-prima de Einstein, pois foi ela que deu uma linha do tempo à própria existência. Ao justificar a descoberta de Hubble, a relatividade geral deu um fundamento teórico para o universo em expansão e enraizou a explosão seminal do big bang na linguagem da matemática. Ali estava, na voz sóbria e clara da geometria, a afirmação de que o universo tivera um começo. Ademais, surgiu inelutavelmente de sua teoria que, no instante do big bang, não só a matéria, mas também o espaço e o tempo haviam "nascido".

No cerne da relatividade geral, havia uma concepção do espaço ainda mais radical que a implicada na teoria especial, uma concepção que originava intrinsecamente uma *narrativa cosmológica*. Sob quase todos os aspectos, o espaço relativístico geral é uma ruptura completa com relação ao passado newtoniano. Na imagem newtoniana, o espaço era simplesmente uma arena passiva em que os objetos permaneciam. A qualidade primordial do espaço newtoniano era precisamente sua *ausência* de qualidades. Seu único propósito era servir como um campo neutro em que as "leis da natureza" dadas por Deus podiam se exercer. Mas a concepção do espaço que emerge da relatividade geral é a de algo dotado de poder pró-

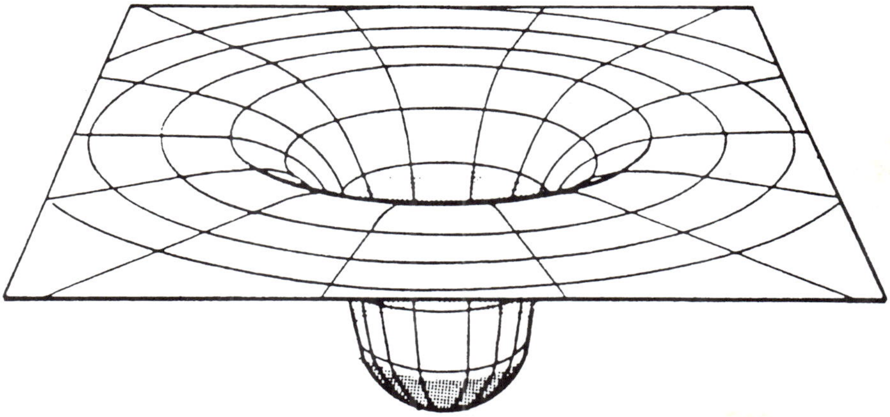

FIGURA 4.1. O Sol distorcendo o "tecido" do espaço-tempo.

prio. Na representação de Einstein, o espaço é transformado de arena neutra em *participante ativo* do grande drama cosmológico.

Na visão de mundo newtoniana, o espaço era essencialmente uma caixa vazia — três dimensões lineares que se estendiam para sempre como um vácuo ilimitado. Em contraste, o espaço relativístico geral se assemelha a uma vasta *membrana*. Para ter uma idéia disso, os físicos recorrem freqüentemente à analogia de uma lâmina de borracha esticada como uma vasta rede de acrobatas. Agora imagine que ponho uma bola de boliche sobre essa lâmina. Como você vê, a bola vai fazer a borracha à sua volta ficar distorcida, criando uma depressão no plano anteriormente estendido. Segundo a relatividade geral, é isso que um corpo pesado como nosso sol faz com a "membrana" do espaço. Como na Figura 4.1, ele distorce o espaço à sua volta, provocando uma depressão num campo que, de outra maneira, seria "plano". A metáfora é simples, mas as conseqüências são extraordinárias.

Imagine agora que pego uma bola de bilhar e a lanço em direção à bola de boliche, fazendo mira não diretamente nela, mas ligeiramente para o lado. À medida que se aproxima da bola de boliche, a bola de bilhar penetra na região em que a lâmina de borracha está deformada e, ao fazê-lo, é deflectida de sua trajetória original, sendo empurrada na depressão rumo à bola de boliche. Se a depressão for suficientemente funda, ela vai descer em espiral e ficar em repouso junto à bola de boliche. Esta, diz Einstein, é a explicação da *gravidade*. Longe de ser uma força separada, a gravidade é um mero subproduto da *forma do próprio espaço*!

Segundo as equações de Einstein, quanto mais massa tem um corpo, mais profunda será a "depressão" por ele criada no espaço e, portanto, maior a gravidade experimentada na sua vizinhança. Os físicos se referem a essa distorção do espaço como sua "curvatura". Na relatividade geral, portanto, a gravidade é apenas um subproduto do *espaço curvo*. Aqui na Terra, encontramo-nos numa pequena depressão da membrana espacial que nos cerca causada por nosso planeta — estamos numa parte do espaço que é apenas ligeiramente curva. Olhando adiante, a própria Terra está numa depressão maior causada pela presença do nosso sol; portanto, o espaço próximo do Sol é mais encurvado. Segundo a relatividade geral, cada astro no universo produz sua própria depressão na membrana espacial, que com isso assume o caráter de uma paisagem. Nessa visão, o espaço deixa de ser um pano de fundo inerte, torna-se um campo cosmológico — um *substrato* visceral do universo.

Além disso, assim como a presença de matéria empena o espaço numa escala local, ela também afeta o todo cosmológico. Talvez a conseqüência mais surpreendente da relatividade geral seja revelar que o universo possui uma *arquitetura total*. Novamente, vemos aqui uma ruptura radical com a imagem newtoniana, em que o cosmo era desprovido de forma. Aplicadas à escala mais ampla, as equações da relatividade geral determinam a estrutura total do espaço. Além disso, segundo as equações de Einstein essa arquitetura cósmica é *dinâmica*, com uma história quase orgânica.

Novamente, podemos buscar esclarecimento na física da lâmina de borracha. Agora, em vez de uma lâmina de borracha plana, imagine a pele de borracha esférica de um balão. Figure um balão muito grande, e imagine que você vive na superfície dele — esse é o *espaço* de seu universo balão. Observe que, como estamos nos referindo aqui *apenas* à pele, não ao ar no interior do balão, seu "universo" balão é de fato bidimensional. As equações da relatividade geral descrevem nosso universo como algo bastante semelhante à pele de um balão. A diferença é que, enquanto esta última tem apenas duas dimensões, nosso universo "pele" tem quatro: três para espaço e uma para tempo. Em ambas as versões da relatividade, espaço e tempo são amarrados num *todo quadridimensional*. Aqui o tempo se torna, efetivamente, mais uma dimensão do espaço. Esse complexo quadridimensional é conhecido pela palavra única "espaço-tempo", mas os físicos freqüentemente falam apenas de *espaço* quadridimensional, incluindo o tempo no conceito mais geral de espaço.

Ora, segundo a relatividade geral, assim como a quantidade de matéria determina o grau de empenamento do espaço numa escala local, ela determina também a forma do todo cosmológico. Trocando em miúdos, quanto *mais* matéria há no universo, mais seu espaço total será curvo. Se houver matéria suficiente, o espaço universal será uma superfície fechada, como um balão (só que em quatro dimensões). Se não houver matéria suficiente, o espaço universal será uma forma "aberta", que os físicos comparam com uma sela. Um dos maiores desafios enfrentados pela astronomia no final do século XX é medir a quantidade de matéria existente em nosso universo e, com isso, determinar a arquitetura específica da totalidade cosmológica.

Quer seja fechado sobre si mesmo como um balão, quer seja aberto como uma sela, nosso universo está sem dúvida se expandindo. Seja qual for a sua forma, a relatividade geral nos diz que nosso universo tem uma propensão inerente a se dilatar. Para compreender o que isso significa, pense novamente na pele do balão e, desta vez, suponha que alguém desenhou nessa superfície um número aleatório de pontos. Cada ponto representa uma galáxia. Imagine agora que esse alguém está inflando o balão. À medida que ele se expande, você teria a impressão de que todos os pontos (isto é, todas as galáxias) estão se afastando rapidamente de você. Além disso, quanto mais *distante* um ponto estivesse, *mais depressa* pareceria estar se afastando. Em outras palavras, os pontos na pele do balão iriam se comportar exatamente como as galáxias de Hubble. Não há nenhuma mágica nisso; é um simples fato da geometria que, numa esfera em expansão, todas as parte da superfície vão se afastar umas das outras com velocidades proporcionais à distância que as separa.[20] O desvio para o vermelho de Hubble é um simples reflexo dessa expansão cósmica subjacente.

Segundo a relatividade geral, nosso universo está se comportando como um balão quadridimensional em expansão. É o *próprio espaço* que está se expandindo como a pele de um balão. As galáxias em nosso universo não estão se afastando velozmente uma das outras rumo a um espaço *já existente*; o que ocorre é que o próprio espaço, à medida que expande seu alcance, leva as galáxias consigo. O espaço, em certo sentido, torna-se parecido a uma coisa viva — um fruto cósmico em contínua distensão. A escala dessa expansão cósmica é verdadeiramente desconcertante. "A cada dia", diz o físico Paul Davies, "a região do universo acessível aos nossos telescópios se dilata em 10^{18} anos-luz cúbicos."[21] Isto é, um bilhão de bilhões de anos-luz cúbicos num único dia!

O dinamismo inerente ao espaço relativístico geral codifica em si a história de sua gênese. Como esse espaço está ficando constantemente maior, a lógica dita que, anteriormente, ele deve ter sido menor. Extrapolando para o passado, a totalidade do espaço cósmico que hoje vemos deve ter sido confinada outrora a uma região muito pequena, a um ponto microscópico, de fato. Esse pontinho infinitesimal, que as equações de Einstein prevêem com precisão, é a faísca inicial do big bang.

Contudo, apesar das equações de Einstein e dos dados de observação de Hubble, no início muitos cientistas se opuseram violentamente à idéia de uma origem cósmica, que parecia suscitar o espectro de um Criador de estilo cristão — aquela questão incômoda que os físicos vinham evitando havia duzentos anos. Alguns físicos se mostraram tão relutantes em associar sua ciência a qualquer coisa que sequer sugerisse cristianismo que foram propostas várias teorias engenhosas para explicar como o universo poderia estar se expandindo *sem* que tivesse havido um momento cósmico inicial. Até a década de 1970, ninguém fora capaz de provar definitivamente que tem de ter havido um big bang. Stephen Hawking, juntamente com seu mentor de Oxford, Roger Penrose, finalmente demonstrou, usando a relatividade geral, que, num universo como o nosso, tem de ter havido um momento inicial de coalescência cósmica. Por mais carregada que fosse com o "estigma" da religião, a criação cósmica chegara para ficar. Os cálculos dos astrofísicos situam agora esse evento entre dez e quinze bilhões de anos atrás.

Nos últimos cinqüenta anos, os cientistas não só descobriram um início como desenvolveram toda uma história da evolução cósmica. A começar da primeira faísca da criação — o ponto em que espaço e tempo vieram a existir —, articularam um processo pelo qual acreditam que nosso universo desdobrou-se no ser. Avançando a partir do big bang, os astrofísicos montaram uma explicação para a formação das galáxias, das estrelas e dos planetas. Paralelamente, descobriram processos pelos quais as estrelas sintetizam a cadeia dos elementos atômicos em seu interior. Se o big bang deu origem às partículas básicas — os prótons, nêutrons e elétrons —, são as estrelas que nos dão os átomos de nosso corpo, o carbono, o nitrogênio, o oxigênio e assim por diante.

Da estase à história, a ciência finalmente articulou sua própria narrativa cosmológica. Enquanto a teoria da evolução de Darwin contestava o relato bíblico da criação da vida, a cosmologia relativística contesta a história da criação cósmica do *Gênesis*. O crucial nessa história é a nova concepção relativística do espaço. Assim como o cosmo aristotélico do final da Idade Média espelhava a concepção aristotélica de espaço e o cosmo newtoniano espelhava a concepção do espaço de Newton, assim também o cosmo einsteiniano espelha a concepção de espaço de Einstein. Ambos são estruturados e dinâmicos. Mais uma vez, portanto, o espaço, essa entidade aparentemente tão efêmera, fundamenta e determina nosso esquema cosmológico.

De Aristóteles a Einstein, ocorreu uma transformação verdadeiramente revolucionária em nossa concepção do espaço. Para Aristóteles, o espaço não passava de uma categoria bem pouco importante da realidade. Newton, em contraposição, fez dele o pano de fundo formal de seu universo, a moldura absoluta de toda ação. O espaço newtoniano, porém, não possuía nenhuma qualidade intrínseca própria, sendo apenas um vazio sem forma e sem características. Assim, diz o físico Andrei Linde, no esquema newtoniano o espaço "continuou a desempenhar um papel secundário, subserviente", servindo meramente "como pano de fundo" para a ação da matéria.[22] Com a relatividade geral, no entanto, o espaço se torna pela primeira vez uma categoria *primária e ativa* da realidade. Segundo a relatividade, *não pode* haver objetos materiais sem uma membrana de espaço que os sustente. O espaço torna-se assim na concepção de Einstein um pilar capital da moderna visão científica do mundo.

A natureza fundadora do espaço na imagem relativística do mundo confere a essa entidade anteriormente passiva e bastante insípida nada menos que uma personalidade própria. Em vez de ser apenas uma arena vazia, o espaço se torna um participante ativo do drama cósmico, uma entidade visceral dotada de poderes próprios. Ademais, como o espaço é uma membrana moldada pela matéria, quando a distribuição da matéria *muda*, a paisagem do espaço muda igualmente. Por exemplo, quando uma estrela morre na explosão de uma supernova, a relatividade nos diz que ela emite grandes ondas de gravidade. Mas como a gravidade é "apenas o empenamento do espaço-tempo", ondas de gravidade são na realidade *ondas na membrana do espaço.*[23]

De maneira similar, o movimento das galáxias também altera a paisagem do espaço. Além de seu movimento expansivo geral, muitas galáxias estão também se movendo *através* do universo em grandes correntes cósmicas. Todo esse movimento é refletido no empenamento local do espaço, que, como uma paisagem geológica, se desloca e se ergue ao longo de vastíssimos períodos. Os físicos acreditam também que, espalhados por todo o universo, há amplas "cordas" e "lençóis" cósmicos, linhas e planos com milhões de quilômetros de comprimento, concentrando vasto poder gravitacional, que também empenam dinamicamente a estrutura do espaço numa escala intergaláctica.

Em razão de seu dinamismo inerente, talvez fosse mais apropriado comparar a membrana relativística do espaço a uma paisagem marinha que a uma paisagem de terra. Como os oceanos de nosso planeta, o espaço relativístico é devastado por ondas, correntes e vórtices — uma vasta superfície fluida quadridimensional que fervilha e se encrespa como um mar interestelar. Nesse oceano relativístico, lançou-se a frota da imaginação da ficção científica do século XX. Liderando a disputa por "chegar intrepidamente aonde nenhum homem chegou antes" está a nave interestelar tripulada *Enterprise*. Propelida por dobra (o que lhe permite viajar a uma velocidade superior à da luz), a *Enterprise* navega numa onda do espaço, seus motores forçando a membrana do espaço a se expandir atrás de si e se contrair à sua frente. Pelo menos, esse é o quadro que um físico real sugeriu como solução para as equações da relatividade geral "que corresponderiam a 'locomoção por dobra'".[24] O Comando da Frota Estelar ficcional de *Jornada nas estrelas* não é o único que busca utilizar a fluidez do espaço relativístico como propulsor. O Comando da Frota Estelar real —a NASA — já tem uma equipe investigando novos tipos de propulsão espacial, incluindo as baseadas no empenamento relativístico do espaço. Conhecido por grupo dirigente Breakthrough Propulsion Physics (BPP), a equipe da NASA tem por objetivo transcender os limites da propulsão a jato. Segundo o co-fundador do grupo, Al Holt, a relatividade geral fornece uma chave para esse objetivo. Na opinião de um de seus colegas "a propulsão por dobra tem certo grau de validade".[25]

O surfe no espaço relativístico, porém, nem sempre será tranqüilo. Como os oceanos da Terra, o espaço relativístico tem um dinamismo que pode constituir considerável perigo. Como todo marinheiro sabe, convém se precaver contra a face de um mar furioso. A mais mítica das faces dinâmicas do espaço relativístico é o *buraco negro*. Tornados famosos por Stephen Hawking (embora sugeridos originalmente pelo matemático inglês John Mitchell em 1783 e batizados pelo físico americano John Wheeler em 1967), os buracos negros são depressões tão profundas na membrana espacial relativística que nada do que neles cai jamais escapa — nem a luz.

Dentro de um buraco negro, o espaço está tão profundamente distorcido (tão curvado) que tudo que transpõe seu limiar — conhecido como "horizonte de eventos" — é sugado pela goela que está abaixo e eviscerado. Para citar a rude descrição de Hawking: "Se você pular num buraco negro, vai morrer rasgado e esmagado."[26] Mas, como a gravidade é, antes de tudo, apenas um subproduto da forma do espaço, o destino que aguarda quem cai num buraco negro é ser rasgado pelo próprio espaço. Insuportavelmente convulsionado e distorcido, o espaço em torno de um buraco negro se vinga da matéria como um dragão cósmico, engolindo sofregamente tudo que passa perto demais de sua caverna. A goela de um buraco negro tem tamanho poder que o espaço ali seria capaz de destroçar uma espaçonave. Foi essa a distância a que chegamos do quadro passivo de Newton — na visão relativística o espaço se tornou verdadeiramente *monstruoso*.

Contudo, como no caso de muitos monstros míticos, se conseguimos escapar ilesos dos dentes de um buraco negro, grandes recompensas nos esperam potencialmente do outro lado. Neste caso, o prêmio é o acesso à sua imagem especular, um *buraco branco*. Como Hawking explica, os buracos brancos surgem do fato de "as leis da física serem simétricas no tempo". Assim, "se há objetos chamados buracos negros em que coisas podem cair, mas não sair, deve haver outros objetos tais que coisas podem sair deles, mas não cair neles".[27] Esses buracos brancos, de acordo com as equações de Einstein, estão conectados com buracos negros por túneis de espaço na forma de tubos conhecidos como *buracos de minhoca* (ver Figura 4.2). Os buracos de minhoca vêm atraindo há muito tempo os escritores de ficção científica como motores potenciais para a viagem no espaço.

Em vez de transpor bilhões de quilômetros de espaço, por que não simplesmente mergulhar num buraco negro, deslizar através de seu buraco de minhoca e reaparecer na destinação desejada através da passagem final por um buraco branco? Através de um buraco de minhoca, seria teoricamente possível abrir túneis no espaço como uma espécie de toupeira intergaláctica (ver Figura 4.3). Esse é, de fato, o panorama imaginário da série derivada de *Jornada nas estrelas*, *Deep Space Nine*, num episódio centrado no buraco de minhoca *Bajoran*. Um buraco negro ainda mais notável aparece na série *Voyager*, e permite à *Enterprise* viajar tanto através do tempo quanto do espaço. Isso não é mera fantasia de ficção científica, pois, como o físico Lawrence Krauss comenta, "se existem buracos de minhoca, eles podem e vão ser máquinas do tempo" — o tempo não passando, na relatividade geral, de mais uma dimensão do espaço.[28]

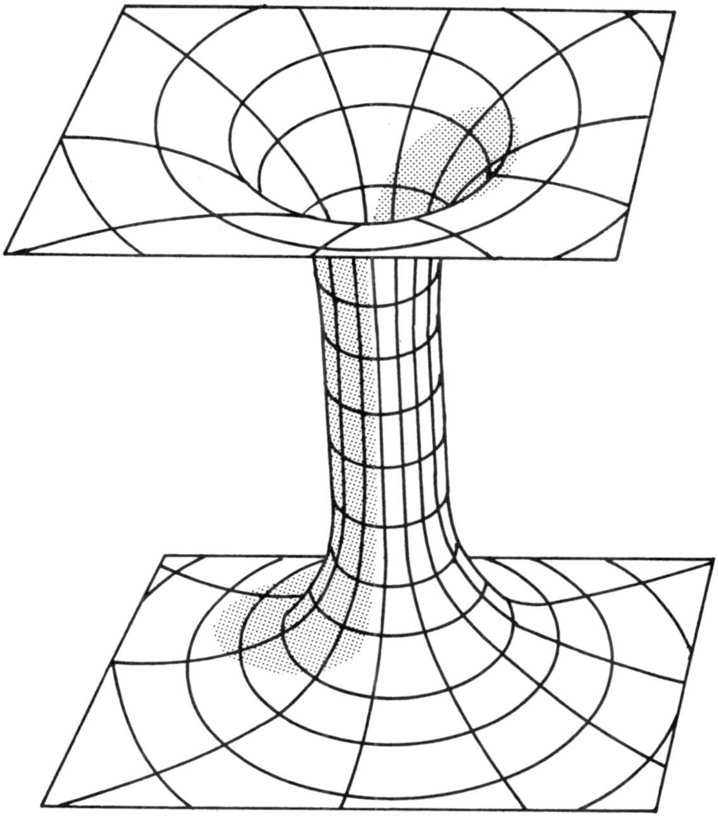

FIGURA 4.2. Um buraco de minhoca no espaço-tempo.

Segundo Hawking, "*há* soluções da teoria geral da relatividade de Einstein em que é possível cair num buraco negro e sair de um buraco branco".[29] Lamentavelmente, essas soluções são tão instáveis que "a mais ligeira perturbação, como a presença de uma espaçonave, destruiria o 'buraco de minhoca'". Nem é preciso dizer que isso não impediu os autores de ficção científica de continuar a sonhar. Também não impediu os físicos. Uma empreendedora equipe da Universidade de Newcastle, na Inglaterra, por exemplo, descobriu que, se houvesse dois buracos negros eletricamente carregados, um buraco negro estável poderia se formar entre eles.

Atarefados viajantes estelares, porém, certamente não vão contar com buracos de minhoca formados naturalmente, que podem ser bastante raros; vão querer *construir* seus próprios buracos de minhoca para destinações específicas. Ao considerar esse problema quando escrevia seu romance *Contato*, o astrônomo Carl Sagan procurou se aconselhar com o físico da relatividade Kip Thorne, do Caltech. A

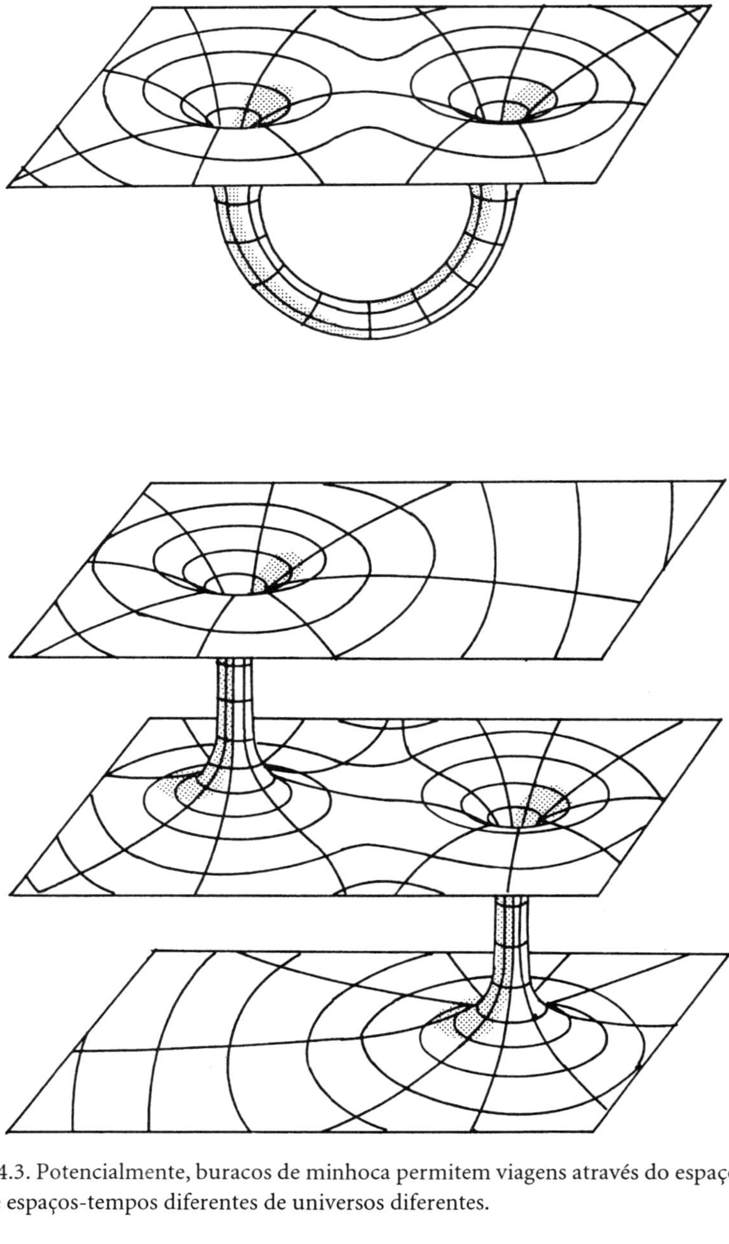

FIGURA 4.3. Potencialmente, buracos de minhoca permitem viagens através do espaço-tempo e até entre espaços-tempos diferentes de universos diferentes.

pergunta de Sagan estimulou esse eminente teórico a delinear um esquema em que buracos negros atravessáveis poderiam ser produzidos por um tipo exótico de matéria indutora de antigravidade que conteria algo que os físicos chamam de "energia negativa". Segundo Thorne, esse é um cenário que a relatividade geral *permitiria*.[30]

O extraordinário neste caso é que, sob a relatividade geral, o espaço se tornou não apenas um mar em que a matéria pode navegar, mas um *substrato* extremamente maleável, capaz de formar *estruturas* complexas. Uma das estruturas mais fantásticas a cujo respeito os físicos da relatividade especulam agora são os "universos-bebês" — pequenas bolhas de espaço-tempo que brotam de nosso universo-mãe através de buracos negros. Segundo as teorias mais recentes, nosso universo está "cercado" por uma espuma desses universos-bebês, a brotar e se reincorporar constantemente. Cada universo-bebê tem seu próprio espaço-tempo microscópico singular. Os físicos acreditam que, mesmo no nível macroscópico, nosso espaço-tempo não é o único. Para Andrei Linde e Lee Smolin, teórico da Penn State, nosso universo é apenas um de uma infinita multiplicidade de universos. Como na Figura 4.4, cada um desses universos é, em si mesmo, uma vasta bolha de espaço-tempo. Na visão de Linde e Smolin, há portanto um universo de universos, um superespaço de espaços cosmológicos.[31] Alguns físicos acreditam que podemos até ser capazes de chegar a esses outros universos passando através de buracos de minhoca.

O quadro dinâmico do espaço descrito pela relatividade geral é de importância fundamental para astrônomos e cosmólogos profissionais, mas, para a maioria dos não cientistas, seu principal apelo são certamente as possibilidades de contato extraterrestre que parece gerar. Desde os lagartos lunares de Kepler, especula-se sobre os outros seres fabulosos que poderíamos encontrar entre as estrelas. O espaço pode estar dotado agora de um caráter próprio, mas são os personagens que podem *habitar* esse espaço que alimentam os sonhos cosmológicos modernos. As grandes epopéias espaciais — a serie *Fundação* de Isaac Asimov, *Duna* de Frank Herbert e a trilogia fílmica *Guerra nas estrelas* — derivam todas seu apelo permanente de sua rica tapeçaria de culturas interestelares e mentalidades extraterrestres. Nesses clássicos, o espaço é menos uma "fronteira final" que uma sementeira psicológica em que os escritores plantam os frutos exóticos de maneiras de ser alternativas.

O fascínio da vida alienígena, e o imenso desejo de contato extraterrestre, ficou evidente em agosto de 1996, quando cientistas da NASA anunciaram ter encontrado indícios de micróbios fossilizados num meteorito vindo de Marte. A imprensa mundial explodiu num frenesi de entusiasmo: finalmente uma prova de que não estávamos sós. Para a NASA, é claro, evidências de vida extraterrestre — mesmo que apenas sob forma fóssil —teriam sido algo quase tão bom quanto receber um telefonema do próprio ET. O que poderia ser melhor para revitalizar o entusiasmo público — e o financiamento — para esse programa espacial

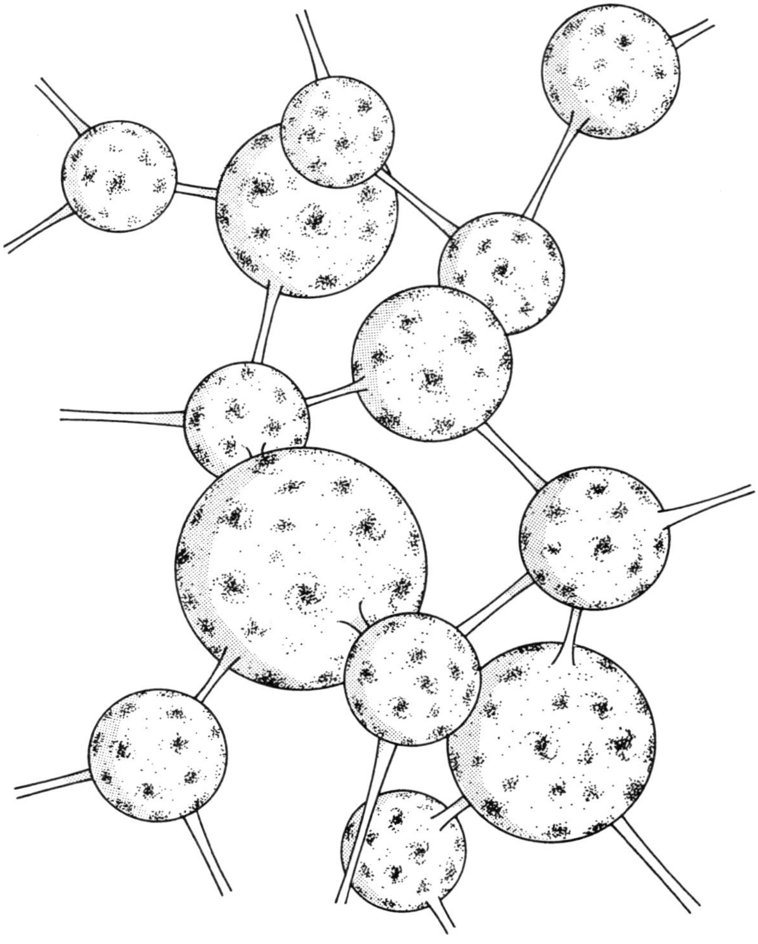

FIGURA 4.4. Nosso universo pode ser apenas um de um número infinito de universos paralelos, todos conectados entre si por buracos de minhoca.

moribundo? O apelo duradouro de *Jornada nas estrelas* e *Guerra nas estrelas* trai o imenso anseio psíquico por encontros extraterrestres. Como também o fazem, de uma maneira perversa, as milhares de supostas abduções por extraterrestres e as vastas teias de teorias conspiratórias tecidas em torno de míticos "locais de aterrissagem" de extraterrestres, como Roswell.

No entanto, como domínio potencial de amizade, até agora o espaço exterior se revelou profundamente desapontador. Os astrônomos ainda não descobriram nenhum indício concreto de vida extraterrestre. Homens caminharam na Lua e, como todos sabemos, não acharam quaisquer lagartos gigantes. Visitas feitas a Vênus, Marte e Júpiter por sondas espaciais revelaram igualmente ambientes estéreis e sem vida. Após duas décadas de implacável silêncio dos astros, em 1993 a NASA cancelou seu projeto Search for Extraterrestrial Intelligence. (Embora o esforço tenha depois sido retomado por grupos privados.) Até os micróbios marcianos acabaram se revelando meros resíduos de processos geoquímicos. O espaço se manteve, como se mantém hoje, soturnamente silencioso.

Nosso fracasso em encontrar qualquer companheiro extraterrestre até agora não é o único aspecto desalentador da cosmologia contemporânea. Não só estamos, na prática, sozinhos em nosso vasto espaço relativístico, como, num sentido profundo, não estamos em *lugar algum*. O próprio "princípio cosmológico" que Nicolau de Cusa introduziu para elevar o status cósmico da humanidade acabou por se voltar contra nós. Se de início tornar todos os lugares no universo iguais pareceu uma promoção cósmica, essa estratégia democratizante acabou nos despojando de toda importância cósmica.

No campo nivelado da nova cosmologia, não estamos em nenhum lugar especial porque a própria definição de espaço relativístico assegura que *não há lugar especial* para se estar. Em contraste com o cosmo medieval, em que cada lugar tinha um valor intrínseco (dependendo de sua proximidade de Deus), as equações da relatividade geral não codificam *nenhum* sentido de valor. O espaço einsteiniano pode ser geometricamente preciso, mas é também isento de valor. Na membrana matemática da relatividade geral, todo espaço é tão bom, ou tão ruim, quanto qualquer outro, e não faz diferença alguma que nós humanos estejamos aqui ou em qualquer outra parte. Nas profundezas ilimitadas do novo espaço cósmico, nossa Terra torna-se meramente um planeta insignificante, a girar em torno de uma estrela insignificante numa galáxia insignificante, que some de vista num mapa da totalidade cosmológica.

Encontramo-nos, portanto, numa situação paradoxal, pois ao mesmo tempo em que somos a primeira cultura na história humana a possuir um mapa detalhado de todo o cosmo físico, estamos, efetivamente, *perdidos no espaço*. Todos esses "universos-ilhas" vistos através de nossos telescópios servem apenas para realçar o quanto somos na verdade uma ilha pequena, insignificante. No esforço de preservar auto-respeito nesse imensurável oceano de espaço, é de admirar que nos tenhamos voltado para os astros, buscando amizade e sentido? É de admirar que ansiemos por ser parte de alguma comunidade intergaláctica dotada de finalidade e direção?

Mas nisso reside a indignidade máxima do espaço cósmico moderno, pois, se todos os lugares são *iguais*, não importa que se busque numa direção ou em outra. Num espaço em que todos os lugares são essencialmente idênticos, todas as direções também o são. A matematização do espaço transformou a bússola numa roda de roleta: qualquer direção poderia levar a algo empolgante. Ou não. Nisso reside, portanto, uma diferença capital entre a *Divina comédia* e *Jornada nas estrelas*. Embora ambas sejam jornadas cósmicas, em que a peregrinação a outros mundos permite a reflexão sobre a condição humana, a jornada de Dante era intrinsecamente *direcionada*.

O próprio espaço que Dante atravessou codificava a direção que ele devia seguir — para cima, rumo a Deus. O domínio que percorreu não era homogêneo, mas um domínio espiritualmente graduado, em que o valor de cada lugar era evidente na qualidade de seu ambiente. A bússola de Dante era sempre o vetor do aperfeiçoamento espiritual cristão, graficamente simbolizado na estrutura do Monte Purgatório. Dante não tinha *escolha* quanto à direção a tomar: sua viagem era estritamente linear — rumo à luz, à esperança, e ao amor. De fato, nos dois primeiros cânticos, ele e Virgílio seguem uma trilha real, marcada no solo à sua frente. Somente no *Paradiso* a trilha desaparece, mas, nessa altura, a alma de Dante é irreversivelmente propelida rumo à sua meta por uma força a que nenhum ser humano poderia resistir.

A *Enterprise*, por outro lado, pode seguir em qualquer direção que o capitão escolha: uma região do espaço tem tantas possibilidades dramáticas quanto qualquer outra. Precisamente porque o cosmo da *Jornada nas estrelas* — isto é, *nosso* cosmo científico — não tem nenhuma direcionalidade intrínseca, a história da *Enterprise* não pode ter nenhum fim definitivo. Mesmo que a nave seja destruída, os produtores podem sempre encomendar uma outra e tripulá-la com um novo elenco de personagens. Já houve três "gerações" diferentes de nave e tripulação. Num espaço intrinsecamente orientado e finito como o da *Divina comédia*, a narrativa tem de terminar, a meta tem de ser atingida, mais cedo ou mais tarde. Num espaço homogêneo infinito, porém, a história pode prosseguir para sempre, razão por que a *Divina comédia* tem apenas três partes, enquanto a saga da *Jornada nas estrelas* continua vigorosa após mais de trezentos episódios.[32]

Num espaço homogêneo, o viajante tem infinita liberdade de escolha: pode tomar qualquer direção que queira e mudar de idéia tanto quanto queira. Esse senso de liberdade é um enorme componente da fantasia do espaço exterior. É a mesma liberdade que o motorista de nossos dias sente ao percorrer as intermináveis estradas dos Estados Unidos — com a diferença de que, no espaço exterior, tem-se três dimensões de movimento, quatro se incluirmos o tempo. Essa liberdade de movimento aparentemente ilimitada é uma fantasia primordial da cosmologia do final do século XX. Contudo, enquanto nós no Ocidente estivemos desenvolvendo uma concepção cada vez mais detalhada e aventureira de nosso cosmo *físico*, negamos a própria idéia de *outros* planos da realidade, de outros "espaços" de ser. Ao homogeneizar o espaço e reduzir "lugar" a um formalismo matemático estrito, despojamos nossos universo de *significado* e lhe retiramos qualquer sentido de direcionalidade intrínseca. O reverso de nossa democracia cosmológica é, portanto, uma anarquia existencial: nenhum lugar sendo especial em relação a qualquer outro, não há lugar algum para visar finalmente — nenhuma meta, nenhum destino, nenhum fim. O princípio cosmológico que outrora nos salvou da sarjeta do universo nos deixou, em última análise, sem ter *para onde ir*.

CINCO

Hiperespaço

> Claramente ... qualquer corpo real deve ter extensão em *quatro* dimensões: deve ter Comprimento, Largura, Espessura e Duração. Mas, através de uma enfermidade natural da carne, que lhe explicarei num momento, tendemos a desconsiderar esse fato. Há realmente quatro dimensões, três das quais chamamos os três planos do Espaço, e uma quarta, o Tempo.[1]

Não seria absurdo imaginar que esta síntese da idéia de espaço-tempo quadridimensional é uma citação de Einstein. No entanto, ela não é de nenhum físico; foi escrita em 1895, uma década inteira antes da publicação do primeiro artigo sobre relatividade especial, pelo escritor de ficção científica H.G. Wells. A formulação é das páginas iniciais do romance clássico de Wells, *A máquina do tempo*, e nela o herói da história explica aos amigos o conceito da quarta dimensão e a possibilidade da viagem no tempo. Numa época em que Einstein ainda estava na escola, sonhando com viagens em feixes de luz, Wells já estava explorando as conseqüências de uma quarta dimensão em sua ficção. Além de *A máquina do tempo*, personagens de *A visita maravilhosa*, "The Plattner Story" e "The Remarkable Case of Davidson's Eyes" aventuram-se todos numa misteriosa dimensão adicional, para lá encontrar fenômenos impossíveis no espaço cotidiano de nossa experiência.

Wells não estava de modo algum sozinho entre os escritores do final do século XIX e início do século XX em sua invocação de outras dimensões. "A lista das figuras preeminentes" interessadas no assunto inclui Fiodor Dostoievski, que se referiu a dimensões adicionais em *Os irmãos Karamazov*; Josehp Conrad e Ford Madox Ford, cujo romance *Os herdeiros* focalizou uma raça cruel da quarta dimensão; e Oscar Wilde, que fez dessa dimensão o alvo de seu humor em *O fantasma de Canterville.*[2]

Artistas também foram inspirados pela idéia de dimensões adicionais. Muito antes de a relatividade se infiltrar na consciência pública, referências a uma quarta dimensão abundavam nos escritos teóricos cubistas, como também nos dos futuristas russos. Marcel Duchamp, Kasimir Malevich e o pintor americano Max Weber — para citar apenas alguns — passaram todos por períodos de intenso interesse num espaço com maior número de dimensões. O mesmo pode ser dito dos compositores Aleksandr Scriabin e George Antheil. A quarta dimensão estimulou também filósofos e místicos. Como a historiadora da arte Linda Dalrymple Henderson observou, no final do século XIX "a 'quarta dimensão' deu origem a sistemas inteiramente idealistas e até a sistemas filosóficos místicos".[3] De fato, diz Henderson, na altura do ano 1900 "a quarta dimensão havia se tornado quase uma expressão caseira ... Variando desde um ideal platônico ou de uma realidade kantiana — ou mesmo o Céu — até a resposta de todas os problemas que desorientavam a ciência contemporânea, a quarta dimensão podia ser todas as coisas para todas as pessoas".[4]

Embora o nome de Einstein seja um dos mais freqüentemente associados à idéia de uma quarta dimensão, o conceito surgiu originalmente em meados do século XIX. O impulso decisivo foi o desenvolvimento da geometria não-euclidiana. A partir da década de 1860, o interesse por essa nova geometria fervilhou, transformando-se numa fascinação popular com o espaço de mais-de-três-dimensões — o que veio a ser chamado "hiperespaço". Explorado primeiro por escritores, artistas e filósofos de inclinação mística, esse conceito aparentemente fantástico iria acabar gerando uma extraordinária nova visão científica da realidade, uma visão em que o próprio espaço passaria a ser visto como o substrato último de toda a existência. Não estamos falando aqui apenas sobre a dimensão adicional do tempo, mas também sobre dimensões *espaciais* adicionais. Neste capítulo, exploramos a extravagante história do espaço hiperdimensional, desde suas origens humildes na matemática do século XIX até sua culminação atual com a visão dos físicos de um universo de 11 dimensões.

O potencial extravagante de um espaço hiperdimensional foi evidente desde o início. Já na década de 1860, o grande gênio matemático Carl Friedrich Gauss (fundador da nova geometria) havia começado a pensar sobre espaços com quatro ou mais dimensões. De maneira significativa, Gauss especulou especificamente sobre a possibilidade de seres hiperdimensionais. Como é impossível imaginar um mundo com mais de três dimensões diretamente, Gauss usou a analogia de seres que habitavam um mundo bidimensional. Imaginou seres "semelhantes a traças de livro infinitamente adelgaçadas numa folha de papel infinitamente fina", criaturas que só teriam experiência do espaço bidimensional.[5] Gauss sugeriu que, assim como podemos imaginar seres num espaço com menos dimensões que o nosso, poderíamos também imaginar seres vivendo num "espaço de quatro ou um número *maior* de dimensões". Perguntou-se: que aparência teria esse espaço? Quais seriam suas propriedades? Como seria viver nele? Ali estavam as sementes de uma ficção científica dos sonhos de um escritor — e, efetivamente, as respostas literárias surgiram em profusão.

Uma das primeiras e mais encantadoras visões do espaço hiperdimensional foi escrita em 1884 pelo inglês Edwin Abbott. O tema da história de Abbott é diretamente indicado por seu maravilhoso título: *Flatland: A Romance of Many Dimensions by A. Square*. Como o subtítulo sugere, o herói da aventura de Abbott é um Quadrado, um ser que vive num espaço bidimensional conhecido como "Flatland", ou Terraplana. Em seu universo plano, reina uma rígida hierarquia. As mulheres, os seres mais inferiores, são meras linhas retas. Os homens, por outro lado, são polígonos regulares: quadrados, hexágonos, octógonos e assim por diante. Entre os homens, quanto mais lados alguém possui, mais alto é seu status social. Com apenas quatro lados, os quadrados se situam no nível mais baixo da hierarquia social. Os círculos, que são polígonos com um número infinito de lados, figuram no topo — são os sacerdotes de Terraplana. Nesse mundo bidimensional, é proibido falar, ou mesmo pensar, numa terceira dimensão, pois a idéia de algo "mais elevado" que um círculo é considerada heresia.

Na planície de Terraplana nosso humilde herói quadrilátero está cuidando da sua vida quando, uma noite, a tranqüilidade da sua existência é rompida pela visita de um ser da "Terra das Três Dimensões". Essa magnificente criatura é nada menos que uma Esfera, um círculo tridimensional! Mesmo em seu próprio mundo, esse modelo de perfeição é um lorde em meio a seu povo. Para demonstrar a inconcebível maravilha da terceira dimensão para o estarrecido Quadrado, lorde Esfera o alça para seu mundo hiperdimensional para que veja por si mesmo. O que deixa Quadrado particularmente pasmo é a visão gloriosa dos Cubos que lá encontra: versões tridimensionais de sua própria humilde forma. Quadrado fica tão enlevado com a amplitude de visão que encontra na terceira dimensão que roga insistentemente a lorde Esfera que o leve para diante e para cima, rumo a dimensões ainda maiores.

> "Leve-me para aquela Região abençoada onde ... diante de meus olhos extasiados um Cubo, movendo-se em alguma direção completamente nova ... criará uma perfeição ainda mais perfeita que si próprio. ... E, uma vez ali, iremos sustar nosso curso ascendente? Naquela abençoada região de Quatro Dimensões, iremos nos demorar no limiar da Quinta, sem adentrá-la? Ah, não! Vamos antes decidir que nossa ambição deve se elevar com nossa ascensão corpórea. Depois, cedendo à nossa investida intelectual, os portões da Sexta Dimensão se abrirão bruscamente, e depois dela uma Sétima, depois uma Oitava..."[6]

Lamentavelmente, essa ascensão ao espaço hiperdimensional não vai acontecer, pois lorde Esfera é tão inflexivelmente contrário à idéia de uma quarta dimensão quanto os Círculos de Terraplana eram contrários à terceira. Indignado, lorde Esfera lança o Quadrado de volta a seu mundo bidimensional, onde ele não demora a ser preso por causa das histórias heréticas que conta sobre uma terceira dimensão.

Se o Quadrado de Abbott não conseguiu chegar à quarta dimensão, outros personagens ficcionais tiveram mais sorte. Em *A máquina do tempo*, H.G. Wells havia equiparado a quarta dimensão com o tempo em outras histórias, porém, seguiu o exemplo de Abbott e imaginou-a como uma dimensão adicional do espaço. Assim como podemos dobrar um guardanapo bidimensional no espaço tridimensional unindo duas pontas distantes, assim também, num espaço quadridimensional, duas partes do espaço tridimensional podem ser "dobradas". Essa "dobradura" no espaço foi o truque que Wells usou em sua história "The Remarkable Case of Davidson's Eyes". Mediante criteriosas dobraduras no espaço quadridimensional, o herói Davidson é posto em contato com uma distante ilha dos mares do sul, que agora ele tem condições de observar enquanto está sentado em casa, em Londres. Em outra incursão de Wells no espaço hiperdimensional, o professor de ciência Gottfried Plattner é arremessado para longe por uma explosão e retorna da quarta dimensão com os lados de seu corpo invertidos, de tal modo que o coração agora está do lado direito, o fígado no esquerdo, e assim por diante.[7]

Para muitos escritores, a quarta dimensão iria se tornar um local de libertação e redenção, com sugestões claramente paradisíacas. Assim foi a visão de Gaston de Pawlowski, discípulo francês de Wells. Em *Viagem ao país da quarta dimensão* (1912), ele ofereceu uma ressonante história moral em que a capacidade de ver e compreender uma quarta dimensão salva a humanidade da arrogância científica. No romance, a história se dividia em três eras. Nos primeiros anos do século XX, iniciava-se o que Pawlowski chamou a "Era de Leviatã", uma era de materialismo e positivismo desenfreados. Segundo o autor, essa era culminaria, durante o século XX, com uma "Era Científica" cheia de horrores inomináveis. Finalmente, a salvação viria quando a quarta dimensão fosse revelada, inaugurando a "Era do Pássaro Dourado". Nesse "renascimento idealista", o homem iria, ao que parece, "alçar-se para sempre acima do mundo vulgar" de três dimensões e se encontrar numa esfera "mais elevada" de sabedoria e unidade cósmica. Como Pawlowski explicou: "A noção da quarta dimensão nos abre horizontes inteiramente novos. Completa nossa compreensão do mundo; permite que a síntese definitiva de nosso conhecimento se realize. ... Quando alguém chega ao país da quarta dimensão ... encontra-se em harmonia com todo o universo."[8]

A visão celestial da quarta dimensão que Pawlowski propõe e sua crença em suas propriedades salvíficas seriam amplamente refletidas por outros nas primeiras décadas de nosso século. Todo um ramo do que Henderson denomina a "filosofia do hiperespaço" iria surgir, dando origem a toda sorte de misturas curiosas de ciência e espiritualidade. Ironicamente, o mesmo tipo de matemática que Einstein iria usar mais tarde na teoria geral da relatividade foi também proposta como fundamento de algumas das mais extravagantes especulações pseudocientíficas de nossa era.

O mais notável dos novos filósofos do hiperespaço foi o inglês Charles Hinton. Como matemático profissional, Hinton lecionava na Universidade de Princeton e mais tarde trabalhou para o Observatório Naval e na Agência de Patentes dos Estados Unidos, mas, à margem dessa vida profissional ortodoxa, havia uma região mística em que buscava uma abordagem espiritual à quarta dimensão. Em *A New Era of Thought* (1888), Hinton delineou um sistema pelo qual as pessoas poderiam supostamente se educar para perceber a verdadeira natureza quadridimensional do espaço. No cerne desse sistema, estava um conjunto de blocos coloridos especiais, cuja contemplação iria, segundo ele, quebrar os "elementos" restritivos dentro da mente, abrindo assim as portas da percepção para a quarta dimensão.

Hinton sonhava promover "um sistema completo de pensamento quadridimensional — mecânica, ciência e arte"[9], mas, na verdade, estava menos interessado nas aplicações práticas da quarta dimensão que nas suas ramificações espirituais e filosóficas. Nisso, era inspirado pela analogia, feita por Platão, dos prisioneiros acorrentados dentro de uma caverna, condenados para sempre a ver apenas as sombras do mundo "real" lá fora.

Para Hinton, nossa experiência normal do espaço tridimensional nos condena a ver apenas as "sombras" da "verdadeira" realidade, que é quadridimensional. Através da percepção dessa dimensão adicional, acreditava, o reino ideal de Platão seria revelado. Como o domínio do *número*, a quarta dimensão poderia ser vista também, na concepção de Hinton, como a "coisa-em-si" de Kant.

Hinton nunca realizou seu "sistema completo" de pensamento quadridimensional, mas sua interpretação filosófica da quarta dimensão iria ter enorme influência sobre pensadores do hiperespaço posteriores. Um deles foi o místico russo Peter Demianovich Ouspensky. "Na idéia de uma quarta dimensão espacial", diz Henderson, "Ouspensky acreditava ter encontrado uma explicação para os 'enigmas do mundo', e que, com esse conhecimento, poderia oferecer à humanidade uma nova verdade que, como o presente de Prometeu, transformaria a existência humana."[10]

Para Ouspensky, a quarta dimensão não era outra senão o tempo. Segundo ele, porém, somos iludidos em nossa experiência cotidiana dessa dimensão. Na verdade, Ouspensky declarou, o tempo é apenas mais uma dimensão do espaço, e portanto todo movimento é ilusão. Segundo ele, a *verdadeira* realidade é uma estase quadridimensional imutável. Não apenas o tempo e o movimento, mas também a matéria, são uma ilusão que as pessoas devem superar reaprendendo a "ver". Ouspensky considerava, contudo, que nem todo mundo estava mentalmente equipado para essa visão quadridimensional. Os que eram assim dotados constituíam uma raça de "super-homens" com o poder de realizar o que ele chamou de "consciência cósmica". Nesse estado final da evolução, os novos "super-homens" iriam se ver agraciados com "emoção superior, intelecto superior, intuição de sabedoria mística".[11] Nesse domínio, as leis comuns da matemática e da lógica seriam suplantadas por uma nova "lógica do êxtase". Era exatamente através dessa "lógica intuitiva" que Ouspensky se propunha preparar os super-homens para a revelação mística da quarta dimensão.

Não detectamos, na concepção da quarta dimensão de Ouspensky, ecos distintos do Céu cristão medieval? Assim como no Empíreo o tempo era negado, subordinado a uma eterna estase bem-aventurada, assim também, no domínio do hiperespaço de Ouspensky, encontramo-nos num estado de estase extática. Também na quarta dimensão prometem-nos "emoção superior", "intelecto superior" e até "sabedoria mística". Nessas visões de uma quarta dimensão do início do século XX, testemunhamos uma remodelação em termos científicos da antiga idéia de um domínio transcendente, celeste.

Outro filósofo do hiperespaço com inclinações ainda mais declaradamente cristãs foi o arquiteto Claude Bragdon, de Rochester, no estado de Nova York. Foi Bragdon quem organizou a tradução da obra de Ouspensky para o inglês, e os dois homens reconheceram imediatamente sua afinidade espiritual. Além de livros mais filosóficos, a obra de Bragdon inclui uma curiosa historieta religiosa intitulada *Man the Square: A Higher Space Parable*. Nela, Bragdon usou a analogia de um mundo bidimensional (bastante parecido com a Terraplana de Abbott), "para transmitir uma mensagem de amor e harmonia".[12]

Como os de Terraplana, os personagens de Bragdon são simples figuras geométricas que vivem numa superfície plana (ver Figura 5.1). Com o desenrolar da história, contudo, ficamos sabendo que todas essas figuras são na realidade seções transversais de cubos, inclinadas em diferentes ângulos em relação a seu mundo bidimensional plano (ver Figura 5.2). Vistos da realidade "superior" de três dimensões, os seres não *são* figuras planas, mas vigorosos e sólidos cubos. No final da história, essa realidade hiperdimensional é demonstrada aos habitantes do mundo chato por um "Cristo cubo", que revela sua verdadeira natureza cúbica dobrando seus lados de modo a formar uma cruz. Na lógica da historia, o que introduz desarmonia no mundo bidimensional é que os cubos da terra plana estão todos inclinados em ângulos casuais em relação a seu plano. Para restabelecer a harmonia, eles precisam ser alinhados para cima, de modo que fiquem todos "perpendiculares" a seu plano. A moral da história (é claro) era que *também nós* precisamos ficar devidamente alinhados em nosso próprio espaço dimensional superior — isto é, o quarto.

Além das implicações supostamente filosóficas e morais da quarta dimensão, Bragdon estava interessado em sua possibilidades estéticas. "Consciência é movimento rumo à conquista de um novo espaço", escreveu. "O ornamento deve indicar esse movimento da consciência."[13] Para esse fim, Bragdon produziu *Projective Ornament*, um livro de imagens criadas pela projeção de figuras quadridimensionais sobre superfícies bidimensionais. O resultado, como se vê nas Figuras 5.3 e 5.4, foi uma espécie de *art déco* geométrico, na verdade bastante banal. As imagens de Bragdon não foram capazes de precipitar a revolução estética que ele desejava, mas, em outros lugares, verdadeiros pesos pesados do mundo artístico *estavam* olhando para a quarta dimensão em busca de inspiração. E alguns podem até ter se valido de deixas dadas pelo trabalho de Bragdon.

No cânone da arte moderna, um dos ícones mais impressionantes é o trabalho feito por Kasimir Malevich no final da década de 1920, *Quadrado negro* — um quadrado único, chapado, pintado contra um fundo branco. Não poderia ser mais simples; mas que significa? Quando perguntado, Malevich respondeu enigmaticamente que era "uma tentativa desesperada de libertar a arte do lastro da materialidade".[14] Investigando mais a fundo, historiadores da arte identificaram um forte vínculo entre os futuristas russos, grupo a que Malevich pertencia, e o misticismo quadridimensional então esposado pelo compatriota deles, Ouspensky.

Em 1913, Malevich havia projetado os cenários para a ópera de vanguarda *Vitória sobre o sol*, cujo autor tentava deliberadamente evocar uma nova consciência ouspenskiana. A seus projetos de cenário, Malevich incorporou uma imagem suspeitamente parecida com um dos "hipercubos" quadridimensionais de Hinton. Ao mesmo tempo, começou também a fazer experiências com formas geométricas que acabariam por conduzir a um novo estilo de suprematismo — cujo exemplo mais famoso é o *Quadrado negro*. A inspiração para essa imagem talvez tenha vindo diretamente de Bragdon, que a essa altura estava em contato com Ouspensky na Rússia. Segundo o crítico de arte Geoffrey Broadbent, "o *Quadrado negro* de Malevich parece ser nada mais, nada menos que sua representação 'Não-Objetiva' do (ser-humano-como) Cubo de Bragdon passado através do 'Plano da Realidade'!"[15] De fato, Malevich chegara até a escrever um roteiro para um desenho animado sobre cubos tombando através do espaço.

O interesse dos futuristas russos na quarta dimensão foi inspirado por um interesse semelhante entre os cubistas franceses, em particular pelos escritos dos cubistas teóricos Albert Gleizes e Jean Metzinger. Os estudiosos da arte sempre debateram intensamente o vínculo entre o cubismo e o fascínio pela quarta dimensão, mas, embora seja verdade que o impulso inicial do cubismo tenha vindo de outras direções (especialmente do desejo de libertar a pintura das restrições da perspectiva), nas fases posteriores do movimento muitos cubistas hauriram inspiração da nova geometria não-euclidiana. Como Gleizes explicou numa entrevista em 1912, "às três dimensões de Euclides acrescentamos uma outra, a quarta dimensão, o que quer dizer a figuração do espaço".[16]

Que cubistas e outros artistas modernistas se interessassem pelo espaço hiperdimensional não chega a ser surpreendente, pois um estímulo básico da arte do início do século XX era o desejo de romper com a tradição da perspectiva. Se agora se constatava que o espaço físico *não* era de fato tridimensional, as regras da pers-

FIGURA 5.1. "Personalities: Tracings of the Individual (Cube) in a Plane". De *Man the Square: A Higher Space Parable*, de Claude Bragdon.

pectiva linear se revelavam puramente arbitrárias. A possibilidade de um espaço hiperdimensional servia, portanto, como uma poderosa ferramenta retórica para os modernos nascentes. Reconhecendo isso implicitamente, Gleizes e Metzinger afirmaram em *Du cubisme*: "se desejássemos vincular o espaço do pintor a uma geometria particular, nós a teríamos referido aos especialistas não-euclidianos".[17]

O pintor que levou esse desafio mais a sério foi Marcel Duchamp. Originalmente associado aos cubistas, Duchamp logo se desviou por suas próprias sendas peripatéticas. Sua obra mais famosa, como a de Malevich, foi também inspirada pela quarta dimensão. *The Bride Stripped Bare By Her Bachelors, Even*, muito conhecida como *The Large Glass*, é certamente uma das obras do cânone moderno que suscitam mais reflexão; e desta vez temos extensas notas do artista detalhando

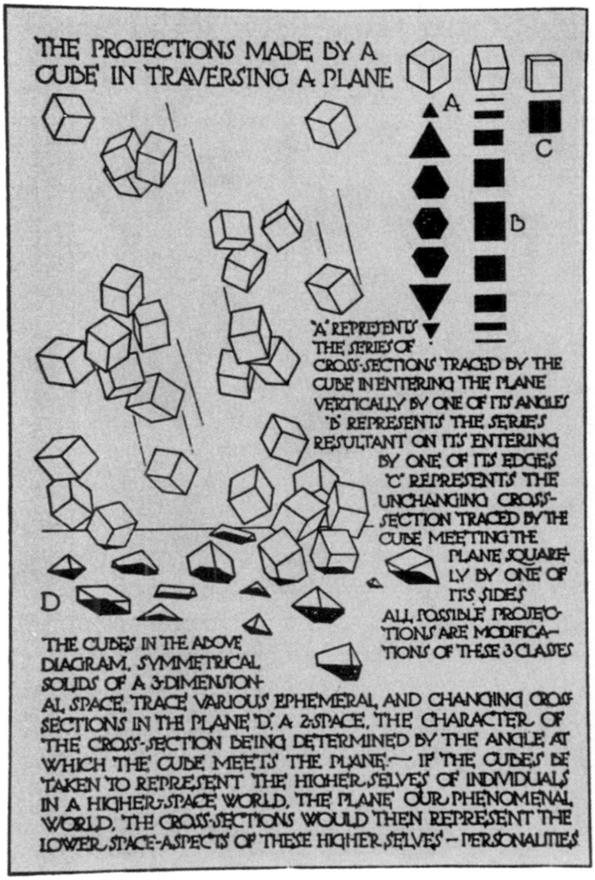

FIGURA 5.2. "The Projections Made by a Cube in Traversing a Plane". Extraído de *A Primer of Higher Space*, de Claude Bragdon.

o processo de gênese. Especificamente, sabemos que, ao se preparar para esse trabalho, Duchamp se lançou no estudo das geometrias não-euclidiana e hiperdimensional. O resultado final desse esforço foi uma obra complexa, dividida em duas metades distintas: na metade de cima está a noiva, e na de baixo a "máquina de solteiros". Segundo as notas de Duchamp, a noiva seria uma entidade quadridimensional, enquanto os solteiros são tridimensionais. Flutuando acima de seu séqüito, essa esposa hiperespacial paira enigmaticamente num mundo só dela.

Com toda essa especulação artística, literária e mística sobre uma quarta dimensão, quando a teoria da relatividade incorporou subitamente o conceito à *realidade física* produziu-se uma deliciosa sensação de sincronia. A revelação da quarta dimensão por Einstein pareceu a muitos entusiastas do hiperespaço uma confirmação do que sabiam o tempo todo. O fio comum que atravessava o mundo da física relativística e o dos escritores e artistas era, obviamente, a nova matemáti-

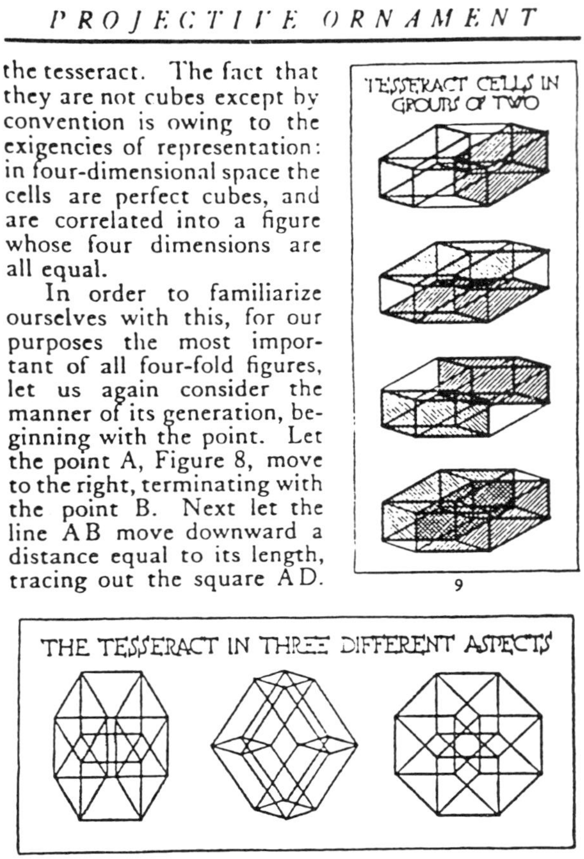

PROJECTIVE ORNAMENT

the tesseract. The fact that they are not cubes except by convention is owing to the exigencies of representation: in four-dimensional space the cells are perfect cubes, and are correlated into a figure whose four dimensions are all equal.

In order to familiarize ourselves with this, for our purposes the most important of all four-fold figures, let us again consider the manner of its generation, beginning with the point. Let the point A, Figure 8, move to the right, terminating with the point B. Next let the line AB move downward a distance equal to its length, tracing out the square AD.

FIGURA 5.3. Página de *Projective Ornament*, de Claude Bragdon.

ca da geometria não-euclidiana. Ironicamente, muitos dos pioneiros da nova matemática haviam sido eles próprios impelidos para suas geometrias radicais por um interesse científico na estrutura do espaço físico. Esses homens, entre eles Gauss, haviam desenvolvido originalmente suas fantásticas novas geometrias como ferramentas para melhor compreender a natureza do mundo físico concreto. Assim, embora sejam geralmente lembrados hoje como matemáticos, deveriam também ser reconhecidos, ao lado de Einstein, como pioneiros do espaço físico.

De fato, todo o desenvolvimento da geometria não-euclidiana emergiu de um trabalho de Gauss de mensuração da Terra. Como o sentido literal da palavra "geometria" é "medição da Terra", a aplicação era particularmente apropriada. Em sua encarnação original, a ciência da geometria surgira do levantamento topográfico do delta do Nilo no Egito antigo. Essa geometria antiga (isto é, euclidiana) havia lidado somente com o espaço *plano*, como a superfície desta página. Em grande es-

FIGURA 5.4. Lâmina de *Projective Ornament*, de Claude Bragdon.

cala, porém, a superfície da Terra é esférica, e portanto curva. Assim, o estudo da superfície da Terra requer em última análise uma geometria de *superfícies curvas*. Os artigos seminais de Gauss sobre a geometria do espaço curvo foram inspirados por seu trabalho como conselheiro científico para um levantamento geodésico da região de Hanover. "Mais uma vez", diz Max Jammer, "vemos que, de um ponto de vista histórico, as teorias abstratas do espaço devem sua existência à prática do trabalho geodésico."[18]

Há muito se sabia que a superfície de nosso planeta é curva, mas o que dizer do espaço em que nosso globo está *engastado*? Poderia o próprio *espaço* ser curvo? Newton e seus contemporâneos, como não conheciam alternativas matemáticas para o espaço euclidiano, simplesmente supunham que esse era o modelo correto para o espaço físico. Mas depois de seu trabalho sobre superfícies curvas, Gauss começou a se perguntar se o pressuposto de um universo euclidiano se justificava. No início do século XIX — muito antes de Einstein nascer —, Gauss tentou medir efetivamente a curvatura do espaço físico. Adotou o método engenhoso de medir um triângulo formado pelo cume de três montanhas. No espaço euclidiano, ou plano, os três ângulos de um triângulo somam *necessariamente* 180 graus, mas se o espaço for curvo, a soma dos ângulos será diferente. (*Mais* de 180 se o espaço for "positivamente" curvo, como uma esfera, e menos, se for "negativamente" curvo, como uma sela.) Não tendo conseguido encontrar nenhum desvio em relação a 180 graus, Gauss concluiu que, pelo menos nas vizinhanças da Terra, o espaço devia ser euclidiano.

Mais tarde, o matemático russo Nikolai Ivanovich Lobachevsky iria tentar um experimento similar, mas em escala muito maior. Em vez de montanhas, Lobachevsky usou estrelas distantes, mas, ainda assim, não encontrou nenhum desvio em relação ao espaço plano. Gauss e Lobachevsky concluíram ambos, com bases nos dados de que dispunham, que nossa área local do universo era euclidiana, mas ambos compreenderam que não havia *razão* para que isso fosse assim. Como Gauss vaticinou : "Em alguma vida futura, talvez, poderemos ter outras idéias sobre o espaço que, no presente, nos são inacessíveis."[19]

Se Gauss e Lobachevsky prenunciaram a idéia do espaço curvo, mais tarde no século XIX um jovem e brilhante matemático chamado Bernhard Riemann chegou a considerar a possibilidade de que a gravidade fosse um subproduto da *curvatura* no espaço hiperdimensional. Embora não haja dúvida de que Einstein elaborou esse conceito independentemente, convém notar que a idéia fora imaginada mais de meio século antes. O jovem responsável por essa assombrosa intuição era um discípulo de Gauss, e figura até hoje entre um dos mais subestimados visionários da ciência moderna. Hoje Riemann é lembrado em geral como um matemático puro, mas o que realmente interessava esse austríaco patologicamente tímido era o problema da origem das forças físicas. Décadas antes do nascimento de Einstein, Riemann se convenceu de que a explicação da gravidade devia residir na geometria do espaço.

Refletindo sobre o problema das forças físicas, Riemann imaginou um mundo não muito diferente da Terraplana de Abbott, em que uma raça de criaturas bidimensionais vivia numa folha plana de papel. O que aconteceria, perguntou, se amassássemos a folha? Como os corpos das criaturas estão *embutidos* no papel, elas não seriam capazes de ver as pregas — para elas seu mundo continuaria perfeitamente plano. Riemann percebeu, contudo, que mesmo que continuasse *parecendo* plano, esse espaço não se comportaria mais como tal. Mostrou que, quando tentassem se mover por seu mundo bidimensional, essas criaturas iriam sentir uma misteriosa "força" invisível sempre que topassem numa das pregas, e não seriam mais capazes de se mover em linhas retas.

Extrapolando essa idéia para nosso universo tridimensional, Riemann imaginou que este também era "amassado" numa quarta dimensão invisível. Raciocinou que, como os seres bidimensionais do universo de papel, ainda que não pudéssemos ver essas "pregas" no espaço à nossa volta, também nós as experimentaríamos como forças invisíveis. A partir dessa brilhante percepção, Riemann concluiu que a gravidade era "causada pelo amassamento de nosso universo tridimensional na quarta dimensão invisível".[20] Tendo esboçado seu tema básico, esse gênio tímido se pôs a desenvolver uma linguagem matemática em que pudesse expressar essas idéias. O resultado de seus lavores foi a nova geometria que Einstein iria finalmente usar em sua teoria geral da relatividade. "Em retrospecto", diz o físico Michio Kaku, "vemos agora o quanto Riemann chegou perto de descobrir a teoria da gravidade sessenta anos antes de Einstein."[21] De uma maneira ou de outra, as especulações sobre a física de Terraplana tiveram conseqüências profundas para todos nós.

A "descoberta" de uma quarta dimensão por Einstein deve sem dúvida ser considerada uma das mais assombrosas da ciência moderna. A partir dela, o homem teve condições (como o Quadrado na história de Abbott) de ver seu mundo de uma nova perspectiva. Mas, como disse o Quadrado a lorde Esfera, por que parar em *quatro* dimensões? Com nossa visão assim expandida, não poderíamos, também nós, "decidir que nossa ambição deve se elevar" para diante e para cima rumo a dimensões ainda maiores? E como os seres humanos são tão naturalmente curiosos quanto os Quadrados, de fato não demorou para que alguém começasse a sonhar com uma *quinta* dimensão. Na década de 1920, um jovem matemático polonês teve a brilhante idéia de que, se a força da gravidade podia ser explicada pela geometria do espaço quadridimensional, talvez lhe fosse possível explicar a força eletromagnética pela geometria do espaço pentadimensional. Com essa fantasia, que mais parecia ficção científica, tem início um dos mais curiosos episódios da história do espaço.

Se Riemann foi um dissidente na história da ciência, Theodr Kaluza foi decididamente uma excentricidade. Um matemático obscuro da Universidade de Königsberg (no que é hoje Kaliningrado na ex-União Soviética), Kaluza estava convencido de que a abordagem de Einstein da gravidade podia ser expandida e aprofundada. Em particular, queria aplicá-la à força eletromagnética — a força responsável pela eletricidade, o magnetismo e a luz. De fato, tal como Riemann, Kaluza acreditava que o eletromagnetismo podia também ser o resultado da curvatura (ou das pregas) num espaço hiperdimensional. O problema para ele, porém, era que não pareciam restar mais dimensões. Com as três do espaço e a do tempo, o estoque da natureza parecia esgotado.

Mas Kaluza não era homem de se deixar dissuadir por objeções tão prosaicas. Num lance audacioso, simplesmente reescreveu as equações da relatividade geral de Einstein em cinco dimensões. Pronto! Isso feito, revelou-se que aquelas equações pentadimensionais continham em si as equações quadridimensionais regulares da relatividade, mais um bocado adicional, que vinha a consistir exatamente das equações do eletromagnetismo. Na verdade, a teoria pentadimensional de Kaluza compunha-se de dois pedaços separados que se encaixavam um no outro como peças de uma quebra-cabeça — a teoria da gravidade de Einstein e a teoria do eletromagnetismo de Maxwell (as equações de campo da luz).

Outra maneira de compreender esse "milagre matemático", diz o físico Paul Davies, é pensar que "Kaluza mostrou que o eletromagnetismo é na realidade uma forma de gravidade". Não a gravidade comum da física habitual, mas "a gravidade de uma quinta dimensão invisível do espaço".[22] Em 1919 Kaluza enviou um artigo sobre tudo isso para Einstein. O grande físico ficou tão horrorizado com a radical adição de uma dimensão extra pelo jovem polonês quanto lorde Esfera na Terraplana de Abbott. Durante dois anos, parece ter se recusado a responder a carta de Kaluza. Mas a construção toda era de tamanha elegância matemática que não conseguiu tirá-la da cabeça e por fim, em 1921, convenceu-se da importância das idéias de Kaluza e propôs o artigo para publicação numa revista científica.

Ironicamente, foi a própria beleza da construção de Kaluza que chocou Einstein, e muitos outros físicos. Não poderia aquele espaço pentadimensional de Kaluza ser um "mero truque de salão"? Ou numerologia? Ou magia negra?[23] Uma coisa era propor que o *tempo* fosse uma quarta dimensão (pois esse, afinal, é um aspecto de nossa experiência física), mas que raio de coisa podia ser essa suposta *quinta* dimensão? Se as equações de Kaluza devessem ser levadas a sério — e não como mero estratagema matemático —, surgia a pergunta incômoda: onde está essa dimensão extra? Por que não a vemos?

Kaluza tinha uma resposta de surpreendente simplicidade para essa indagação. Declarou que a dimensão extra é tão pequena que escapa à nossa percepção normal. Se não a vemos, disse, é porque é microscópica. Novamente, para entender esta proposição é útil recorrer a uma analogia envolvendo um menor número de dimensões. Imagine desta vez que você vive numa linha, no que poderíamos chamar de Linhalândia, a irmã unidimensional de Terraplana. Sendo um ponto nesse universo linear, você pode se deslocar para cima e para baixo na sua linha, sempre permanecendo numa única dimensão. Agora suponha que, um dia, uma cientista na sua Linhalândia anuncia que descobriu uma dimensão adicional e que seu universo tem na realidade *duas* dimensões. A princípio, você que pensa que ela está louca. Onde está essa outra dimensão? você pergunta. Por que não se consegue vê-la? Mas então a cientista explica que, de fato, você não vive numa linha, mas num *tubo* finíssimo. Cada ponto de seu universo linha não é na realidade um ponto, mas um minúsculo *círculo*, tão pequeno que não pode ser percebido. Se essa dimensão microscópica adicional for considerada, seu universo não é uma linha, mas na realidade uma *superfície* cilíndrica bidimensional.

Essa foi a essência da explicação de Kaluza para sua quinta dimensão. Segundo ele, cada ponto em nossas três dimensões do espaço é na realidade um minúsculo círculo, de modo que, na realidade, há *quatro* dimensões do espaço, mais uma do tempo, perfazendo um total de cinco. Em 1926, o físico sueco Oskar Klein introduziu na teoria de Kaluza aperfeiçoamentos que lhe permitiram calcular o tamanho dessa minúscula dimensão oculta. Segundo os cálculos de Klein, não era de espantar que não tivéssemos observado a dimensão extra, porque ela era decididamente diminuta. Sua circunferência era apenas 10^{-32} centímetros — cem bilhões de bilhões (10^{20}) de vezes menor que o núcleo de um átomo!

A dimensão de Kaluza era tão pequena que, mesmo que fôssemos do tamanho de átomos, *continuaríamos* sendo incapazes de percebê-la. No entanto, essa minúscula dimensão podia ser responsável por toda radiação eletromagnética: luz, ondas de rádio, raios X, microondas, infravermelho e ultravioleta. Um vigor realmente considerável para algo tão pequeno. O lamentável era que, sendo a dimensão Kaluza-Klein tão pequena, não havia nenhum meio de medi-la diretamente. Nem mesmo os maiores aceleradores de que dispomos hoje são capazes de medir coisas numa escala tão diminuta. Nesse caso, como entender a visão de Kaluza? Essa quinta dimensão é fisicamente real? Ou apenas uma elegante ficção matemática?

O próprio Kaluza insistiu em que a beleza de sua teoria não podia "corresponder ao mero jogo sedutor de um acidente arbitrário".[24] Acreditava firmemente na realidade de sua quarta dimensão espacial. Como sabia que essa minúscula dimensão não podia ser testada diretamente, resolveu conduzir ele próprio um experimento para testar a correspondência entre teoria e realidade. Escolheu para objeto não algo do domínio da física, mas a arte de nadar. Não sabendo nadar, Kaluza resolveu que iria aprender tudo que pudesse sobre a *teoria* do nado e, quando tivesse dominado esse conhecimento, poria essa estrutura teórica à prova contra a realidade do mar. Dedicando-se por inteiro ao projeto, estudou diligentemente todos os aspectos da arte aquática até que finalmente sentiu que estava pronto. Calção na mão, o jovem polonês levou a família ao litoral para o teste decisivo. Sem nenhuma experiência prévia, diante do clã dos Kaluza reunido, Theodr arremessou-se nas ondas... e, vejam, conseguiu nadar! A teoria fora confirmada pela prática no mundo real. Poderia a minúscula dimensão estar *também* no mundo real?

Infelizmente, se na mente do próprio Kaluza o experimento com a natação confirmava a correspondência geral entre teoria e realidade, quase ninguém mais se mostrava disposto a abraçar a idéia de uma quinta dimensão invisível e imensurável. Deploravelmente, após um movimento inicial de interesse, a comunidade física tomou outra direção. No entanto, a surpreendente elegância das equações de Kazula levantava uma pergunta incômoda: quantas dimensões do espaço há *realmente* no mundo à nossa volta?

Como acontece tão freqüentemente na história da ciência, essa não era de fato uma nova pergunta. Já no século II, Ptolomeu havia considerado o assunto e afirmado que a natureza não admite mais de três dimensões. Kant também sustentou que três dimensões são inevitáveis. Para isso, apoiou-se em muitos dados rigorosos da ciência. Por exemplo, é sabido que a gravidade e a força eletromagnética obedecem ambas a "leis do quadrado inverso" — a força varia de acordo com o inverso do quadrado da distância. Já em 1747, "Kant reconheceu a profunda conexão existente entre essa lei e a tridimensionalidade do espaço".[25]

O que se constata é que, com qualquer coisa diferente de três dimensões, surgem rapidamente problemas em relação a forças que variam com o inverso do quadrado. Por exemplo, em quatro ou mais dimensões espaciais, a gravidade seria tão forte que os planetas espiralariam para o Sol; não poderiam formar órbitas estáveis. De maneira semelhante, os elétrons não poderiam formar órbitas estáveis em torno dos núcleos.[26] Com isso, não poderia haver formação de átomos. Pode ser demonstrado também que em quatro dimensões espaciais ondas não podem se propagar limpamente. Assim, Kant e outros haviam concluído, a partir de fatos físicos, que *devemos* viver num universo com apenas três dimensões espaciais.

Todos esses argumentos, porém, pressupunham que quaisquer dimensões adicionais seriam plenamente ampliadas, como as três usuais. Se uma dimensão adicional fosse minúscula, no entanto, ela *não* afetaria o funcionamento normal da gravidade, da eletricidade e da propagação das ondas. Em grande escala, o universo iria operar como se houvesse apenas três dimensões; a adicional só se revelaria em escala microscópica. Em outras palavras, nosso universo poderia funcionar de maneira apropriada com cinco dimensões.

Se Kaluza estava certo, e tal coisa *realmente* existisse, ela seria extremamente forte. "Desse ponto de vista, não haveria força alguma, apenas geometria pentadimensional encurvada, com partículas vagando livremente numa paisagem de nada estruturado."[27] Era uma idéia muito bonita, mas, por mais de meio século, a maioria dos físicos não deu mais atenção a Kaluza do que a Hinton ou a Ouspensky, e a quinta dimensão parecia não passar de uma excentricidade do misticismo matemático. Foi então que de repente, na década de 1980, isso começou a mudar: novos desenvolvimentos na física das partículas começaram a sugerir que Kaluza talvez tivesse atinado com alguma coisa.

Na altura de década de 1980, duas novas forças da natureza haviam sido descobertas. Além da gravidade e do eletromagnetismo, havia agora a *força nuclear fraca* e a *força nuclear forte*. Sendo o que mantém os núcleos atômicos coesos, essas forças são responsáveis pela manutenção da estabilidade da matéria. Com esses poderes nucleares, o número das "forças básicas da natureza" se expandira de duas para quatro. Hoje os físicos estão confiantes de que esse conjunto — gravidade, eletromagnetismo, a força fraca e a força forte — representa o total complemento de nosso universo físico. Mas o que realmente começou a entusiasmá-los foi a idéia de que todas as quatro forças poderiam não passar de aspectos diferentes de uma única força abarcante — uma espécie de *superforça* unificadora.

Para muitos físicos teóricos e das partículas, a idéia de uma unidade subjacente às quatro forças da natureza parecia tão empolgante que se dispuseram a tentar qualquer coisa para concretizar essa visão. Fizeram muitas tentativas para encontrar uma teoria unificadora, mas, após uma década de fracassos, começaram a se dar conta de que talvez fossem necessárias medidas desesperadas. Nessa altura começaram a olhar de novo para Kaluza. Afinal, a abordagem dele havia conseguido unificar a gravidade e a força eletromagnética; quem sabe seria capaz de unificar todas as quatro forças? Desta vez a idéia de dimensões ocultas e invisíveis levantou a cabeça com mais ímpeto do que se esperava, pois, enquanto Kaluza havia conseguido explicar o eletromagnetismo pelo acréscimo de apenas mais uma dimensão às equações de Einstein, os físicos descobriram que, para acomodar as forças fraca e forte, tinham de acrescentar outras *seis* dimensões do espaço — elevando o número total das dimensões a onze! Como antes, todas essas dimensões adicionais são microscópicas — minúsculas direções enroscadas no espaço que os sentidos humanos jamais podem detectar.

O quadro que emergiu ao longo da última década é, portanto, o de um universo de onze dimensões, com as quadro grandes dimensões remanescentes (três de espaço e uma de tempo), e sete microscópicas dimensões de espaço, todas enroscadas em alguma minúscula e complexa forma geométrica. Na escala que nós, seres humanos, experimentamos, o mundo é quadridimensional, mas sob ele, dizem esses novos físicos de "hiperespaço", a "verdadeira" realidade tem onze dimensões. (Ou talvez, segundo algumas das teorias mais recentes, dez.)

É possível que a característica mais radical dessa concepção de onze dimensões seja o fato de ela explicar não somente todas as forças, mas também a *matéria*, como subproduto da geometria do espaço. Nessas teorias Kaluza-Klein ampliadas, a matéria também passa a não ser mais que pregas no tecido do hiperespaço. Nelas, as partículas subatômicas são também explicadas pelas propriedades das sete dimensões enroscadas. Um dos grandes projetos da física teórica nestas duas últimas décadas foi expressar de maneira precisa de que maneira ocorre o enroscamento dessas dimensões espaciais adicionais. Lamentavelmente, há um número enorme de topologias possíveis para um espaço de sete dimensões, e até agora provou-se impossível destrinchar quais delas correspondem ao mundo real em vivemos, se é que alguma o faz. Parte do problema, mais uma vez, é que, como todas essas dimensões são minúsculas demais para ser medidas diretamente, qualquer dessas teorias só pode ser testada indiretamente — na melhor das hipóteses. No entanto, os físicos do hiperespaço estão confiantes em que vão encontrar a teoria correta.

Vimos de que modo a curvatura do espaço pode produzir forças físicas como a gravidade; consideremos agora a idéia ainda mais radical de que a curvatura do espaço seja responsável também pela *matéria*. Forças como a gravidade e o magnetismo (que se propagam através do ar rarefeito) sempre foram, em certo sentido, estreitamente associadas ao espaço, mas como poderia a matéria — a substância concreta de nossos corpos — surgir da não-substância do espaço?

À primeira vista, toda a concepção parece absurda, mas, novamente, a idéia da matéria como pregas no espaço é na verdade bastante antiga. Já na década de 1870, William Clifford, um discípulo inglês de Riemann, fez uma comunicação à Sociedade Filosófica de Cambridge intitulada "On the Space Theory of Matter".[28] Levando adiante as idéias do mestre, Clifford propôs que as partículas da matéria não passavam de minúsculas dobraduras no "tecido" do espaço. Uma versão mais sofisticada dessa mesma idéia surgiu nos primeiros anos de nosso século, quando físicos começaram a pensar em buracos de minhoca. Originalmente, o que despertou interesse não foram os buracos de minhoca de grandes dimensões que tanto iriam entusiasmar os autores de ficção científica, mas os microscópicos, que poderiam estar associados a partículas subatômicas. Um grande número de luminares da física, de Einstein a Hermann Weyl, "se perguntaram se todas as partículas fundamentais não poderiam *ser* na realidade buracos de minhoca microscópicos".[29] Em outras palavras, meros "produtos do espaço-tempo empenado".

Einstein, em particular, ficou obcecado com a idéia de que a matéria podia ser pregas no espaço, e passou os últimos trinta anos de sua vida tentando ampliar as equações da relatividade geral nessa direção. Chamou esse sonho de "teoria unificada de campo", e sua incapacidade de encontrá-la foi o maior desapontamento de sua vida. Segundo Kaku, "para a Einstein a curvatura do espaço-tempo era como a síntese da arquitetura grega, bela e serena".[30] Já a matéria, parecia a Einstein caótica e feia. Comparava o espaço ao "mármore" e a matéria à "madeira" e desejava desesperadamente uma teoria que fosse capaz de transformar a feia "madeira" em belo "mármore".

Nem Clifford nem Einstein possuíam as ferramentas matemáticas para empreender a difícil síntese de matéria e espaço — principalmente, estavam tentando trabalhar com apenas quatro dimensões. Hoje os físicos sabem que se a matéria *deve* ser integrada na estrutura do espaço, isso deve ser realizado com uma teoria hiperdimensional. Numa tal teoria, a matéria, como a força, não seria uma entidade independente, mas um subproduto secundário do substrato totalizante do espaço. Nessa concepção, tudo que existe seria abrangido no seio do hiperespaço. As teorias que tentam fazer isso são por vezes conhecidas pela modesta designação de "teorias de tudo". Numa teoria de tudo bem-sucedida, todas as partículas existentes seriam descritas como uma vibração da multiplicidade de dimensões extras ocultas. Os objetos não *estariam* no espaço, *seriam* o espaço. Prótons, petúnias e pessoas — todos nós nos tornaríamos padrões num hiperespaço multidimensional que não podemos sequer ver. Segundo essa concepção da realidade, nossa própria existência como seres materiais seria uma ilusão, pois em última análise haveria só "nada estruturado".

Com uma "teoria de tudo" hiperespacial, atingimos assim o apogeu de um movimento que se iniciou na Idade Média: a elevação do espaço como categoria ontológica agora está completa. Como vimos, na visão de mundo aristotélica, o espaço era uma categoria ínfima e pouco importante da realidade — tão pouco importante que Aristóteles não tinha realmente uma teoria do "espaço" *per se*, mas, estritamente falando, apenas uma teoria do "lugar". Com o surgimento da física newtoniana, no século XVII, o status do espaço foi elevado, de tal modo que ele se tornou, juntamente com matéria e força, uma das três categorias fundamentais da realidade. Agora, no final do século XX, o espaço está se tornando a *única* categoria fundamental da imagem científica do mundo. Matéria e força, que na física newtoniana estavam realmente acima do espaço em status ontológico, estão agora relegadas a uma posição secundária, com o espaço ocupando sozinho o degrau mais elevado do real. Uma característica pouco comentada da física ocidental moderna é que seu empreendimento pode ser caracterizado pela ascensão gradual do espaço no nosso esquema existencial. O triunfo final da conversão dessa entidade invisível, intangível, à *essência suprema* da existência é certamente uma das características mais curiosas de qualquer visão de mundo.

A concepção extremamente geométrica que os físicos do hiperespaço têm da realidade assinala também o capítulo final da saga iniciada por Giotto e os pintores-geômetras do Renascimento. Nas "teorias de tudo", as equações dos físicos seriam a suprema pintura em perspectiva do mundo, uma visão em que *tudo* é refratado pelo prisma iluminador da geometria. Se, como nas palavras famosas de Platão, "Deus sempre geometriza", aqui estaria a última palavra em matéria de ação divina. Como a apoteose da "figuração geométrica" de Roger Bacon, uma "teoria de tudo" hiperespacial seria, muito simplesmente, a realização, no século XXI, de um sonho do século XIII.

Uma "teoria de tudo" seria a pintura em perspectiva máxima de nosso universo ainda sob outro aspecto, pois também essa imagem do mundo se originaria de um *ponto único*. Os físicos o chamam big bang. Segundo a física do hiperespaço, na fração de segundo inicial da criação, todo o universo estava condensado num ponto microscópico que continha toda a matéria, a força, a energia e o espaço. Nesse ponto quintessencial, no entanto, matéria, força, energia e espaço ainda não estavam separados entre si, mas unidos num único substrato de hiperespaço. Em outras palavras, na primeira fração de segundo da criação *tudo* estava *embrulhado* dentro da unicidade abarcante do "puro" espaço de onze dimensões. A partir desse ponto de unidade hiperespacial, o universo então se desdobrou.

No ponto singular de que se origina a imagem do mundo dos físicos, o big bang é um equivalente científico do "centro de projeção" dos pintores perspectivos. É o ponto para o qual todas as "linhas" do universo hiperespacial convergem. Esse é o lugar, portanto, em que os físicos da "teoria de tudo" gostariam muito de "se postar". Assim como o espectador de uma pintura em perspectiva obtém o efeito dramático máximo quando se posta no lugar a partir do qual o artista construiu a imagem, assim um físico do hiperespaço poderia ver seu mundo mais claramente caso "se postasse" no centro cósmico de projeção — o big bang.

É na busca desse "ponto de vista" particular que os físicos constroem aceleradores de partículas cada vez maiores. Quanto mais elevada a energia que se consegue gerar num acelerador, mais perto se chega de "fundir" as quatro forças separadas, e assim mais se poder ver da unidade hiperespacial subjacente. Num sentido muito real, os aceleradores de partículas são ferramentas para a exploração do espaço hiperdimensional, e a meta final que se visa com essas máquinas é vislumbrar, mais uma vez, o ponto inicial do "puro" espaço de onze dimensões. Os físicos falam sobre esse período inicial de unidade hiperespacial como o momento em que houve "simetria perfeita" entre todas as onze dimensões. O que querem fazer é vislumbrar por si mesmos essa simetria perfeita original. Ironicamente, embora os artistas tenham de há muito abandonado a estética renascentista, aqueles ideais clássicos de beleza vivem no sonho da "teoria de tudo" dos físicos. Como os pintores do Renascimento, também eles consideram a simetria matemática o mais elevado ideal estético. Esse é seu sonho, sua meta, e, já se disse até, seu "Santo Graal".

Dada a linhagem da imagem do mundo dos físicos do hiperespaço, não nos deveria surpreender que ela resulte em tendências homogeneizadoras do mesmo tipo das observadas na arte renascentista. Como observou o psicólogo e historiador Robert Romanyshyn, no espaço da perspectiva linear "todas as coisas, sejam elas quais forem e seja qual for o contexto a que pertencem, são iguais e as mesmas".[31] De fato, como vimos no capítulo 2, essa igualdade era precisamente o objetivo da representação em perspectiva. Se isso é verdade acerca das imagens em perspectiva, é muito mais acerca da visão de mundo dos físicos do hiperespaço, em que todas as coisas são literalmente *as mesmas* — tudo sendo meramente uma manifestação do hiperespaço. Tudo que existe "é reduzido ao mesmo plano ou nível da realidade".[32] Tal como a pintura em perspectiva, a "teoria de tudo" hiperespacial nos dá "uma visão que percebe todas as coisas como pertencentes ao mesmo plano", de fato, à mesmíssima categoria existencial. Já não temos sequer uma distinção entre matéria e espaço, pois agora há uma, e apenas uma, categoria de existência. Setecentos anos após Giotto, o *aplainamento* do mundo, prefigurado em seu ciclo de Cristo na Capela Arena, alcançou assim sua conclusão. Todos os ingredientes da realidade, todas as distinções existenciais, foram finalmente aniquilados. A homogeneização venceu.

Como vimos nos capítulos 2 e 3, a geometrização original do espaço do século XIV até o XVII criou uma imagem do mundo em que o reino físico passou a ser visto como a totalidade do real. Nessa concepção fisicalista original, não havia mais lugar algum para um domínio da alma ou do espírito, porque o espaço físico foi ampliado ao infinito. Há ainda menos lugar para esse domínio, portanto, na nova visão do hiperespaço, em que o espaço físico é não só infinito como se tornou em si mesmo a totalidade do real. Postulando que tudo é espaço vazio enroscado em padrões, a física do hiperespaço nega profundamente quaisquer "outros" níveis da realidade. Com essa representação, "qualquer apreensão do mundo como uma realidade de múltiplos níveis que coexistem simultaneamente [torna-se] matéria de fantasia e sonho".[33]

Mas o problema é mais profundo até do que a negação de outros planos da realidade, porque, ao fazer do espaço a *única* categoria do real, estamos negando também o que Edwin Burtt denomina o "tempo como algo vivido".[34] Com uma "teoria de tudo", o tempo é efetivamente congelado, pois passa a ser apenas mais uma dimensão do espaço. Subjugado pela mão indiferente da geometria, o "tempo vivido", o "fluxo do tempo", o "tempo variável" são todos destruídos nas garras cristalinas da simetria de onze dimensões.[35] Na visão de mundo dos físicos do hiperespaço, o tempo não é mais um atributo da *experiência humana subjetiva*, torna-se um mero artefato de manipulação matemática. Assim, não só os átomos de nossos corpos são despojados de status independente e reduzidos a *origamis* meramente espaciais, mas também nossa experiência mais fundamental do tempo como algo vivido e pessoal é abolida. No complexo de onze dimensões de várias "teorias de tudo", nosso próprio ser desaparece em "nada estruturado". Somos dissolvidos em espaço.

Se há apenas uma categoria ontológica da realidade, só pode haver um plano da realidade — e, na visão dos físicos das "teoria de tudo", esse é o plano físico. A despeito das esperanças que Ouspensky e outros possam ter tido de um espaço hiperdimensional como um porto espiritual, as explicações científicas contemporâneas do hiperespaço permanecem puramente físicas. Em suma, com uma "teoria de tudo" hiperespacial, nossa visão de mundo é reduzida, plena e finalmente, a um *monismo* inconsútil. O movimento que estivemos reconstituindo neste livro, desde a visão dualista medieval do espaço físico e espiritual, atingiu assim o seu clímax. Aqui, tudo é igual, tudo é homogêneo, tudo é espaço. Paradoxalmente, esse novo monismo não privilegia nem o corpo nem o espírito, pois se a própria matéria é meramente um subproduto do espaço, também o corpo é em última análise anulado. O que resta é apenas espaço vazio enroscando-se sobre si mesmo.

O interessante, embora talvez não surpreendente, é que alguns físicos tentaram interpretar a própria "teoria de tudo" num sentido espiritual. Foi uma "teoria de tudo" que Stephen Hawking, numa passagem famosa, associou à "mente de Deus". E Hawking não é em absoluto o único a equiparar uma "teoria de tudo" a Deus; outros físicos estiveram fazendo o mesmo, entre eles, notadamente, Paul Davies e o físico das partículas ganhador do Nobel, Leon Lenderman. O que vem a ser exatamente o "Deus" dos físicos das "teorias de tudo" não é nada claro, parece não passar muito de um conjunto de equações. No entanto, assim como muitos não cientistas, esses físicos perceberam que, para muita gente hoje, uma imagem puramente fisicalista do mundo *não* é satisfatória. Tentando identificar sua visão hiperespacial com um "Deus", esses homens estão tentando reintroduzir algum tipo de espiritualidade tanto na visão científica do mundo quanto no próprio espaço.

Pode ser uma meta admirável, mas, a meu ver, está fadada ao fracasso. O movimento que temos aqui é semelhante ao que vimos no final do capítulo 3, com as tentativas de Newton e More de introduzir um senso de religiosidade na visão mecanicista do mundo mediante a divinização do espaço euclidiano. Assim como esse esforço acabou por malograr, assim também malogrará, eu sugiro, qualquer tentativa de divinizar o hiperespaço. Como observamos antes, o espaço físico *não* pode ser o fundamento de uma teologia genuína — cristã ou não. Para os que desejam ver a relatividade como mais que um fenômeno puramente físico — e incluo a mim própria nesse campo —, o caminho não é tentar divinizar as mais recentes concepções do espaço dos físicos, mas antes compreender *essas* concepções como apenas *uma parte* do todo.

Antes de prosseguirmos, quero enfatizar aqui que, como estudiosa da física, sou profundamente fascinada pela saga do hiperespaço. Considero-a extraordinária, em especial como exercício estético. Não estou questionando a validade de sua visão matemática em si, que, como a arte perspectiva renascentista, me interessa enormemente. O que *de fato* quero questionar é a noção de que essa visão do hiperespaço constitui a *totalidade do real.* O que contesto, portanto, não é a ciência, mas a interpretação totalizante do que essa ciência *significa.*

Vamos supor por um momento que os físicos das "teorias de tudo" tivessem sucesso em seu programa, e que tivessem em seus quadros-negros um conjunto de equações descrevendo um espaço multidimensional que codificasse todas as partículas e forças conhecidas. De que tal teoria seria uma imagem extremamente bela, não tenho a menor dúvida. Mas beleza não é necessariamente verdade, ou, pelo menos, não *toda a verdade.* Qual seria o *significado* de tal teoria? Como deveria ser *interpretada*?

A resposta, eu sugiro, é essencialmente a mesma a que chegamos acerca da interpretação que cabe dar à pintura de Rafael. Embora seja verdade que a *Disputa* (por exemplo) é sob muitos aspectos uma imagem "realista", ninguém hoje admitiria que se trata de uma descrição do mundo real. Mesmo a parte inferior da imagem, que trata estritamente do domínio físico, ainda é extremamente estilizada e, de muitas maneiras, antinatural. Em que pese todo o brilhantismo perspectivo de Rafael, as pinturas do Quatrocento dão uma impressão bastante afetada. Há uma excessiva perfeição geométrica nessas imagens. O mundo de nossa *experiência* não possui essa nitidez prístina; e mesmo quando disfarçadas pelos tons suavizantes do claro-escuro, as imagens do Alto Renascimento possuem uma rigidez geométrica inteiramente artificial. Por mais gloriosas que as pinturas de um Rafael ou um Leonardo possam ser, você sabe e eu sei que a realidade *não* é assim — pelo menos não de todo.

Não há dúvida de que essas imagens codificam *algo* da realidade. Reconhecemos de imediato as cenas representadas, e sentimo-nos atraídos pelos espaços virtuais além da moldura da pintura, precisamente porque há ali uma ilusão convincente de espaço físico. Reconhecemos os semblantes, que parecem de pessoas reais. Quem pode dizer que não sente o olhar de Mona Lisa sobre si? Quem pode dizer que não fica comovido por um retrato de Piero della Francesca ou uma Madona de Rafael, tão humanos eles parecem? Contudo, no fim das contas, não nos deixamos enganar por imagens em perspectiva. Reconhecemos que, embora captem alguns aspectos da realidade, não captam *todos*.

Isso foi precisamente o que o próprio Rafael reconheceu na *Disputa*, quando abandonou a perspectiva no topo de sua imagem. Como ele nos faz lembrar, a totalidade do real não pode ser subordinada sob a bandeira da geometria. Rafael, é claro, estava se referindo à realidade particular do espaço da alma cristão, mas mesmo que não pensemos em termos cristãos, a realidade *não* é totalmente redutível às leis da física. Amor, ódio, medo, ciúme, prazer e fúria — nada disso pode ser explicado por equações do hiperespaço. Num sentido muito profundo, a *res cogitans* de Descartes continua sendo o esqueleto no armário da ciência moderna. Por mais que os novos fisicalistas tentem nos convencer de que as batalhas epistêmicas estão encerradas, é evidente que não estão. Quer nos vejamos em termos religiosos ou seculares, nós seres humanos somos criaturas de *psique* tanto quanto de soma, e nenhuma teoria hiperespacial vai lançar alguma luz sobre *isso*.

Assim como a representação em perspectiva capta alguns aspectos da realidade, assim também uma "teoria de tudo" iria descrever muitos fenômenos reais. Os objetos caem *mesmo* no chão tal com a lei da gravidade de Newton sugere; a luz se curva *de fato* em torno do Sol como a relatividade geral prevê; campos elétricos e magnéticos interagem *realmente* da maneira implicada pelas equações de Maxwell; o decaimento radioativo beta *acontece* como a teoria fraca prescreve, prótons *realmente* se comportam como a teoria da força forte sugere. Encontrar uma única teoria que unificasse todas essas forças seria um feito extraordinário; daria-nos uma assombrosa "perspectiva" sobre nosso mundo. Mas, como uma pintura do Quatrocento, essa representação não descreveria a totalidade do real — e é total ingenuidade sugerir que o faria.

Assim como os artistas reconhecem há muito tempo o âmbito limitado da perspectiva linear, assim também devemos reconhecer o âmbito limitado das "imagens" do mundo dos físicos. Como ocorre com a perspectiva, a física moderna filtra o mundo através de uma lente rarefeita — especificamente, filtra-o através de uma lente matemática. O que emerge desse processo extremamente seletivo são imagens *construídas* do mundo, muito semelhantes às imagens da perspectiva linear. Essas imagens são "reais" à medida que as equações dos físicos nos permitem fazer previsões extremamente precisas acerca de toda sorte de fenômenos, do modo como a gravidade se comporta até a ação de partículas subatômicas. Num certo sentido, para usar a expressão famosa do físico Eugene Wigner, a matemática é "desarrazoadamente eficaz". Assim como se provou "desarrazoadamente efetiva" em certos aspectos da prática artística, ela é também incrivelmente eficaz na descrição de muitos fenômenos físicos. Mas o simples fato de a linguagem da matemática poder ser usada para descrever com precisão muitos aspectos do mundo não significa que ela nos forneça uma representação *total* do mundo. Devemos reconhecer que isso se aplica à ciência, tanto quanto à arte.

Retornamos, assim, ao nosso ponto de partida: o homem que nos pôs neste caminho, Giotto di Bondone. Embora, como vimos no capítulo 2, tenha feito mais do que ninguém para desenvolver a visão perspectiva, Giotto nunca tomou suas "figurações geométricas" pela totalidade do real. Ao lado de suas explorações seminais da figuração "realista", pintou também o profundamente medieval *Juízo final*, que escapou por completo ao novo modo geométrico de representação. Aqui o grande pintor insistiu numa visão da realidade em múltiplos níveis. Vivendo na transição entre duas eras, Giotto era capaz de avaliar o poder da figuração geométrica, sem ao mesmo tempo jamais perder de vista outros planos do real. O problema com alguns físicos do hiperespaço hoje é que querem afirmar *suas* figurações geométricas como a totalidade do real. Querem insistir no poder abrangente de suas visões por si sós.

Isso é nada mais, nada menos que a versão mais recente da velha hegemonia fisicalista cuja ascensão estivemos mapeando ao longo deste livro. Mas a história pegou esses novos fisicalistas de surpresa, pois exatamente quando sua visão hiperespacial parece está prestes a se completar, um *novo* espaço está começando a despontar — um espaço que reside inteiramente à margem de suas equações. Quando o século XX se aproxima de seu término, completando movimentos postos em marcha pela revolução estética dos séculos XIV e XV e pela revolução científica dos séculos XVI e XVII, o triunfo moderno da matemática sobre o espaço físico está sendo superado por uma nova, e totalmente inesperada, revolução. Além dos limites do hiperespaço — inatingível por *qualquer* número de dimensões adicionais — o universo digital da Internet irrompe com a força irreprimível de seu próprio big bang. No momento em que nos aproximamos de um novo milênio, a nova fronteira espacial não é o hiperespaço, mas o *ciberespaço*.

SEIS

Ciberespaço

Com a força exponencial de seu próprio big bang, o ciberespaço está vindo à luz numa explosão ante nossos próprios olhos. Assim como os cosmólogos nos dizem que o espaço físico de nosso universo surgiu numa explosão a partir do nada, cerca de quinze bilhões de anos atrás, assim também a ontologia do ciberespaço é *ex nihilo*. Estamos testemunhando o nascimento de um novo domínio, um novo espaço que simplesmente não existia antes. O "espaço" interconectado da rede global de computadores não está se expandindo em nenhum domínio previamente existente; temos aqui uma versão digital da expansão cósmica de Hubble, um processo de criação de espaço.

Como o espaço físico, esse novo espaço "ciber" está crescendo numa taxa extraordinária, aumentando seu "volume" numa "esfera" cada vez mais larga de expansão. Cada dia, milhares de novos nós ou "sites" são acrescentados à Internet e outras redes afiliadas, e com cada novo nó o domínio total do ciberespaço aumenta. O que cresce neste caso não é volume num sentido estritamente geométrico — no entanto, é uma *espécie* de volume. No ciberespaço, cada site está conectado a dezenas, ou mesmo a milhares de outros através de "links" definidos por software. Essa conexões digitais vinculam sites uns aos outros numa teia labiríntica que se ramifica em muitas "direções" ao mesmo tempo. Ao descrever o ciberespaço podemos usar as palavras "teia" e "rede", que são classicamente fenômenos bidimensionais, mas até o mais neófito dos surfistas sabe que o ciberespaço não pode ser aprisionado em dois eixos. Esse espaço novo e enigmático é o tema nossos três capítulos restantes.

O ciberespaço não está apenas se expandido, ele o faz exponencialmente. Também nesse sentido, sua gênese é análoga à do espaço físico. Segundo as últimas teorias da cosmologia, antes do universo em expansão uniforme que vemos hoje, houve uma fase inicial de expansão exorbitante a que os físicos se referem como o período "inflacionário". Durante essa fase, o espaço se dilatou de um ponto microscópico menor que um próton para o tamanho de um abacate numa fração de segundo. Nesse estágio larval, os rudimentos de uma estrutura cósmica de grande escala foram lançados, o esquema corporal, por assim dizer, da teia galáctica que constitui nosso universo hoje.

O ciberespaço está atravessando seu próprio período inflacionário neste exato momento. Nos últimos quinze anos*, a Internet cresceu de menos de mil computadores hospedeiros para mais de trinta e sete milhões — e o número aumenta a cada dia. Como cada novo nó se torna ele próprio um eixo a partir do qual novos nós podem brotar, quanto maior o seu número, maior a possibilidade de uma expansão ainda mais ampla. Nessa fase inflacionária seminal, a estrutura de grande escala do ciberdomínio está ainda em formação.

O padrão exponencial de crescimento do ciberespaço é evidenciado por uma história ainda mais superficial. A aurora da cibercriação — a primeira cintilação, por assim dizer, de um novo domínio prestes a nascer — pode ser detectada na Califórnia, em 1969. Esse ano assistiu à formação da primeira rede de computadores a longa distância, a ARPANET, fundada pelo Departamento de Defesa dos Estados Unidos (DOD) através de sua Advanced Research Projects Agency (ARPA). Em outubro de 1969, técnicos da firma Bolt Beranek and Newman, sediada em Boston, conectaram, através de linhas telefônicas especialmente instaladas, dois computadores separados por centenas de quilômetros, um na UCLA e o outro no Stanford Research Institute. No final do ano, dois outros nós haviam sido acrescentados a essa rede nascente — a Universidade da Califórnia em Santa Barbara e a Universidade de Utah — compondo uma rede de quatro sites.[1]

No ano seguinte, escrevem os historiadores do computador Katie Hafner e Matthew Lyon, "a rede ARPA estava crescendo a uma taxa de cerca de um nó por mês",[2] e em agosto de 1972 ela continha vinte e nove nós localizados em universidades e centros de pesquisa em todos os cantos dos Estados Unidos.[3] Nesses primeiros anos, quando a manutenção de um site custava cem mil dólares por ano (com todo o dinheiro vindo do DOD), o crescimento foi necessariamente incremental.[4] De fato, em 1979, uma década depois que os dois primeiros sites foram conectados, a ARPANET ainda compreendia apenas sessenta e um sites.

As vantagens do que já estava sendo chamado de "a Rede" estavam, no entanto, tornando-se evidentes e um número crescente de pessoas — em especial cientistas da computação — estava solicitando acesso on-line. Mas, sendo um projeto de pesquisa do Departamento de Defesa, a ARPANET não era facilmente acessível aos que não pertenciam ao círculo direto da ARPA. A necessidade de criar também uma rede civil mostrava-se evidente. Para esse fim, a National Science Foundation decidiu em 1980 patrocinar uma rede que conectasse o número cada vez maior de departamentos de ciência dos computadores espalhados pelo país — a CSNET.

* É importante lembrar que este livro foi escrito em 1999. (N.R.T.).

Embora distintas, as duas redes eram interconectadas de modo que os membros de cada uma podiam se comunicar entre si. Durante a década de 1980, outras redes também se conectaram à ARPANET, criando uma rede global de redes. O crescente desejo de comunicação *entre* redes gerou a necessidade de um conjunto padronizado de procedimentos que permitissem a todas as redes trocar informação entre si — o que veio a ser chamado "Internet Protocol". Foi dessa expressão, originalmente técnica, que a "Internet" tomou seu nome.

Mas a rede ainda continuava sendo um domínio rarefeito. No início da década de 1980, poucas pessoas fora da área militar e do campo acadêmico da ciência dos computadores tinham algum acesso à rede, e poucos americanos tinham sequer conhecimento da existência do ciberespaço.[5] A própria palavra só foi cunhada em 1984, no romance ciberpunk seminal de William Gibson, *Neuromancer*. Em 1985, no entanto, a expansão do ciberespaço ganhou outro ritmo. Após o sucesso da CSNET, a National Science Foundation tomou a decisão adicional de construir um "backbone"* nacional para servir de suporte para uma série de redes regionais ligando universidades por todo o país. Substituindo a ultrapassada ARPANET, essa NSFNET foi a base do que logo se tornaria a Internet.

A criação da NSFNET marca uma guinada na história do ciberespaço. Ali estava o início da inflação ciberespacial. Desde então o ritmo de crescimento acelerou-se rapidamente, superando as expectativas mais desvairadas de seus criadores. No final de 1998, enquanto escrevo, a World Wide Web (que é o componente mais público da Internet) tem mais de trezentos milhões de páginas. O volume que está sendo acrescentado à World Wide Web é tal que os principais serviços de catalogação, como Yahoo e AltaVista, estimam que suas bibliotecas registraram apenas 10% do total. O crescimento inflacionário na Web é agora tão extremado que especialistas temem jamais ser capazes de acompanhá-lo em sua totalidade.

Um espaço até agora não existente, a cada ano esse novo domínio digital desempenha um papel maior na vida de um número crescente de pessoas. Como muitos "cidadãos da Internet", tenho agora correspondentes por e-mail no mundo todo. Pessoas com quem é difícil entrar em contato pessoal estão muitas vezes prontamente disponíveis on-line, sobretudo se trabalham na área acadêmica. Hoje, quase todas as instituições acadêmicas, centros de pesquisa e bibliotecas importantes dos Estados Unidos têm sites na Web. Através de meu computador pos-

---

* Literalmente "espinha dorsal": Rede de computadores capaz de transmitir e processar dados em alta velocidade, responsável por garantir o tráfego de informações entre redes menores a ela ligadas. Ou então: o canal principal de uma rede de computadores, ao qual todos os outros usuários e demais redes estão conectadas. A ARPANET, primeiro, e depois a NSFNet serviram como backbones da Internet. Existem hoje cerca de uma dezena de backbones na rede e, em 1999, os dois maiores – MCI WorldCom e SprintLink – concentravam cerca de 75% do tráfego da Internet. (N.R.T.)

so ter acesso aos catálogos da Biblioteca do Congresso e da biblioteca da UCLA, que está fisicamente localizada a apenas um quilômetro e meio de minha casa. Num futuro não muito distante, os próprios textos estarão on-line, como o conteúdo de muitas revistas e jornais já está. Por que comprar o *New York Times* em papel quando você pode lê-lo on-line e de graça? Além disso, no novo paradigma de publicação que está surgindo agora, muitos editores evitam por completo a impressão em papel e publicam apenas on-line.

Os negócios também estão marcando presença no ciberespaço. Ao que parece, todas as empresas, a começar pela IBM e a Nike, exibem agora um site na Web com conteúdo de relações públicas e informação sobre produtos. Um número cada vez maior de sites inclui também a possibilidade de compra on-line. Roupas, livros, cosméticos, passagens aéreas e equipamentos de computador (para citar apenas alguns itens) podem agora ser comprados através da Net. Segundo um relatório recente do Departamento de Comércio, dez milhões de pessoas nos Estados Unidos e no Canadá já tinham comprado alguma coisa on-line até o final de 1997. O relatório estima que o comércio eletrônico atingirá trezentos bilhões de dólares em 2002. O shopping center virtual chegou.

Fosse qual fosse a visão dos fundadores da Internet, o ciberespaço rompeu há muito tempo seu casulo acadêmico. Hoje em dia, metade dos garotos das faculdades americanas tem sua própria home page, desovando o que deve ser o maior arquivo da mente adolescente que jamais existiu. Um número cada vez maior de famílias está também se "mudando" para o ciberespaço, mantendo os entes queridos em exposição on-line na forma de instantâneos digitalizados de sua férias de verão. Com o advento do software de autopublicação na Web, a home page da família está destinada a se tornar tão ubíqua quanto o velho álbum de fotografias — e muito mais pública.

De maneira especialmente proeminente, o ciberespaço é um novo lugar para o convívio social e o jogo. Salas de conversa, grupos de discussão, canais IRC, conferências e fóruns on-line, além dos mundos de fantasia conhecidos como MUDs — tudo parece prometer um campo quase infinito para a interação social. Além disso, no ciberespaço é fácil procurar amigos com interesses semelhantes. Como escreveu Howard Rheingold, um pioneiro on-line, "ao passo que você não pode pegar o telefone e pedir uma ligação com alguém que queira conversar sobre arte islâmica ou vinho californiano, ou com alguém que tenha uma filha de três anos ou um Hudson de quarenta anos, você pode, no entanto, participar de uma conferência por computador sobre qualquer desses tópicos".[6] O nível da discussão em muitos fóruns públicos pode ser bastante variado, mas grupos *privados* de discussão sérios abundam sobre uma multiplicidade de tópicos, da exegese bíblica à física das partículas, da *Divina comédia* ao big bang.

Em meados de 1998, cem milhões de pessoas estavam se conectando regularmente com a Internet e estima-se que na próxima década haverá perto de um bilhão de pessoas on-line. Já com trezentos milhões de páginas, a World Wide Web está crescendo em um milhão de páginas por dia. Esse espaço formou-se, a partir do nada, em pouco mais de um quarto de século, o que faz dele o "território" de mais rápido crescimento da história.

Num sentido muito profundo, esse novo espaço digital está "além" do espaço que a física descreve, pois o ciberdomínio não é feito de forças e partículas físicas, mas de *bits* e *bytes**. Esses pacotes de dados são o fundamento ontológico do ciberespaço, as sementes das quais o fenômeno global "emerge". A afirmação de que o ciberespaço não é feito de partículas e forças físicas pode ser óbvia, mas é também revolucionária. Por não estar ontologicamente enraizado nesses fenômenos, o ciberespaço *não está sujeito às leis da física* e portanto não está preso pelas limitações dessas leis. Em particular, esse novo espaço não está contido em nenhum complexo hiperespacial dos físicos. Seja qual for o número de dimensões que os físicos acrescentem às suas equações, o ciberespaço continuará "fora" de todas elas. Com o ciberespaço, descobrimos um "lugar" *além do hiperespaço*.

Não deveríamos subestimar a importância desse desenvolvimento. Os portões eletrônicos do chip de silício tornaram-se, em certo sentido, um portal metafísico, pois nossos modems nos transportam para fora do alcance das equações dos físicos, levando-nos para um domínio inteiramente "outro". Quando "vou" ao ciberespaço, deixo para trás tanto as leis de Newton quanto as de Einstein. Ali, nem as leis mecanicistas, nem as relativísticas, nem as quânticas se aplicam. Quando me desloco de site em site da Web, meu "movimento" não pode ser descrito por *quaisquer* equações dinâmicas. A arena em que me encontro on-line não pode ser quantificada por *nenhuma* métrica física; minhas viagens ali não podem ser medidas por *nenhuma* régua física. O próprio conceito de "espaço" assume aqui um sentido novo, e ainda muito pouco compreendido, mas certamente fora do alcance dos físicos.

Ironicamente, o ciberespaço é um subproduto tecnológico da física. Os chips de silício, as fibras ópticas, as telas de cristal líquido, os satélites de comunicação, até a eletricidade que provê a Internet de energia são todos subprodutos dessa ciência sumamente matemática. No entanto, se não poderia existir sem a física, o ciberespaço não está tampouco confinado à concepção puramente fisicalista do real. No jargão da teoria da complexidade, o ciberespaço é um *fenômeno emergente*, algo que é mais que a soma de suas partes. Esse novo fenômeno "global" *emerge* da inte-

---

* De acordo com *The New Hacker's Dictionary*, "bit" foi cunhado em 1949 pelo cientista de computação John Turkey durante uma discussão de jantar sobre dígitos binários. "Byte", por outro lado, entrou no léxico na IBM em 1956 e veio a significar "igual a oito bits" – a unidade de memória ou de dado necessária para estocar um caractere em ASCII. (N.R.T.).

ração da miríade de seus componentes interconectados, e não é redutível às leis puramente físicas que governam os chips e as fibras de que inevitavelmente provém.

Tudo isto pode soar bastante radical, e muitos entusiastas do ciberespaço sugeriram que jamais existiu antes algo como o ciberespaço. Mas, ao contrário, há um paralelo histórico importante a traçar aqui com o dualismo espacial da Idade Média. Como vimos, naquele tempo os cristãos acreditavam num espaço físico descrito pela ciência (a que chamavam "filosofia natural") e num espaço não físico que existiria "fora" do domínio material. Esse espaço não físico era metaforicamente análogo ao mundo material, mas não estava contido no espaço físico. Embora houvesse conexões e similaridades entre os dois espaços, o espaço espiritual medieval era uma parte única da realidade, separada do espaço físico.

Assim também, o advento do ciberespaço nos faz retornar a um teatro dualista da realidade. Mais uma vez nos vemos com um domínio material descrito pela ciência e um domínio imaterial que opera como um plano diferente do real. Como no caso da visão medieval, há conexões e similaridades entre esses dois espaços. A comentadora N. Katherine Hayles observou, por exemplo, que não se pode ter nenhuma experiência do ciberespaço senão mediante os sentidos físicos do corpo: os olhos que contemplam a tela do computador ou as projeções estereoscópicas dos capacetes de realidade virtual, as mãos que teclam os comandos no teclado e controlam os joysticks, os ouvidos que ouvem os arquivos de som do Real Audio. Mas, se espaço físico e ciberespaço não são inteiramente separados, tampouco o segundo está *contido* no primeiro.

Num sentido profundo, o ciberespaço é *um outro* lugar. Solta na Internet, minha "posição" não pode mais ser fixada no espaço puramente físico. O "lugar" exato onde estou quando entro no ciberespaço é uma questão ainda em aberto, mas claramente minha posição não pode ser expressa em termos de uma localização matemática num espaço euclidiano ou relativístico — nem com qualquer número de extensões do hiperespaço! Como os medievais, nós, no tecnologicamente carregado Ocidente, na véspera do século XXI, nos confrontamos cada vez mais com uma realidade bifásica.

Mas que sentido tem falar sobre esse domínio digital como um "espaço"? De que tipo de espaço se trata? Alguns poderiam objetar que a arena on-line nada mais é que uma vasta biblioteca — ou, menos generosamente, uma vasta sopa — de informação desconexa e rebotalho. E não há dúvida de que há muito lixo on-line. Ainda assim, é importante reconhecer a natureza genuinamente espacial desse domínio. Seja qual for seu *conteúdo*, um novo *contexto* está surgindo aqui; um novo "espaço" está evolvendo.

O que está em questão, é claro, é o significado da palavra "espaço" e o que constitui um caso legítimo desse fenômeno. Afirmo que o ciberespaço não só é um caso legítimo desse fenômeno, mas que também é socialmente importante. Na "era da ciência", muitos de nós nos acostumamos tanto a pensar o espaço como algo puramente físico que pode nos ser difícil aceitar o ciberespaço como um "espaço" genuíno. No entanto, o neologismo de Gibson é apropriado, pois capta uma verdade essencial desse novo domínio. Quando "vou ao" ciberespaço, meu corpo permanece em repouso na minha cadeira, mas "eu" — ou pelo algum aspecto de mim — sou transportado para uma outra arena, que possui sua própria lógica e geografia, e tenho profunda consciência disso enquanto estou lá. Sem dúvida é uma espécie de geografia diferente de tudo que experimento no mundo físico, mas ela não se torna menos real por não ser material. Permitam-me enfatizar esta idéia: o fato de algo não ser material não significa que é irreal, como a tão citada distinção entre "ciberespaço" e "espaço real" implica. Embora destituído de fisicalidade, o ciberespaço é um lugar real. *Eu estou lá* — seja qual for o significado final desta afirmação.

Mesmo em nossa era profundamente fisicalista, recorremos à palavra "espaço" para descrever muito mais que o mero mundo físico. Falamos de "espaço pessoal', da necessidade de "espaço de manobra" em nossas relações, como se houvesse alguma espécie de espaço das relações. Usamos expressões como "espaço mental" e os psicanalistas lacanianos (seguindo Freud) acreditam que a própria mente tem uma estrutura espacial. Teóricos da literatura discutem o espaço literário e artistas discutem o espaço pictórico.

Os cientistas contemporâneos, por sua vez, consideram agora toda uma *série* de espaços não físicos. Os químicos que criam novas drogas falam em espaço molecular; os biólogos falam em espaços evolutivos de organismos potenciais; os matemáticos estudam espaços topológicos, espaços algébricos e espaços métricos; os teóricos do caos, que estudam fenômenos como o clima e pragas de insetos, consideram espaços de fases, como também o fazem os físicos que estudam o movimento das galáxias e o comportamento quântico dos átomos; e num artigo recentemente publicado na *Scientific American*, uma análise epidemiológica da difusão de doenças infecciosas propôs a idéia de espaços virais. "Espaço" é um conceito que veio a ter realmente enorme aplicação e ressonância no mundo contemporâneo.

Obviamente, o domínio on-line é um *espaço de dados*. Era esse conceito que estava no cerne da visão ciberpunk original de Gibson. Em *Neuromancer* e suas seqüências, Gibson imaginou que, quando punham seus capacetes ciberespaciais, seus "cowboys de console" eram projetados numa paisagem virtual de dados pela força do ilusionismo tridimensional gerado pelo computador. Ali, as reservas de dados das companhias globais estavam representadas como estruturas arquitetônicas. O banco de dados do Mitsubishi Bank, por exemplo, era um conjunto de cubos verdes, o da "Fission Authority" era uma pirâmide escarlate. Num belo exemplo de vida imitando arte, Tim Berners-Lee, o inventor da World Wide Web, disse que sua meta ao projetar a Web era implementar um espaço global de dados compartilhável, a que os pesquisadores do mundo inteiro pudessem ter acesso. Ainda estamos por realizar o pleno esplendor de realidade virtual (RV) da visão original de Gibson, mas o conceito essencial de um espaço de dados global já está manifestado na World Wide Web.

O ciberespaço tornou-se, porém, muito mais que um mero espaço de dados, pois, como observamos, grande parte do que ali se passa *não* está voltado para a informação. Como muitos comentadores frisaram, o ciberespaço é usado fundamentalmente não para coleta de informação, mas para interação social e comunicação — e também, cada vez mais, para entretenimento interativo, o que inclui a criação de uma profusão de mundos de fantasia on-line em que as pessoas assumem elaborados *alter egos*.

O que quero explorar neste primeiro capítulo sobre o ciberespaço são os modos como esse novo domínio digital funciona como um espaço para experiências mentais e jogos complexos. Nesse sentido, podemos ver o ciberespaço como uma espécie de *res cogitans* eletrônica, um novo espaço para o exercício de alguns daqueles aspectos da humanidade que não encontravam morada na imagem puramente fisicalista do mundo. Em suma, num determinado sentido, o ciberespaço se tornou um novo domínio para a mente. Em particular, tornou-se um novo domínio para a imaginação; e até, como muitos ciberentusiastas afirmam agora, um novo domínio para o "eu". Para citar Sherry Turkle, socióloga do ciberespaço do MIT: "A Internet tornou-se um importante laboratório social para a experimentação com as construções e reconstruções do eu que caracterizam a vida pós-moderna."[7] O que significa exatamente dizer que o ciberespaço é uma arena do "eu" é algo que devemos examinar com cuidado, mas a afirmação por si mesma merece nossa atenção.

O fato de estarmos em vias de criar um novo espaço imaterial de existência tem profunda significação psicossocial. Como estivemos documentando neste livro, qualquer concepção da existência de "outros" espaços "além" do espaço físico tornou-se extremamente problemática em face da visão científica moderna da realidade. Essa é uma das principais patologias do Ocidente moderno. A tentativa de Freud, com sua ciência da *psicanálise*, de reinstalar a mente ou a "psique" de volta no domínio do discurso científico continua sendo um dos mais importantes desenvolvimentos intelectuais do último século. No entanto, a ciência de Freud era manifestamente individualista. Cada pessoa que começa a fazer análise (ou qualquer outra forma de psicoterapia) deve trabalhar com sua psique individualmente. A psicoterapia é uma experiência eminentemente solitária. Além dessa experiência individualista, muitas pessoas anseiam também por algo comunal — algo que ligue suas mentes a outras. Está muito bem enfrentar os próprios demônios pessoais, mas muitos parecem querer também uma *vasta arena coletiva*, um espaço que possam compartilhar com outras mentes.

Esse desejo generalizado de algum tipo de arena mental coletiva se manifesta hoje no fervilhante interesse pelos fenômeno psíquicos. Nos Estados Unidos, serviços de atendimento psicológico por telefone estão florescendo, a crença no "plano astral" é generalizada e a mediunidade está em ascensão. Neste último caso, o reino coletivo proposto transcende a fronteira da morte, unindo vivos e mortos numa grande fraternidade do éter. Enquanto isso, a série de televisão *Arquivo X* nos oferece semanalmente promessas de outras realidades além do plano material, e as livrarias estão repletas de testemunhos de viagens a um domínio etéreo de luz e amor que supostamente nos espera após a morte. Um dos grandes atrativos do ciberespaço é oferecer uma *arena imaterial coletiva* não após a morte, mas aqui e agora, na Terra.

Nada demonstra tão claramente o potencial do ciberespaço como domínio psíquico coletivo quanto os fantásticos mundos on-line conhecidos como MUDs.[8] Significando "*multiuser domains*", ou "domínios multiusuários", ou, originalmente, "*multiuser Dungeons and Dragons*", os MUDs são mundos complexos de fantasia originalmente baseados no jogo de RPG Dungeons and Dragons que tomou conta das faculdades e escolas secundárias americanas no final da década de 1970. Como o apelido "Dungeons and Dragons" sugere, os MUDS originais eram fantasias medievais em que os jogadores se batiam com dragões e tinham de se orientar em meio a labirintos de masmorras em busca de tesouros e poderes mágicos. Hoje os MUDs tomaram a forma de uma imensa gama de mundos virtuais que vão muito além do meio medieval. Há o TrekMUSE, um MUD Jornada nas Estrelas em que os jogadores podem ascender através das graduações de uma Frota Estelar até capitanear sua própria nave interestelar. Há o DuneMUD, baseado na série de ficção científica de Frank Herbert, e o ToonMUD, um domínio de personagens de quadrinhos. O Elysium é um covil de vampiros e FurryMuck um país das maravilhas virtual povoado por animais falantes e híbridos homem-bicho como *esquilóides* e *lobóides*.

Como os bons romances, os MUDs bem-sucedidos geram a impressão de um mundo rico e crível. A diferença é que, enquanto o leitor de um romance encontra um mundo plenamente formado pelo escritor, os jogadores são ativamente envolvidos num processo de fabricação de mundo. Denominar é criar, e nos mundos MUD o simples ato de denominar e descrever é tudo que é preciso para gerar um novo alter ego ou "cibereu". Os participantes criam seus próprios personagens on-line, com uma breve descrição textual e um nome. "Johnny Manhattan", por exemplo, é descrito como "alto e magro, pálido como mozarela, com um chapéu displicente"; Dalgren é "um cogumelo inteligente que tagarela frivolamente cada vez que se chega perto dele"; e Gentila é "uma untuosa *esquilóide* vermelha, de pele fofa e lustrosa e longas e fartas madeixas que lhe caem em cascatas pelo dorso". Na ontologia desses cibermundos, você *é* o personagem que cria. Nas palavras de um jogador entusiasta, "você é quem você finge ser".[9] Quer ser uma tartaruga dada a citar poesias, um agente Klingon, ou Pato Donald? Num MUD isso é possível.

Participar de um MUD é quintessencialmente uma atividade comunal, em que os jogadores se integram plenamente ao tecido de uma *sociedade virtual*. Parte desse processo é a contínua evolução do próprio mundo. Embora o projeto básico de um MUD seja determinado pelos criadores do programa, geralmente conhecidos como "magos" ou "deuses", em geral os jogadores podem construir seus próprios aposentos ou domicílios. Usando comandos simples de programação, os jogadores "constroem" com software, ou simplesmente com uma descrição textual, um espaço privado para si ao seu próprio gosto. Os aposentos pessoais do MUD podem ser tão variados quanto uma casa numa árvore forrada de livros, uma cela acolchoada ou o interior de um aparelho de televisão. Em alguns MUDs os participantes podem construir estruturas maiores também. Assim, por exemplo, os cidadãos da estação espacial Cyberion City, no MicroMUSE, construíram para si um centro de ciências, um museu, uma universidade, um planetário e uma floresta pluvial.

Acima de tudo, um MUD é sustentado pelos *personagens* que o povoam. Para usar a frase famosa de William Gibson, um MUD é um exemplo paradigmático da "alucinação consensual" do ciberespaço.[10] Mundos de fantasia (seja on ou off-line) são sempre tão bons quanto as imaginações que os compõem, e nos MUDs de sucesso os demais jogadores estão tão interessados quanto você em levar sua natureza "esquilóide" a sério. Como o Unicórnio disse a Alice do outro lado do espelho: "Se você acreditar em mim, vou acreditar em você." Nos MUDs de sucesso, todos se empenham pela máxima convicção, em relação tanto ao próprio personagem quanto ao mundo como um todo.

A cerrada malha imaginária e social de um MUD significa que as ações de um jogador podem afetar as vidas virtuais de centenas de outros. Como no mundo físico, os relacionamentos são formados ao longo do tempo (não raro, ao longo de milhares de horas de interação on-line); confianças se estabelecem, laços se criam, responsabilidades resultam. A própria vitalidade e o vigor de um MUD emergem da vontade coletiva do grupo, em que o cibereu individual fica ligado a uma matriz social que não é menos real por ser virtual. Quando, como em alguns MUDs baseados em combate, um personagem é morto, há freqüentemente forte sentimento de perda pelo ser humano real que passara centenas de horas compondo o personagem. "Estripado" é a palavra que os jogadores usam porque, como explica Richard Bartle, co-criador do primeiro MUD, "é praticamente a única que descreve o quanto isso é horrível".[11]

O que à primeira vista pode parecer não passar de fantasias juvenis — animais falantes, tipos desligados e quadrinhos — pode, no entanto, vir a se revelar como domínios surpreendentemente complexos de exploração psicossocial. Uma amiga minha adepta do MUD me disse que, para ela, o jogo é uma maneira de expressar aspectos de si mesma que sente não serem aprovados pelo implacável otimismo do "sorria, e você será feliz" da empreendedora sociedade americana de nossos dias. A participação num MUD lhe parece dar lugar a um aspecto mais sombrio, entretanto mais "real" dela mesma. Para ela o MUD é menos um jogo que uma maneira de explorar e expressar aspectos importantes de seu "eu", que, a seu ver, não poderiam ser facilmente exercidos na sociedade concreta. Turkle, que vem estudando culturas MUD desde o início da década de 1990, observa que a experiência de minha amiga não é incomum. Segundo ela escreve, esses ambientes fantasiosos podem dar às "pessoas a possibilidade de expressar múltiplos, e freqüentemente inexplorados, aspectos do eu".[12]

Há aqui um paralelo com as máscaras. Como atores e xamãs atestam, máscaras são objetos poderosamente transformadores. Oculto sob um rosto falso, um homem pode "se tornar" um demônio destrutivo, um tonto ou um burro. Os descritores no MUD são máscaras digitais, fachadas que podem dar lugar a uma ampla variedade de expressão psicológica e ação, a que muitas pessoas nas sociedades modernas podem não ter acesso em suas vidas regulares, ou que não se sentem à vontade para manifestar concretamente. "Parte de mim", diz um dos jogadores de MUD de Turkle, "uma parte muito importante de mim, só existe dentro do PernMUD."[13] No ciberespaço, é possível ter um número indefinido de diferentes alter egos operando numa variedade de diferentes MUDs, pondo literalmente *em ação* diferentes cibereus em cada domínio de fantasia. Em *Computers as Theater*, a pesquisadora de realidade virtual Brenda Laurel traçou de fato um paralelo entre jogos de computador e mundos virtuais, por um lado, e o poder do drama clássico.[14]

Embora seja mais pronunciada nos MUDs, essa dramatização fantasiosa tem lugar também nas salas de conversa on-line, nos grupos USENET e no IRC. Em todos esses ambientes, cidadãos da Internet criam alter egos digitais — embora em geral não tão fantásticos quanto os encontrados nos MUDs. Como uma esfera publicamente acessível de jogo psicológico, o ciberespaço é, eu sugiro, uma ferramenta social importante. Esse domínio digital fornece um lugar em que pessoas do mundo inteiro podem criar *coletivamente* "outros" mundos e experiências. Nesses mundos, você pode não só expressar seus próprios alter egos, como participar de uma fantasia grupal, com a riqueza de textura gerada pelo trabalho conjunto de muitas imaginações.

Sob esse aspecto, os MUDs podem realmente ser vistos como uma variante de práticas que ocorrem em muitas culturas. Na sociedade grega antiga, por exemplo, o drama não era mero entretenimento, servia também como veículo de catarse psicológica coletiva. Ademais, em muitas culturas, o drama inclui o público, que se torna também *participante* de qualquer "realidade alternativa" que esteja sendo encenada. Tome, por exemplo, a famosa paixão de Oberammergau, na Alemanha. A cada década a cidade inteira participa de uma reencenação coletiva dos últimos dias de Cristo; o evento dura dias e transforma a cidade e com ela seus habitantes. Um modo como os MUDs podem ser vistos é como dramas coletivos, em que, igualmente, todos os membros de uma comunidade se tornam "atores". Cada um tem papel e um traje — e quantas falas quiser.

Mesmo em nossa era tecnológica, não é preciso recorrer ao ciberespaço para participar da representação de "dramas" coletivos. Dungeons and Dragons, de que os MUDs se originaram, é ele próprio um bem-sucedido RPG. Suas intermináveis novas versões — que incluem tramas medievais e de mistério — fornecem fartas oportunidades não eletrônicas para a criação de alter egos fantásticos. O mesmo fazem os jogos de tabuleiro de batalha, como Diplomacia, que tem por tema a Primeira Guerra Mundial. Em meados da década de 1980, estive intensamente envolvida por mais de um ano com um grupo que jogava Diplomacia, enquanto lutávamos pelo controle da Europa, fazendo e rompendo alianças uns com os outros. Sendo a Rússia, fiquei obcecada pelo meu papel, e ainda me lembro das agonias que acompanham a notícia da traição de um aliado; simultaneamente, é claro, havia a emoção do próprio sucesso sinuoso. Para a jogada final de nossa batalha de um ano inteiro, todos nos vestimos a caráter e nos reunimos para o desfecho. Resplandecente numa saia de veludo que arrastava pelo chão e de tiara, nessa noite fui "a Czarina".

Outra modalidade de teatro coletivo não eletrônico são os jogos de batalha com bonecos, como Warhammer, jogado por milhões de homens e meninos pelo mundo afora. Em vez de se tornar um personagem único, os jogadores de Warhammer comandam exércitos de Elfos da Floresta, Orks e coisas semelhantes. Os jogos são acompanhados por elaborados manuais que resumem a história, a mitologia, a psicologia e as estratégias de luta dos vários grupos. Em qualquer discussão sobre o drama coletivo contemporâneo, é preciso considerar também, é claro, os fãs inveterados de *Jornada nas estrelas*, os *trekkies*, muitos dos quais mergulham tão profunda e obsessivamente nesse mundo quanto qualquer adepto dos MUDs. O universo de Kirk, Picard e Janeway é um "mundo virtual" tão vital quanto os encontrados on-line.

Meu exemplo favorito de alter ego dramático não eletrônico é fornecido por Bruno Beloff, um analista de computador de Brighton, na Inglaterra. Regularmente, Beloff pinta seu corpo como uma zebra; depois, nu em pêlo exceto por essas camadas de tinta negra e branca, leva seu eu-zebra a público. As saídas da zebra incluem caminhadas pelo píer de Brighton, entradas no mar, e até visitas ao *pub* local. Para Beloff, "ser uma zebra é uma chance de ser verdadeiro com relação ao que sou, o que é uma fantástica libertação".[15] Outros encontram libertação semelhante em visitas de fim de semana a "*pony clubs*", onde passam os dias trotando de um lado para outro com arreios e as noites dormindo em estábulos, sobre palha. Teoricamente, opções como essas estão abertas para todos nós, mas na prática não é assim tão fácil ser zebra nas ruas de Manhattan ou nos subúrbios de Peoria. Sempre que o eu-zebra de Beloff está às soltas, sua namorada tem de ficar alerta para detectar a chegada da polícia — a nudez pública no píer de Brighton é tecnicamente ilegal.

Pouca gente tem meios, ou coragem, para seguir o exemplo de Beloff, e muitos nem sequer desejariam fazê-lo, mas, para os que desejam, o ciberespaço presta um serviço da maior utilidade. Sob a tela protetora de um computador, os MUDs abrem um espaço de jogo psicossocial para todos nós — isto é, para todos que podem ter um computador pessoal e pagar uma taxa mensal pela conexão com a Internet. No espaço abrigado de FurryMuck, milhares de pessoas do mundo inteiro se entregam à sua própria libertação animal, assumindo patas e asas virtuais, expondo dentes e garras virtuais, brincando em bucólicos parques virtuais, e (bem, *estão* sendo animais) desfrutando de doses liberais de concupiscência virtual. Podem fazer isso ali sem se preocupar com prisão ou com aprovação ou reprovação de pais e amigos. O importante é que o ciberespaço fornece um espaço publicamente acessível e seguro para esse jogo fantasioso. Abre literalmente um novo *domínio* para as pessoas representarem suas fantasias e experimentarem alter egos de maneiras que muitos de nós não nos arriscaríamos a fazer no mundo físico. Acredito que esse desenvolvimento deve ser bem-vindo, embora, como veremos, devamos ter cuidado para não nos deixarmos levar demais pelo otimismo nesta questão.

Talvez seja ao considerarmos exemplos mais terra-a-terra que o valor da representação ciberpsíquica fica mais evidente. O que mais se destaca aqui, e o que mais atraiu a atenção da mídia, é a flexão de gênero no ciberespaço. Não é surpresa que o MUD atraia, majoritariamente, jovens do sexo masculino; no entanto, diz Shannon McRae, uma pesquisadora do MUD e ela própria uma maga de MUD, "um número surpreendente desses jovens aproveita a oportunidade para experimentar interação social num corpo de mulher".[16] Embora seja fácil demais exagerar o poder subversivo de experiências como essas, os MUDs *podem* criar um espaço social em que o fluxo de gêneros seja mais fluido.

Essa fluidez pode ter conseqüências surpreendentes. Em termos estatísticos, um personagem feminino num MUD vai ser com freqüência um homem se fazendo passar por mulher. Por essa razão, mulheres físicas de verdade vêem com freqüência seus personagens importunados com exigências de que provem ser "realmente" mulheres. Numa arena em que mulheres podem "realmente" ser homens, homens à cata de mulheres vão muitas vezes acabar se associando não com uma mulher, mas com outro homem. Como não é raro que esses encontros terminem em gratificação física — "às vezes com uma das mãos no teclado, às vezes com duas"[17] —, esse polimorfismo virtual sugere que culturas MUD podem ser mais abertas que a sociedade em geral. Nos MUDs, como na maior parte das arenas on-line, é impossível determinarmos se nossos interlocutores têm alguma semelhança com os personagens sugeridos por seus descritores textuais.

Nos primeiros dias do ciberespaço, várias cibervizinhaças foram abaladas por descobertas de homens que se mascaravam de mulheres e usavam essa fachada para penetrar na intimidade de mulheres "reais". Aproveitavam-se do fato de que muitas mulheres tendem a conversar intimamente com outra mulher, de um modo como não o fariam com um homem. O famoso caso de "Joan", no canal CB da CompuServe, enfatiza como as pessoas podem "mudar" de gênero on-line. Em meados da década de 1980, quando se apresentou à comunidade CompuServe,

Joan era, segundo declarou, uma neuropsicóloga com vinte e tantos anos que fora deixada inválida, desfigurada e muda por um motorista bêbado. Apesar dessas seqüelas aterradoras, Joan era afetiva e espirituosa, dando apoio carinhoso a muitos na comunidade. As pessoas confiavam nela rapidamente, e as mulheres, em especial, se tornavam íntimas dela. Assim, para muitos foi um choque quando Joan foi desmascarada como um psiquiatra de Nova York que não era inválido, desfigurado, mudo, e muito menos mulher. "Joan" era de fato Alex, um homem, "que se tornara obcecado por seus próprios experimentos de ser tratado como uma mulher e de participar de amizades femininas".[18]

Contudo, o que tanto perturbou a comunidade CompuServe em meados da década de 1980 tornou-se rotina uma década depois. "Para mim não há corpo real", disse uma jogadora de MUD ao pesquisador on-line Mizuko Ito. "On-line", ela continuou, "é a maneira como você se descreve e a maneira como você age que constitui seu 'eu real'." Para ela, a identidade sexual de seus amigos e parceiros sexuais do MUD na vida real era de pouco interesse. Embora certamente não devamos nos deixar cegar por falso otimismo neste caso (a experiência de corpos físicos com identidade sexual *não pode* ser completamente suprimida com um teclado), há alguma coisa de positivo aqui. Como McRae observa: se on-line garotos podem brincar de ser garotas, e gays podem brincar de ser heterossexuais, e vice-versa, então no ciberespaço "'heterossexual', ou 'gay', 'homem' ou 'mulher' tornam-se não confiáveis como marcadores de identidade".[19] O importante aqui é que, como no ciberespaço rótulos não podem ser facilmente verificados, seu poder determinante é reduzido. O conceito de gênero, embora não se esvazie por completo, é ao menos parcialmente dissociado das rígidas restrições que nossos corpos físicos tão freqüentemente nos impõem. Aqui está um espaço que oferece, ainda que apenas de forma temporária e muito truncada, uma possibilidade de pelo menos vislumbrar outras maneiras de ser.

Os MUDs desempenham também genuíno papel terapêutico. Em seu livro *Life on the Screen*, Turkle descreve várias pessoas que usaram suas experiências nos MUDs como modos de lidar com problemas psicológicos muito reais. Robert, um universitário calouro cuja vida fora gravemente desintegrada por um pai alcoólatra, procurou na prática do MUD uma fuga do trauma e do caos de sua vida, chegando em certa altura a passar mais de cento e vinte horas por semana on-line, comendo e até dormindo rente ao computador. Mas as coisas tomaram um rumo mais sério quando ele aceitou responsabilidades administrativas num novo MUD, o que se revelou o equivalente de um emprego em tempo integral. Montar e dirigir um complexo mundo on-line é tarefa que exige consideráveis habilidades administrativas e, através da experiência de supervisionar o MUD, Robert adquiriu um novo senso de controle em sua vida. Além disso, pôde usar o MUD como um lugar para expressar seu próprios sentimentos pessoais de maneira construtiva, facilitando com isso melhores relacionamentos fora do MUD. Como ele disse mais tarde a

Turkle: "O computador é uma espécie de prática para se chegar a relacionamentos mais estreitos com pessoas na vida real."[20]

Isso me faz lembrar de um tipo de terapia popular no fim da década da 1970. Conhecida como "psicodrama", nela os pacientes representavam várias tramas relacionadas às próprias vidas e às de suas famílias. Também na terapia para maltratos na infância o desempenho de papéis é comumente usado — muitas vezes as crianças encenam enredos com bonecas ou outros brinquedos. Evidentemente, nem todas as experiências MUD são positivas. Para alguns, as portas da percepção digital se abrem apenas para a ilusão escapista e até para o vício. "Quando você está investindo setenta ou oitenta horas por semana em seu personagem fantasioso", diz Howard Rheingold, "não deve estar lhe sobrando muito tempo para uma vida social saudável."[21] Ou para quase mais nada.

O que poderia ser mais patético que a declaração de um jogador de MUD de que "isto é mais real que minha vida real?"[22] Um amigo meu quase perdeu um relacionamento antigo quando ficou tão obcecado pelo mundo on-line do LambdaMOO que começou a passar mais tempo com seus amigos "lá" do que com seu amor da "vida real". Mas, também nesse sentido, os MUDs não são únicos. *Todas* as atividades fantásticas — seja jogar Dungeons and Dragons, ir a convenções *Trekkie*, cheirar cocaína ou tomar bebida alcoólica — são passíveis de abuso. É claro que os MUDs encerram o problema adicional de serem facilmente acessíveis vinte e quatro horas por dia. Como "droga", são uma opção extremamente conveniente e das mais baratas.

Por todo o ciberespaço — em MUDs e salas de conversa, em grupos USENET e no IRC — cidadãos da Internet espalhados por todo o globo estão se engajando na experimentação e no jogo psicossocial. Em qualquer dia, a qualquer hora, milhares de pessoas no mundo todo estão lançando balões de ensaio psíquicos nesse novo espaço de ser. Muitos insistem em que suas vidas contêm uma dimensão que *não* é redutível fisicamente. Encarnados ou não, os "cibereus" são reais, o espaço de sua ação, embora imaterial, sendo uma parte genuína da realidade.

Esse dualismo induzido pelo ciberespaço só pode se intensificar. À medida que um número sempre crescente de meios de comunicação, empresas jornais, revistas, centros comerciais, cursos universitários, bibliotecas, catálogos, bancos de dados e jogos se tornarem disponíveis on-line, seremos cada vez mais forçados a freqüentar o ciberespaço — quer queiramos ou não. Meu afilhado, Lucien, está crescendo com a Internet; não conhece um mundo sem ela. Sua geração (pelo menos no mundo industrializado) provavelmente não terá escolha entre participar ou não desse novo espaço. Um prenúncio: a UCLA solicitou recentemente que cada um de seus cursos de graduação fosse suplementado por um site na Web. A educação é apenas uma área que se tornará cada vez mais on-line, seja em razão da necessidade de cortar custos, ou por genuíno desejo de melhorar o ambiente de aprendizado. Para Lucien e seus amigos, o ciberespaço será um mundo paralelo inevitável, em que *têm* de se engajar.

Antes que fiquemos perturbados demais com essa bifurcação da realidade, é bem lembrar que aqueles de nós que nasceram a partir de meados da década de 1950 já vêm convivendo com um mundo coletivo paralelo — aquele que fica do outro lado da tela da televisão. Nós que crescemos com *Feiticeira*, *Jeannie é um gênio*, *Gilligan's Island* e *Get Smart* — não estamos já participando de uma vasta "alucinação consensual"? Uma alucinação que, como na *Feiticeira*, está profundamente impregnada de qualidades mágicas (ver Figura 6.1.). O drama coletivo das novelas e comédias de situação — seja no cardápio da tarde de *Days of our Lives* e *General Hospital*, ou no noturno de *Melrose Place* e *Seinfeld* — não é "alucinação consensual" que engaja dezenas de milhões de pessoas no mundo inteiro todos os dias da semana? O que é a cidade de animação de Springfield em *Os Simpsons* senão um genuíno "mundo virtual"?

FIGURA 6.1. A "alucinação consensual" da televisão já preparou o caminho para o mundo paralelo do ciberespaço.

Convém lembrar também que, ao longo de toda a história humana, todas as culturas tiveram "outros" mundos paralelos. Para os cristãos da Idade Média, como vimos, era o mundo da alma descrito por Dante. Para os gregos antigos, era o mundo dos deuses olímpicos e uma profusão de outros seres imateriais — as Parcas, as Fúrias etc. Para o povo aborígine da Austrália era o mundo dos espíritos do "Tempo do Sonho". E assim por diante. Os espíritos do tempo do sonho não eram em nada mais substanciais que os personagens da televisão (ao contrário), quero apenas assinalar que uma *realidade em múltiplos níveis* é algo com que os seres humanos vêm convivendo desde a aurora de nossa espécie.

Com o mundo virtual da televisão, criamos mais uma vez, na segunda metade do século XX, um outro plano da realidade, e com isso preparamos o caminho para o novo dualismo do ciberespaço. Contudo, se esse dualismo de mundos físico e virtual não é algo de inteiramente novo, para nossos filhos e os filhos deles ele será enormemente ampliado. Como na Idade Média, eles irão cada ver mais *habitar* uma realidade bifásica.

Ingressando nessa nova era de ciberdualismo, podemos ter o desejo de lançar um novo olhar para o dualismo da Idade Média. Conseguiremos nos ver refletidos nesse espelho distante? Embora devamos ter cuidado para não nos deixar iludir por coincidências fortuitas, o estudo que Barbara Tuchman fez dos paralelos entre o século de Dante e o nosso não deixa de ter reflexos no ciberespaço.[23] De modo muito parecido com o ciberdomínio hoje, a vida eterna medieval servia como um mundo paralelo coletivo da imaginação.

Como os MUDs, a vida eterna medieval estava apinhada de vida não humana, semi-humana e supra-humana. Pense no Minos de Dante, o juiz demoníaco do Inferno, ou em Gerião, aquela criatura compósita, misto de homem, mamífero e serpente, que transporta Dante e Virgílio abismo abaixo até o Malebolge. Com seu corpo quimérico e seu pêlo brilhante e enroscado, não teria feito má figura no FurryMuck. E dê apenas uma espiada nas visões do Céu e do Inferno de Hyeronimus Bosch. Numa tela pequena, Bosch era capaz de invocar um mundo virtual inteiro povoado por um elenco imaginário de fazer inveja a qualquer mago do MUD. Além disso, como o ciberespaço, a vida eterna medieval era um lugar em que se podia encontrar amigos, e até amor. Como guia, mestre e protetor num lugar muitas vezes desnorteante, Virgílio é com certeza o amigo virtual paradigmático. E que modelo mais grandioso para o amor virtual que o que uniu Dante e Beatriz?

À margem de tudo mais que possa ser, a *Divina comédia* é também um dos mundos mais verdadeiramente "fabulosos" jamais invocados num texto. Em certo nível, é um *genuíno* MUD medieval. Os paralelos entre a *Divina comédia* e os mundos virtuais baseados no computador foram de fato notados por vários estudiosos. Segundo Erik Davis, ambos "tendem à complexidade barroca, contêm operações mágicas ou hiperdimensionais, e freqüentemente representam suas abstrações espacialmente".[24] Como vimos, a *Divina comédia* é organizada como uma hierarquia em múltiplos níveis: os nove círculos do Inferno, as nove cornijas do Purgatório e as nove esferas do Paraíso. A viagem de Dante é uma ascensão por essa escada. O mesmo ocorre em muitos MUDs medievais e de combate; os jogadores vão escalando múltiplas camadas de perícia. A ascensão virtual através de um MUD leva a pessoa finalmente à classe "transcendente" de "mago" — um ciberequivalente do eleito celestial de Dante?

Davis assinalou que um dos primeiros mundos virtuais baseados no computador, o jogo Adventure, também tem similaridades com o mundo de Dante. Como a primeira versão computadorizada de Dungeons and Dragons, Adventure inspirou diretamente o desenvolvimento dos primeiros MUDs. A missão do jogador de Adventure, lembrando muito a de Dante no Inferno, era avançar por um perigoso labirinto de cavernas subterrâneas até emergir na luz do lado de fora. No caminho, procuravam-se tesouros e fórmulas mágicas, decifravam-se enigmas e matavam-se duendes. O cronista da indústria dos computadores, Stephen Levy, sugeriu que Adventure podia ser visto também como uma metáfora da própria computação. Durante o jogo, os participantes decifravam o código desse mundo virtual de modo muito parecido como um hacker decifraria o código de sistema operacional de computador. A decifração de códigos ocultos em mundos virtuais é também um tema de destaque em muitas ciberficções, em especial em *Neuromancer* de Gibson e em *Snow Crash* de Neal Stephenson. Da mesma maneira, os especialistas em Dante enfatizam que o mundo virtual da *Divina comédia* é um enigma complexo de códigos ocultos sutis.

Decifrar esses códigos, interpretar os padrões multiformes tanto do mundo de Dante quando do poema que o descreve, tornou-se uma atividade favorita dos estudiosos do poeta, que compõem nesse sentido uma espécie de *intelligentsia* medievalista hacker. Durante o último século, eles revelaram grande número de padrões ocultos na prosa e no mundo de Dante. "Estes se distribuem desde achados relativamente acessíveis — [como] a compreensão de que cantos de números iguais no *Inferno*, *Purgatorio* e *Paradiso* têm importantes vínculos temáticos — a descobertas verdadeiramente abstrusas sobre as posições de palavras ou rimas críticas."[25]

Encontraram-se padrões na disposição espacial dos três reinos da vida eterna, no arranjo simétrico das seqüências oníricas no Purgatório, no número de linhas de cada canto, na distribuição de cantos mais longos e mais curtos, e assim por diante. Sob a sublime poética da *Divina comédia*, reside uma deslumbrante subestrutura de códigos ocultos. Em reconhecimento à suprema habilidade de Dante como mago codificador, os pesquisadores da Lucent Technologies, que estão atualmente desenvolvendo um revolucionário sistema operacional baseado na Internet, chamaram seu sistema de "Inferno". A esperança deles é que, à medida que o ciberespaço vá se tornando a fonte primordial de recursos de computação, o Inferno venha a ser o sistema operacional padrão global, usurpando o lugar do DOS e do

Windows da Microsoft. Desse modo Bill Gates seria, por assim dizer, destronado por Dante.

Sugeri que o novo ciberdualismo é um desenvolvimento a ser saudado, mas faríamos bem em considerar cuidadosamente o que o ciberespaço permite e não permite. Mais do que a maioria das novas tecnologias, o ciberespaço é cercado por enorme publicidade. Endossei a opinião de que o ciberespaço fornece um novo espaço para a experimentação com várias facetas da individualidade, mas alguns ciberentusiastas vão muito além disso. Em *Life on the Screen*, Sherry Turkle propõe que, nesta idade pós-moderna do ciberespaço, a unidade do "eu" é uma ficção fora de moda. Segundo ela, o ciberespaço fornece oportunidade para a cisão do eu numa *multiplicidade* radical.

Ao discutir a noção de múltiplos eus, Turkle recorre ao conceito computacional de "janelas", o paradigma de software que permite a um usuário de computador trabalhar com vários tipos de arquivo ao mesmo tempo, cada um (digamos, uma planilha, um documento de processador de texto e um arquivo gráfico) constituindo uma "janela" separada. "Na prática diária de muitos usuários de computador", Turkle nos diz, "as janelas se tornaram uma poderosa metáfora para a concepção do eu como um sistema distribuído múltiplo." Cito a passagem por inteiro porque ela me parece chave. No ciberespaço, diz Turkle:

> O eu já não está desempenhando diferentes papéis em diferentes cenários em diferentes momentos, algo que uma pessoa experimenta quando, por exemplo, acorda como amante, prepara o café da manhã como uma mãe e vai de carro para o trabalho como uma advogada. A prática real das janelas é a de um eu descentrado que existe em muitos mundos e desempenha muitos papéis ao mesmo tempo. No teatro tradicional e nos jogos de RPG que têm lugar num espaço físico, entramos e saímos dos personagens; os MUDs, em contraposição, oferecem identidades paralelas, vidas paralelas. A experiência desse paralelismo nos estimula a tratar as vidas na tela e fora dela com surpreendente grau de eqüidade. Experiências na Internet expandem a metáfora das janelas — agora a própria vida real [como um de seus sujeitos jogadores de MUD observa] pode ser "apenas mais uma janela."[26]

Sem dúvida é verdade que, no final do século XX, a maioria de nós administra diferentes papéis em nossas vidas diárias. Nessa medida somos todos seres multifacetados. Mas sugerir, como Turkle o faz, que o ciberespaço oferece "identidades paralelas, vidas paralelas" equivalentes às nossas vidas e identidades físicas é ir longe demais. Nos casos verdadeiros de personalidade múltipla, de que "Sybil" é um exemplo famoso, as pessoas são profundamente traumatizadas e sofrem de grave disfunção psicológica. Brincar de ser um peixe cantante ou uma pessoa do sexo oposto podem realmente ser experiências positivas, mas acreditar que são *equivalentes* à vida concreta é engano. Em outra passagem de seu livro, Turkle nos diz que "alguns [jogadores de MUD] experimentam suas vidas como 'alternando-se ciclicamente' entre o mundo real e uma série de mundos virtuais".[27] Para alguns jogadores, ao que parece, esses cibereus se tornam tão "reais" que eles questionam a posição privilegiada do eu físico. Como diz um de seus entrevistados: "Por que conferir uma posição tão superior ao eu que tem o corpo, quando os eus que não têm corpos são capazes de ter tipos diferentes de experiência?"[28]

Uma resposta é que "o eu que tem o corpo" morre *realmente*. Se um cibereu é morto, ou mesmo se um computador hospedeiro sofre um desastre e um mundo MUD inteiro desaparece (como por vezes ocorre), é sempre possível reiniciá-lo, ou se pode criar um novo personagem e começar de novo. A experiência pode não ser exatamente como a que se teve com o personagem anterior, mas fica muito longe da morte física que pára o coração. Além disso, o eu com o corpo físico fica doente *realmente*, sente dor realmente, e, o que é crucial, está preso a uma rede social de outros eus físicos que não pode suprimir simplesmente desligando o sistema. Eventualmente, as pessoas abandonam suas vidas físicas e desaparecem, mas isso é raro, precisamente porque, no mundo físico, *dependemos fisicamente* dos cuidados e do apoio uns dos outros. Laços sociais estabelecidos no ciberespaço podem ser, e muitas vezes são, profundos e poderosos, mas essas "vidas paralelas" *não* são equivalentes às vidas que experimentamos com nossos corpos físicos.

O que talvez seja mais perturbador nessas asserções, como a filósofa Christine Wertheim assinalou, é que a idéia de que podemos *refazer* por completo nossos "eus" on-line obscurece as significativas dificuldades enfrentadas para conseguir mudança psicológica real.[29] A noção de que podemos nos *reinventar* radicalmente no ciberespaço e criar "identidades paralelas" inteiras sugere que o próprio conceito de individualidade é infinitamente maleável e submetido ao nosso controle. Na visão de Turkle, o eu se torna uma espécie de plastilina psíquica de total flexibilidade. O que essa visão falseia é a enorme carga de modelação e formação psicológica que é imposta a um indivíduo por sua criação, sua sociedade e seus genes. Essa modelação, que ocorre em grande parte quando somos muito jovens, não pode em geral ser destruída ou rearranjada senão mediante árduo e enorme trabalho psicológico. Embora eu acredite sinceramente que cada um de nós tem a capacidade de mudar profundamente seu "eu", a autotransformação real é extraordinariamente difícil — razão por que uma psicoterapia é em geral um processo tão longo.

Brincar de ser um esquilóide ou um Klingon, seja qual for seu valor genuíno, simplesmente não é uma experiência de mudança de identidade. "Eu" posso desempenhar um número qualquer de personagens diferentes on e off-line, mas isso não significa que fique fragmentada. Em cada uma dessas situações, continuo sendo eu mesma, a menos que me torne uma verdadeira personalidade cindida, como Sybil, caso em que provavelmente serei internada. Além disso, há o problema de que, se vamos realmente acreditar que pessoas sãs podem ser personalidades cindidas, como seremos capazes de definir responsabilidades? Se um de meus "alters" comete um assassinato, significa isso que "eu" sou responsável? Quem iria a julgamento? Nossa meta certamente não deveria ser estimular a idéia de autofragmentação, mas antes aprender a melhor conter paradoxos no interior do eu *uno*. Sem dúvida há partes de mim que discordam entre si, mas vejo como um sinal de minha maturidade crescente o fato de que já não busco unidade interna total quanto a todas as questões.

A vida no corpo físico — a que os jogadores de MUD se referem tão curiosamente como RL (isto é, *real life*) — não é a totalidade da *vida real*. Em nossa era materialista, atribuímos em geral, em nosso discurso sobre a realidade, um lugar subalterno demais à vida interior da mente. Mas, aos reintroduzirmos a "mente" em nossa concepção do real, não convém cometer o erro *oposto* de negar o papel único e insubstituível do corpo. Em certo sentido, tudo isto não passa de mais uma iteração da antiqüíssima tensão mente-corpo na cultura ocidental. Nos últimos séculos, o corpo esteve sem dúvida no primeiro plano em nosso pensamento, o que certamente não é saudável; no entanto deveríamos também estar atentos para não deixar o pêndulo oscilar demais na outra direção. A vida concreta *não* é "apenas mais uma janela", e deveríamos resistir firmemente a esforços para promovê-la como tal.

A meu ver, o valor do ciberespaço não está em permitir que nos tornemos múltiplos eus (uma idéia que parece patológica), mas antes em incentivar uma visão mais fluida e expansível do eu *uno*. Será o que Turkle tem em mente como um "eu descentrado"? O importante é que se admitimos (como acredito que devemos) que uma parte de meu eu "vai" ao ciberespaço quando me conecto com um MUD ou com a rede, devemos também reconhecer que uma parte do meu eu também "vai" em cada carta que escrevo. Se preferirmos, meu eu "vaza" nas cartas e histórias que escrevo, e até nas conversas que tenho pelo telefone. Se mantenho uma longa correspondência pelo correio convencional (como se sabe que fiz), num certo sentido o "eu" dessas cartas é também uma extensão de mim. Também ele se torna uma espécie de alter ego virtual. Nas palavras de Christine Wertheim, mesmo off-line, "estou expandindo a mim mesma por toda parte".

Não pretendo com isso negar que o ciberespaço forneça um *novo espaço* para essas extensões do eu — e um espaço que é, ademais, extremamente público. Quero apenas assinalar que os tipos de auto-extensão do eu que ocorrem on-line também ocorrem em nossas vidas off-line. Por certo, isso não assume em geral formas tão dramáticas quanto as que o ciberespaço permite, mas, ainda assim, essas extensões ou extrapolações do eu acontecem.

Uma questão que surge, portanto, é *onde termina o eu*? Se o "eu" continua pelo ciberespaço adentro, então digo que também "continua" através do correio ou pelo telefone. Ele se torna quase como um *fluido*, vazando à nossa volta o tempo todo e unindo a todos nós num vasto oceano, ou teia, de relacionamentos com outros eus vazantes. Nesse sentido, o ciberespaço torna-se uma esplêndida metáfora para ressaltar e trazer à nossa atenção esse aspecto crucial de nossas vidas. Como Wertheim observa, a Internet torna *explícito* um processo que já está se desenrolando à nossa volta o tempo todo, mas que nós no Ocidente moderno tendemos com demasiada freqüência a esquecer. Ao pôr em foco o fato de que estamos todos ligados numa teia de eus inter-relacionados e fluidos, a Internet nos presta um serviço inestimável.

Outra maneira de considerar isso é dizer que cada um de nós "ocupa" um "volume" de algum tipo de "espaço do eu", um espaço que nos "abrange" tão profundamente quanto o espaço físico descrito pela ciência moderna. Esse "espaço do eu" coletivo, esse oceano comunal de eus vazantes, nos interliga como seres psicossociais. Sei bem que, nesta era materialista, tal afirmação será recebida com zombaria em algumas áreas. Neurocientistas e filósofos como Daniel Dennett e Paul e Patricia Churchland, que afirmam que a mente humana pode ser plenamente explicada em termos de modelos neurológicos materialistas, vão sem dúvida escarnecer de qualquer noção de "espaço do eu". Mas sugiro que algo semelhante é precisamente o que *experimentamos* como seres pensantes, emotivos. Exatamente essa idéia está codificada em muitos sistemas religiosos e mitológicos.

Não pretendo afirmar aqui que o "espaço do eu" existe *independentemente* do espaço físico, como algo ontologicamente separado. Obviamente, meu "eu" só existe porque há um corpo físico em que se enraíza. Ao mesmo tempo, "eu" não estou restrita puramente ao espaço desse corpo. Como Descartes reconheceu, há um sentido em que sou primeiro e acima de tudo um ser imaterial. Após trezentos anos de fisicalismo, o ciberespaço ajuda a explicitar, mais uma vez, algumas das extensões *não físicas* da essência humana, sugerindo novamente as limitações inerentes de uma concepção materialista, estritamente reducionista da realidade. Mais uma vez, desafia-nos a contemplar, além do dogma fisicalista, uma concepção mais complexa e nuançada tanto de nós mesmos como do mundo à nossa volta.

SETE

Ciberespaço da alma

> Comecemos com o objeto de desejo. Ele existe, existiu durante todos os tempos, e continuará eternamente. Prendeu a atenção de todos os místicos, feiticeiros e hackers o tempo todo. É o Graal. A mitologia do *Sangraal* — o Santo Graal — é o arquétipo da iluminação revelada apenas entrevista. A revelação do graal é sempre uma experiência pessoal e única. ... Sei — porque ouvi isso inúmeras vezes e de muitas pessoas por todo o mundo — que esse momento de revelação é o elemento comum em nossa experiência como uma comunidade. O graal é nosso porto seguro.[1]

À primeira vista, esta declaração tende a soar como uma expressão de fé religiosa. Com seu foco no Santo Graal, certamente a "comunidade" referida deve ser cristã. A pista de que não se trata disso está na segunda frase. O que faz lá a palavra "hackers"? De fato, este não é um extrato de uma fala num encontro cristão pentecostal, mas do discurso de encerramento de uma conferência de programadores do ciberespaço e de realidade virtual. O discurso foi feito por Mark Pesce, um dos criadores da VRML, Virtual Reality Modeling Language. Com a VRML, Pesce é uma força-chave sob a tecnologia que está permitindo a mundos on-line serem expressos graficamente, aproximando-nos assim da visão original do ciberespaço de Gibson.

Como alguém cujo trabalho contribui centralmente para a realização visual do ciberespaço, Pesce é um homem de considerável influência na comunidade de criadores e técnicos do ciberespaço. Suas idéias aqui merecem atenção. Que vem a ser esse "momento de revelação" que ele define como "o elemento comum em nossa experiência como uma comunidade"? Qual é exatamente a experiência quase mística que esses ciberarquitetos aparentemente partilham?

Segundo Pesce, para cada indivíduo ela assume uma forma única. Para ele, pessoalmente, tomou a forma de um conto de William Gibson — um primeiro precursor de *Neuromancer*. Fiel ao arquétipo místico que esboça em seu discurso, Pesce contou a seus cibercolegas que a experiência ocorreu num momento de crise:

ele acabara de ser afastado do MIT e estava indo para casa de ônibus para dar a notícia aos pais. Para matar o tempo nessa longa viagem, havia comprado um exemplar da revista *OMNI*, onde descobriu a incursão seminal de Gibson no terreno do ciberpunk. A história, ele conta, "deixou-me deslumbrado com seu brilhantismo, empapado de suor, inteiramente seduzido. Pois ali, perfeitamente expresso no primeiro parágrafo na disparatada palavra "ciberespaço", eu descobrira uma beleza sublime; ali, na arquitetura visível da razão, estava a verdade".[2] Tudo que veio depois, continua ele, até "nosso comparecimento aqui hoje — é simplesmente a busca metódica de recuperar a visão de um objeto que declara sua existência fora do tempo".

A religiosidade quase extática subjacente ao relato que Pesce faz de sua iniciação ao ciberespaço, e sua insistência em que tais experiências são "o elemento comum" que interliga a comunidade de seus programadores, alerta-nos para a fase final da história do espaço que quero explorar neste livro. Acabamos de ver como o ciberespaço está sendo apresentado como um domínio para o "eu"; neste capítulo, exploramos de que modo está sendo apresentado também como um novo tipo de espaço espiritual — e até como um domínio para a "alma".

De uma maneira ou de outra, quase todos os principais paladinos do ciberespaço manifestaram uma atitude "religiosa". Kevin Kelly, da revista *Wired*, não está sozinho em absoluto ao ver "dados da alma" no silício. O guru da RV Jaron Lanier observou: "Vejo a Internet com uma versão sincrética do ritual cristão, realmente. Há essa sensibilidade e transcendência que é regularmente aplicada aos computadores. De onde veio isso? É uma idéia cristã."[3] Falando em outra conferência, Pesce disse que "parece razoável supor que as pessoas vão querer render culto" no ciberespaço. Em outra ocasião referiu-se a "partes divinas de nós mesmos, que invocamos naquele espaço".[4]

E não nos esqueçamos da afirmação da animadora de RV, Nicole Stenger, de que "do outro lado de nossa luva de dados ... vamos todos nos tornar anjos". Como Pesce, Stenger também experimentou um momento de revelação quase-mística que a precipitou na profissão do ciberespaço. Para ela, aconteceu quando assistia a um trabalho inicial de animação por computador. Ao descrever a experiência, declarou que o animador "havia nos revelado um estado de graça, sintonizando um comprimento de onda em que imagem, música, linguagem e amor pulsavam numa só harmonia".[5] Segundo Stenger, os "que decidissem seguir a luz" iriam "encontrar um fio comum unindo ciberespaço, sonho, alucinação e misticismo".[6]

Em algumas obras de ciberficção, o ciberespaço se torna ele próprio uma espécie de entidade divina. Na continuação de *Neuromancer*, *Mona Lisa Overdrive*, uma das inteligências artificiais super-humanas que habitam o ciberespaço do romance explica que a "matriz" (isto é, a Internet) exibe qualidades de onisciência e onipotência. Será a matriz Deus? pergunta um ser humano bestificado. Não, somos informados, mas seria possível dizer que "a matriz tem um Deus".[7] Como o antropólogo David Thomas observou, o romance de Gibson sugere "que o ciberespaço deve ser compreendido não apenas em termos socioeconômicos estreitos, ou em termos de uma cultura paralela convencional, mas também ... [como uma] divindade cibernética criativa potencial".[8]

Quer os paladinos do ciberespaço sejam ou não crentes religiosos formais (como Kevin Kelly), com muita freqüência encontramos em suas discussões sobre o domínio digital uma "valorização religiosa" dessa esfera, para usar a pertinente expressão do estudioso das religiões Mircea Eliade. Afirmações como a de Stenger de que "o ciberespaço vai parecer o Paraíso", trazem à mente a noção de Eliade de que, mesmo em sociedades seculares, "o homem ... nunca é capaz de suprimir por completo o comportamento religioso".[9] Quer isso se aplique ou não ao "homem" em geral, sem dúvida parece muito apropriado para o homem cibernáutico.

Essa projeção de sonhos essencialmente religiosos no ciberespaço não é, como já sugeri, particularmente surpreendente. Como um novo espaço imaterial, o ciberespaço constitui um alvo quase irresistível para anseios desse tipo. Por sua herança tanto grega quanto judaico-cristã, a cultura ocidental tem em si uma profunda tendência ao dualismo que *sempre* associou a imaterialidade com a espiritualidade. A própria Stenger explica como o ciberespaço corresponde a esse padrão. Na antologia *Cyberspace: First Steps* ela cita, ratificando-a, a concepção de Eliade de que, para os povos religiosos, o espaço não é homogêneo, mas dividido em domínios distintos, o "sagrado" e o "profano". Segundo Stenger, sendo um espaço de tipo diferente do "espaço profano" no mundo físico, o ciberespaço "está claramente de acordo com a visão de Eliade" de espaço sagrado.[10] Ela argumenta que, de fato, o ciberespaço cria "as condições ideais" para o que Eliade chama de "*hierofania*" — isto é, "uma irrupção do sagrado".[11]

Ao longo de toda a história, em culturas espalhadas por todo o globo, a religião desempenhou um papel central na vida das pessoas, e como o atesta a imensa onda atual de entusiasmo religioso e quase religioso, o desejo de uma "vida espiritual" persiste hoje nos Estados Unidos. Através de oração, meditação, retiros, cultos domésticos, mediunidade e drogas psicotrópicas, as pessoas pelo país inteiro estão buscando portais de uma espécie ou de outra. E os Estados Unidos estão longe de estar sozinhos nessa tendência: pelo mundo todo, do Irã ao Japão, o fervor religioso está em ascensão. Nessa atmosfera, algo como o ciberespaço dificilmente poderia ter aparecido em melhor hora. Era talvez inevitável que o surgimento de um novo espaço imaterial precipitasse uma enxurrada de sonhos tecnoespirituais. Que esse local de esperança religiosa esteja se realizando através dos subprodutos da ciência — a força que excluiu de maneira tão efetiva o espaço da alma da imagem medieval do mundo — é por certo uma das maiores ironias de nosso tempo.

Falando sobre os sonhos que as pessoas projetam na ciência e na tecnologia, a filósofa Mary Midgley escreveu: "Observar o funcionamento da imaginação científica não é uma opção amena. [Essa imaginação] não é mero divertimento inofensivo, permitido. Ela desempenha um papel na conformação das visões de mundo que determinam nossos padrões de pensamento — os padrões pelos quais julgamos o que é possível e plausível".[12] Como um subconjunto da imaginação científica, a ciberimaginação está se tornando uma força poderosa na modelação de nosso mundo, e seria conveniente que observássemos atentamente seu funcionamento. Quais são, então, as formas particulares da ciber-religiosidade? Quais são os ideais específicos que esses tecnoespiritualistas estão começando a julgar "possíveis e plausíveis"? Que significa tudo isso? Estas são questões a que devemos responder.

Os sonhos religiosos acerca do ciberespaço começam com a visão da Cidade Sagrada — aquela pólis transcendente em que se ingressa pelos lendários portais do Paraíso. A conexão entre o ciberespaço e a Nova Jerusalém foi explicitada com todas as letras pelo comentador Michael Benedikt. Ele explica que a Nova Jerusalém, como o Jardim do Éden, é um lugar onde o homem vai viver na plenitude da graça de Deus, mas, "enquanto o Éden (antes da queda) representa nosso estado de inocência, de fato de ignorância, a Cidade Sagrada representa nosso estado de sabedoria e conhecimento".[13] A Nova Jerusalém, portanto, está enraizada em *informação*.

No *Apocalipse*, essa característica-chave da Cidade Sagrada é assinalada por uma geometria extremamente estruturada, que é vislumbrada no uso repetido dos números doze, quatro e sete na sua descrição. Nesse sentido, a Cidade Sagrada sugere um fulgurante enigma numerológico, que, em contraste com o caos do Éden, é o supra-sumo do rigor e da ordem. Ela está arranjada como uma bela equação", diz Benedikt. Segundo ele, a Cidade Sagrada realmente é nada menos que "uma visão religiosa do ciberespaço".[14] Se vê a Nova Jerusalém como uma previsão cristã do ciberespaço, Benedikt sugere reciprocamente que o ciberespaço poderia ser uma versão digital da Cidade Sagrada.[15]

Num nível puramente visual, a descrição mais famosa do ciberespaço — a de Gibson em *Neuromancer* — apresenta de fato uma perturbadora semelhança com a Cidade Sagrada bíblica. Ali também encontramos um domínio de geometria e luz que é "cintilante, insubstancial", e "arranjado como uma bela equação". Ali também há uma "cidade" resplandecente adornada com "jóias" — os grandes bancos de dados de companhias que decoram a "matriz" com uma profusão rutilante de pirâmides azuis, cubos verdes e rombóides cor-de-rosa. Feita puramente de dados, ali está uma pólis idealizada de ordem cristalina e rigor matemático.

Acima de tudo, a visão cristã da Cidade Sagrada é um sonho com a transcendência. O sonho de transcender a sordidez e o caos, e, acima de tudo, transcender as limitações do corpo. Para os eleitos no Céu, o *Apocalipse* 21:4 nos diz: "O próprio Deus enxugará cada lágrima dos seus olhos, e morte não haverá mais; tampouco haverá mais pranto ou dor, pois o mundo antigo passou." No Céu, temos a promessa de que os "pecados da carne" serão apagados e os homens serão como anjos. Entre muitos paladinos do ciberespaço, encontramos também um anseio de transcendência em face das limitações do corpo. Também aqui testemunhamos um desejo da aniquilação da dor, da restrição e até da morte.

Em todos os romances cyberpunk de Gibson, o corpo é depreciado como "carne", sua natureza de prisão é contrastada com a liberdade irrestrita de que os cowboys de console desfrutam no espaço infinito da matriz. Como o Adão bíblico, Case, o herói de *Neuromancer*, experimenta sua expulsão do ciberespaço, e seu subseqüente "aprisionamento" na carne, como "a Queda". Da afirmação de Lanier de que "essa tecnologia promete transcender o corpo" às esperanças de Moravec num futuro em que seremos "libertos da servidão a um corpo material", o que Arthur Kroker chamou de "vontade de virtualidade" ecoa pelo discurso sobre o ciberespaço.

Sonhando com o dia em que seremos capazes de, num download, nos introduzirmos a nós mesmos em computadores, Stenger imaginou que no ciberespaço vamos criar *doppelgängers* (duplos) virtuais que permanecerão jovens e magníficos para sempre. Em contraste com nossos corpos físicos, esses simulacros ciberespaciais não terão idade nem ficarão doentes, não terão rugas nem se cansarão. Segundo Stenger, o "presente eterno [do ciberespaço] será visto como a Fonte da Juventude, em que você se banha e refresca para emergir um jovem cintilante".[16] À medida que "re-surgirmos" no ciberespaço, Stenger sugere, vamos adquirir o "hábito da perfeição".[17]

Nada sintetiza melhor o desejo cibernauta de transcender as limitações do corpo do que a fantasia de abandonar a carne completamente introduzindo-se na *ciberimortalidade*. No final de *Neuromancer*, uma versão virtual de Case é introduzida na matriz para viver eternamente num pequeno ciberparaíso. O herói seguinte de Gibson, Bobby Newmark, encontra um destino semelhante quando, no final de *Mona Lisa Overdrive*, também é introduzido na eternidade digital. O sonho da ciberimortalidade foi pressagiado no que é hoje reconhecido como a primeira ciberficção clássica, a novela *True Names*, de Vernor Vinge (publicada em 1981, três anos antes de Gibson cunhar a palavra "ciberespaço"). No final da história de Vinge, a mulher física por trás da ciber-heroína, conhecida on-line como "a bruxa vermelha Erythrina", está transferindo gradualmente sua personalidade para um construto do ciberespaço. "Cada vez que vou lá", ela explica, "transfiro um pouco mais de mim mesma. A semente está se transformando numa verdadeira Erythrina, que é também verdadeiramente eu."[18] Um "eu" que "viverá" para sempre no ciberespaço depois que a mulher física morrer.

Há, no entanto, um paradoxo em ação sob esses sonhos. Ainda que muitos entusiastas do ciberespaço anseiem por escapar das limitações do corpo, a maioria também se apega às glórias da encarnação física. Podem não gostar da finitude corpórea, especialmente no que diz respeito à morte, mas, ao mesmo tempo, desejam as sensações e os frêmitos da carne. No seu ciberparaíso tropical, Case se delicia com o calor do sol nas suas costas e a sensação da areia rangendo sob seus pés. Acima de tudo, deleita-se no êxtase do sexo com sua cibernamorada Linda Lee. Talvez o herói de Gibson não tivesse podido levar sua carne para o ciberespaço, mas foi premiado com a plenitude dos prazeres do corpo.

O olhar ambivalente que os cibernautas lançam ao corpo é indicado pela própria metáfora do "surfe" que eles escolheram. Quem mais do que um surfista se deleita na alegria singular da encarnação física?

Comentando esse paradoxo, Steven Whittaker descreveu o típico entusiasta do ciberespaço como "alguém que deseja a encarnação e a desencarnação ao mesmo tempo. Sua máquina ideal iria falar aos seus sentidos, e não obstante libertá-lo do corpo. Sua visão é tal que ama a possibilidade sensorial enquanto odeia os limites do corpo."[19] Em outras palavras, quer guardar a torta e comê-la — desfrutar os prazeres do corpo físico, mas sem nenhuma de suas fraquezas ou restrições.

Mas essa não é também a promessa da escatologia cristã? Reembrulhado em roupagem digital, esse é o sonho do "corpo glorificado" que os eleitos do Céu podem esperar quando vier o Juízo Final. Como vimos no capítulo 1, a ressurreição de Cristo sempre foi interpretada pelos teólogos ortodoxos como significando que, quando a última trombeta soar, os virtuosos ressuscitarão tanto em *corpo* quanto em alma. "A pessoa não é a alma" apenas, escreveu são Boaventura, "é um compósito. Por isso está estabelecido que [a pessoa no Céu] estará lá como um compósito, isto é, de alma e corpo."[20] Na eterna bem-aventurança do Empíreo, os eleitos serão reunidos com seus eus materiais para desfrutar novamente a alegria de sua forma encarnada. Mas esse corpo celestial será um "corpo glorificado", livre das limitações da carne mortal. Nas palavras do sábio medieval Pedro o Venerável, será um corpo "em todos os sentidos incorruptível".[21] O que significava ao certo ter um corpo num lugar que estava, estritamente falando, *fora* do espaço e do tempo é uma questão que muito perturbou os sábios medievais, mas essa foi realmente a posição em que todos os teólogos importantes insistiram.

O medievalista Jeffrey Fisher notou os paralelos entre essa visão cristã e a de muitos entusiastas do ciberespaço. Ele explica que, assim como o corpo cristão retorna sob forma glorificada, no devaneio cibernáutico contemporâneo o "corpo retorna numa síntese hipercorpórea".[22] "Hipercorpórea" porque, como o corpo glorificado do cristianismo, esse tão desejado "corpo cibernáutico" parece não estar sujeito a nenhuma limitação física. Como o corpo celestial cristão, também ele é visto como incorruptível, e, em última análise, indestrutível. Fisher cita, por exemplo, o fato de que em muitas carnificinas, jogadores de MUD que foram mortos podem simplesmente se conectar de novo. Cortaram sua cabeça fora? Não há problema, comece de novo com uma nova. Transcendendo os limites do corpo físico, o corpo cibernáutico tem poderes que superam de longe os recursos mortais. "Não mais restrito ao que poderia ver com seus olhos físicos ou fazer com seus braços físicos, o simulacro hipercorpóreo se vê capaz de façanhas assombrosas de conhecimento e resistência."[23]

Um exemplo paradigmático dessa fantasia ocorre em *True Names*, de Vinge, freqüentemente citado como uma inspiração para os MUDs e as realidades virtuais. No fim da história, numa batalha decisiva pelo controle do ciberespaço, "a bruxa vermelha Erythrina" e o ciber-herói da novela, "Mr. Slippery", conseguem derrotar o inimigo maligno utilizando a força das redes de telecomunicações do mundo. Milhões de canais de dados afluem aos seus cérebros. Com essa vantagem, Mr. Slippery pode agora inspecionar a Terra com percepção super-humana: "Nem um pardal podia cair sem o conhecimento dele ... nenhum cheque podia ser descontado sem que percebesse ... mais de trezentos milhões de vidas deslizavam ante o que seus sentidos haviam se tornado."[24] Ele transcendeu seu tumulto mortal, Vinge nos diz. "O ser humano que Mr. Slippery havia sido era um inseto vagando na catedral em que sua mente se transformara." Onisciente e cada vez mais onipotente, à medida que sua mente se funde com a rede global inteira, Mr. Slippery é agora o ciber-eu glorificado de Fisher, que "pode ir a toda parte e ver tudo na presença total do banco de dados on-line".

Esses sonhos cibernáuticos de transcendência das limitações corpóreas foram fomentados por uma mudança filosófica fundamental ocorrida nos últimos anos: a concepção cada vez mais generalizada de que o homem é definido não pelos átomos de seu corpo, mas por seu código de informação. Trata-se da crença de que nossa essência reside não em nossa matéria, mas num *padrão de dados*. A facilidade com que muitos escritores de ciberficção despacham seus personagens de cá para lá entre nosso mundo e o ciberespaço se funda na crença de que, em seu cerne, o ser humano é uma multidão de dados. Enquanto átomos podem constituir somente o corpo físico, dados, segundo essa nova visão, podem constituir tanto o corpo quanto a mente. De fato, muitas ciberfantasias implicam que, no fim das contas, não precisaremos de corpos físicos em absoluto, pois seremos capazes de nos reconstruir totalmente no ciberespaço. À medida que esses ciberconstrutos forem suficientemente detalhados, sugerem Gibson e outros, a ilusão de encarnação se tornará indistinguível da coisa material real.

Veja a namorada de Case, Linda Lee. Lá pela metade do romance Lee é assassinada, mas um instante antes de morrer é transferida para a matriz, para uma simulação completa no ciberespaço. Essa reconstrução é tão perfeita, sua ciberpresença é tão "real", tanto física quanto mentalmente, que ela não sabe que é apenas uma simulação digital. A ciberficção está cheia de histórias de seres humanos *downloaded*, *uploaded* e *off-loaded* no ciberespaço. Como o Céu cristão medieval, o ciberespaço se torna nessas histórias um lugar *fora* do espaço e do tempo, um lugar em que o corpo pode de alguma maneira ser reconstituído em toda a sua glória. Mais uma vez, não fica muito claro o que significaria ter um "corpo" no domínio imaterial do ciberespaço, mas esse é o sonho que muitos ciberentusiastas estão começando a divisar. O extraordinário neste caso é que, se outrora era vista como *teologicamente possível*, agora a idéia da transcendência da limitação corpórea é cada vez mais concebida como *tecnologicamente viável*. Para citar N. Katherine Hayles, "talvez em nenhum momento, desde a Idade Média, a fantasia de deixar o corpo para trás tenha sido tão disseminada na população, e nunca ela foi tão fortemente associada com tecnologias existentes".[25]

Para que não se imagine que as fantasias de ciberimortalidade estão apenas nas mentes dos autores de ficção de científica, deveríamos notar que grande parte da filosofia subjacente a essa ficção está emergindo do domínio da ciência, de campos como a ciência cognitiva, a robótica e a teoria da informação. Tudo isso faz parte do mesmo fluxo imaginativo que produz o sonho da "inteligência artificial" (IA). O que é a atividade mental humana, dizem esses adeptos, senão um padrão de sinais elétricos numa rede de neurônios? Por que não se poderia construir um padrão semelhante de silício? Os defensores da IA insistem que, se é possível "ensinar" computadores a realizar tarefas como analisar frases e jogar xadrez como um grande mestre, dar-lhe a capacidade de simular toda a plenitude da atividade mental humana seria apenas questão de tempo.

Evidentemente, nos mundos futurísticos de muitos romances ciberpunk essa meta foi atingida. A matriz de Gibson, por exemplo, é habitada por uma porção de IAs sobre-humanas; o epônimo Neuromancer é uma delas. Muito mais que meras calculadoras, esses construtos computacionais são personalidades com emoções, desejos e metas egocêntricas próprias. Da idéia de criar uma *mente artificial* num computador, há apenas um curto passo para a suposição de que é igualmente possível fazer uma *mente humana* funcionar dentro de uma máquina. Se os dois tipos de "mente" não passam em última análise de padrões de dados codificados em sinais elétricos, por que não seríamos capazes de transferir uma mente de *wetware* para *software**? A argumentação se desenvolve nessa linha.

Essa é precisamente a fantasia alardeada por Hans Moravec, especialista em robótica mundialmente renomado da Universidade Carnegie Mellon. Moravec, cujo laboratório desenvolve sofisticados robôs com visão tridimensional e capacidade de mapeamento, sugeriu a sério que o download da mente para o domínio digital será possível um dia. Numa passagem extraordinária de seu livro *Mind Children*, ele imagina um cenário em que "um cirurgião cerebral robô" transfere gradualmente uma mente humana para um computador para isso preparado.[26] Descreve como, enquanto você permanece ali plenamente consciente, um "cirurgião robô" iria "abrir sua caixa craniana" e começar a transferir sua mente camada por camada, usando "medições de alta resolução por ressonância magnética" e

---

* O neologismo "wetware" foi criado para afirmar a proximidade entre o homem e o computador. Assim como este seria constituído de coisas duras e leves (hardware e software), a identidade de cada um de nós estaria implementada numa coisa molhada, que é o nosso cérebro. (N.R.T.)

"uma profusão de antenas magnéticas e elétricas". Gradualmente, à medida que seu cérebro é destruído, seu "verdadeiro" eu — isto é, sua mente — seria transformada num construto digital. Como exatamente tudo isso poderia acontecer, nunca é realmente explicado; mas o que nos interessa aqui não são os detalhes, é a fantasia global.

Moravec está longe de ser o único cientista a pensar nessa linha. O respeitado matemático e cientista computacional Rudy Rucker também imaginou o download de mentes humanas para computadores em seus romances *Wetware* e *Software*. Outro paladino do download da mente na vida real é Mike Kelly, doutor em ciência dos computadores e fundador do movimento Extropian. Os extropianos põem no chinelo até os autores de ficção científica, porque sua meta é, em última instância, a imortalidade na forma física. Como Woody Allen brincou certa vez, "Não quero alcançar a imortalidade através da minha obra, quero alcançá-la não morrendo", os extropianos imaginam que a vida eterna pode se tornar possível mediante um poderoso coquetel de novas tecnologias, que vão desde a engenharia genética até nanomáquinas capazes de reparar células individuais. Mas enquanto eles esperam pelo dia em que seus corpos poderão ser imortalizados, Kelly sugeriu que deveriam fazer o download de suas mentes para computadores, que seriam uma espécie de cibersala de espera para o evento principal. Como Kelly, a maioria dos extropianos é de jovens instruídos de ambos os sexos, muitos empregados em campos como ciência dos computadores, neurobiologia e até projeto de foguetes. Entre seus heróis estão Vinge e Moravec; este último fez o discurso de abertura de sua conferência inaugural.

Segundo muito ciberimortalistas, mesmo no caso de um desastre catastrófico de sistemas, você não "morreria" necessariamente, porque sempre poderia ser restaurado a partir de arquivos de backup guardados off-line. Como na Nova Jerusalém, "morte não haveria mais". O próprio Moravec antevê tal futuro. Em *Mind Children*, escreve arrebatadamente sobre o dia em que todos teremos cópias backup de nós mesmos armazenados em fita de computador. "Caso você morra", diz ele, "uma cópia ativa feita a partir da fita poderia retomar sua vida."[27] A bem da verdade, haveria uma pequenina lacuna entre o momento em que o último backup foi feito e o da sua cibermorte, mas, segundo Moravec, "um pequeno trecho de amnésia é algo trivial se comparado com a perda total de memória e função que resulta da morte na ausência de uma cópia."

Imortalidade, transcendência, onisciência — estes são sonhos que começam a despertar na imaginação ciber-religiosa. Parafraseando Midgley, estas são as coisas em que alguns entusiastas do ciberespaço estão começando a pensar como "possíveis e plausíveis". De minha parte, não consigo imaginar destino pior do que ser transferida para a imortalidade no ciberespaço. No cristianismo, é prometida aos eleitos uma eternidade de bem-aventurança na presença da Graça suprema, mas qual seria o destino dos cibereleitos imortais? Que *fariam* eles na cibereternidade?

Só conseguimos ler as obras completas de Dante, Shakespeare ou Einstein um dado número de vezes, só há um número finito de línguas para aprendermos; feito isso, a eternidade *continua* para sempre.

Porém, mesmo para os que desejam a ciberimortalidade, há um problema fundamental aqui: será a mente humana algo passível, mesmo em princípio, de ser transferido para o computador? É ela algo que poderia *um dia* ser reconstruído no ciberespaço? A maior parte dos escritores de ciberficção e cientistas como Moravec supõe *a priori* que, uma vez que é uma propriedade emergente do cérebro humano, a mente humana deve ser apenas um padrão de dados elétricos — por isso deve ser possível, ao fim e ao cabo, transferir os arquivos, por assim dizer, de um cérebro para um computador. Esta é uma metáfora de software semelhante à que vimos em ação no capítulo anterior em torno da idéia do "eu" como um conjunto de "janelas" de computador. Mas é a mente humana realmente apenas um padrão de dados, uma coleção de "arquivos" que poderia ser transferida de uma plataforma física para outra?

Uma razão pela qual essa visão é problemática é que uma mente humana tem memórias imperfeitas, e até memórias inteiramente *falsas*. Pesquisadores da memória mostraram que, na altura em que nos tornamos adultos, a maioria de nós "lembra" coisas que nunca aconteceram de fato; nossos cérebros "criaram" de algum modo eventos que para nós parecem inteiramente reais. Como programar essas memórias falsas num computador? Como, de fato, ensinar a uma máquina a se iludir? Além disso, numa mente humana, muitas memórias estão enterradas muito abaixo da consciência; no entanto, se devidamente disparadas, elas retornam em abundância. Como iria um computador saber que memórias deveriam ser conscientes, e quais deveriam permanecer inconscientes? Como iria saber em que nível de ativação as memórias inconscientes deveriam emergir à consciência? E de que maneira poderia ele ter um "inconsciente"?

No cenário de Moravec, uma mente humana seria supostamente transferida *in situ*. Cada "camada" do cérebro físico seria registrada em seqüência num computador numa sessão contínua. Segundo ele, semelhante processo poderia captar a *totalidade da mente* de uma só vez. Mas, novamente, temos o problema da inconsciência. Vamos imaginar, para efeito de raciocínio, que o arranjo de Moravec fosse possível, e que se pudesse registrar por completo o conjunto de sinais elétricos que estão se produzindo na mente num momento particular. Ora, em qualquer momento dado uma mente humana só pode estar recordando uma série finita de pensamentos e memórias. Não pode estar pensando sobre *tudo* que jamais soube. Como poderia o processo de Moravec captar a extensão completa de memórias e conhecimentos que não estavam nem remotamente presentes na consciência no momento do registro?

Para que o processo de Moravec funcionasse, seria preciso que *cada* memória e *cada* elemento de conhecimento que alguém possui estivessem de algum modo eletricamente presentes em cada momento de vida vígil. Mas, nesse caso, cada momento seria de *onisciência*. Essa idéia me parece insustentável. Uma de nossas experiências mais fundamentais como seres conscientes é a da passagem do tempo, precisamente porque cada momento é *diferente*. A mente humana é um fenômeno quintessencialmente *dinâmico*, e parece absurdo sugerir que se poderia apreendê-la "toda" em qualquer momento dado. Não suscito estas objeções por implicância, mas somente para assinalar o grau em que fantasias de transferência da mente elidem dificuldades muito reais, não apenas com relação à tecnologia, mas, o que é mais importante, com relação à desconcertante questão do que é exatamente uma mente humana.

O aspecto de longe o mais fantástico das fantasias de download da mente é o sonho da *ciber-ressurreição* — a idéia de reconstruir no ciberespaço pessoas que morreram. No início de *Count Zero*, de Gibson, um mercenário chamado Turner acabou de ser estraçalhado por uma bomba. Enquanto espera que os médicos criem um novo corpo para ele, o "próprio" Turner (isto é, sua mente) passa o tempo numa simulação em realidade virtual de uma infância no século XIX. Quando seu novo corpo estiver pronto, sua mente vai ser transferida para ele; nesse meio tempo, o "falecido" Turner mata o tempo no ciberespaço. Também Moravec sonha com ciber-ressurreição, e vai ainda mais longe, pois sugere que poderemos ser capazes de derrotar a morte por completo, como espécie. Ele nos pede para imaginar um esteio de "arqueólogos superinteligentes armados de instrumentos maravilhosos". Segundo Moravec esses artífices digitais miraculosos deveriam ser capazes de desenvolver um processo pelo qual "pessoas mortas há muito tempo podem ressuscitar em detalhes quase perfeitos em qualquer momento de sua vida".[28] Esses mortos seriam trazidos de volta à vida numa vasta simulação por computador. Nas palavras de Moravec, "a ressurreição em grande escala pode ser possível mediante o uso de imensos simuladores". Para os cristãos, a ressurreição está prometida para quando vier o Juízo Final, mas se a visão do futuro de Moravec estiver correta, podemos esperá-la muito antes.

O que temos aqui, com estas visões de ciberimortalidade e ciber-ressurreição, é uma tentativa de re-conceber uma *alma* de forma digital. A idéia de que a "essência" de uma pessoa pode ser separada de seu corpo e transformada no meio efêmero do código de computador é um claro repúdio da concepção materialista de que o homem é feito apenas de matéria. Quando se afirma, além disso, que esse eu imaterial pode sobreviver à morte do corpo e "viver" para sempre além do espaço e do tempo físicos, estamos de volta ao domínio do dualismo cristão medieval. Mais uma vez, portanto, vemos no discurso sobre o hiperespaço um retorno ao dualismo, à crença de que o homem é um ser bipolar composto de um corpo material mortal e de uma "essência" imaterial potencialmente imortal. Esse eu imortal postulado, essa coisa que pode supostamente sobreviver no domínio digital depois que nosso corpo morre, é o que chamo de "ciberalma".

É assombroso que um conceito como este possa emergir do domínio da ciência e da tecnologia, porém, mais uma vez, sugiro que este desenvolvimento não é de todo inesperado. Essa ciberalma postulada pode de fato ser vista como a culminação de uma tradição que vem dando forma à ciência ocidental há mais de dois mil anos. Refiro-me àquela curiosa mistura de matemática e misticismo cujas origens remontam ao século VI a.C. e ao enigmático filósofo grego Pitágoras de Samos. Quer se dêem conta disso ou não, os paladinos contemporâneos do download da mente não só seguem uma tradição cristã, como são os herdeiros do mestre de Samos.

Como o homem a quem se credita a introdução dos gregos à matemática, Pitágoras foi um dos fundadores do empreendimento científico ocidental. Ao mesmo tempo, era um religioso fanático, que conseguiu fundir matemática e misticismo numa das sínteses mais intrigantes da história intelectual. Contemporâneo do Buda na Índia, de Zoroastro na Pérsia e de Confúcio e Lao-Tsé na China, Pitágoras foi um místico de uma estirpe ocidental singular. Meio milênio antes do nascimento de Cristo, formulou uma filosofia radicalmente dualista da natureza que continua a repercutir nas visões cibernáuticas de hoje. Segundo o sábio de Samos, a essência da realidade reside não na matéria — nos quatro elementos, terra, ar, fogo e água —, mas na mágica imaterial dos *números*. Para Pitágoras, os números eram literalmente deuses, e associou-os com os deuses do panteon grego. A verdadeira realidade, segundo ele, não era o plano da matéria, mas a esfera transcendente desses deuses-números.

Para Pitágoras, também a alma era essencialmente matemática. A seu ver, a capacidade de expressar as coisas racionalmente — literalmente, em termos de *razões* — era a característica primordial da alma. Na cosmologia pitagórica, a verdadeira morada da alma era o domínio transcendente dos deuses-números, e após a morte era para ele que todas almas retornariam. Lamentavelmente, durante nossas vidas mortais essa centelha imortal está confinada na prisão do corpo, da qual anseia por se libertar. Para os pitagóricos, o objetivo da prática religiosa — que incluía necessariamente o estudo da matemática — era libertar a alma dos grilhões da carne, para que ela pudesse ascender com tanta freqüência quanto possível ao domínio matemático divino além do plano material.

Mesmo a partir desta descrição sumária, reconhecemos imediatamente os laivos pitagóricos presentes nos sonhos cibernáuticos contemporâneos. O que se transfere para computadores, seja lá o que for, deve ser necessariamente expresso em termos de números — para sermos precisos, em termos dos números "zero" e "um". O código sublimemente simples e no entanto infinitamente maleável de zeros e uns compõe os blocos de que todos os construtos do ciberespaço são feitos. Sob sonhos de download da alma está portanto uma atitude profundamente pitagórica. Como os antigos pitagóricos, os paladinos do download da alma de hoje vêem a "essência" do homem como algo numericamente redutível; como a alma pitagórica, sua "ciberalma" não é o domínio da "carne", mas o domínio eterno dos dados digitais. Temos aqui, portanto, o que Eliade chamaria de uma "cripto-religião", um sistema quase-religioso em que o ciberespaço reencena o papel outrora atribuído ao espaço divino dos antigos deuses-números pitagóricos.

Os paralelos entre o pitagorismo antigo e o novo ciberpitagorismo vão ainda mais longe. Uma das crenças centrais do pitagorismo antigo era o eterno retorno da alma, uma doutrina que, segundo alguns, Pitágoras teria tomado da Índia. Como os hindus, o mestre de Samos acreditava que a alma era continuamente reencarnada numa série de corpos físicos. Era entre uma reencarnação e outra que ela permanecia um tempo no domínio dos deuses-números. Um processo similar de *metempsicose* figura também em várias fantasias da ciberficção, em especial em *Wetware* e *Software*, de Rudy Rucker. Nesses romances, depois de ser *uploaded* para armazenamento num computador central, o protagonista é periodicamente descarregado na forma de uma série de corpos andróides cada vez mais sofisticados. À medida que os séculos vão passando, ele vai sendo reencarnado múltiplas vezes, sua ciberalma retornando cada vez ao mundo físico após temporadas revigorantes num "Vazio" ciberespacial transcendente.

Eis como Rucker descreve esse Vazio, seu espaço imaginário da desencarnação digital:

> Quando você está vivo, pensa que não pode suportar a idéia da morte. Não quer que parem o espaço e o tempo, a massa e a energia. Você não quer que parem ... mas suponha que isso acontece. É diferente então, não é nada, é tudo, você pode chamá-lo de céu.[29]

O Vazio de Rucker, seu cibercéu, é simplesmente uma versão atualizada do velho céu numérico de Pitágoras, um espaço eterno para a "alma" descansar entre seus turnos de encarnação material.

Mas não está faltando alguma coisa nessa reencarnação tecnológica? O que dizer da moral ou do contexto ético? No hinduísmo, a forma como uma pessoa é reencarnada depende de suas escolhas morais em vidas passadas. Para os hindus, a *metempsicose* é também um processo moral. No esquema hindu, supõe-se que o processo chega a um término quando a pessoa finalmente atinge a "iluminação" e os turnos de reencarnação cessam. (No cristianismo, em que a alma tem apenas uma encarnação, há um contexto moral muito mais draconiano pois ela tem uma *única* chance de fazer as escolhas "certas" — ou pagar o preço por toda a eternidade.)

Também para os pitagóricos antigos, a alma era quintessencialmente uma entidade moral. Em particular, eles acreditavam que a alma requeria constante purificação, e aderiam a códigos estritos de comportamento, bem como a regimes rigorosos de jejum e purificação do corpo. A ciberalma, entretanto, não tem *nenhum* contexto moral. Nas fantasias ciberespaciais de reencarnação e imortalidade, a eternidade da alma não envolve nenhuma demanda ética, nenhuma responsabilidade moral. Obtém-se a imortalidade que uma religião promete, mas sem nenhu-

FIGURA 7.1. Pitágoras raciocinava que, se os números têm formas, poderiam ser a própria essência da forma.

ma das obrigações. Para Pitágoras, que acreditava que os próprios números tinham qualidades éticas, a idéia de uma alma dissociada de alguma estrutura moral teria sido aterradora. No pitagorismo original, eliminar o contexto moral teria equivalido a arruinar espiritualmente todo o sistema — e isso é efetivamente o que o novo ciberpitagorismo faz.

Para Pitágoras, os números não só constituem a base do domínio divino, como servem de arquétipos para o domínio material. E, mais uma vez, vemos essa visão refletida em cibersonhos contemporâneos. Segundo Pitágoras, os números literalmente conformavam o mundo da matéria. Ele foi levado a esta conclusão pela observação de que os próprios números têm formas. Como na Figura 7.1, quatro pontos podem ser arranjados num quadrado, como também o podem nove pontos, ou quinze. Outros números de pontos fazem uma variedade de diferentes formas. A partir disso, Pitágoras raciocinou: não poderiam todas as formas ter número? Não poderia o número ser a própria essência da forma? Dois mil e quinhentos anos depois, o ciberespaço está sendo construído sobre essa premissa. A própria idéia de uma simulação ou modelo digitais baseados em computador pressupõe que a forma pode ser apreendida na dança efêmera dos números. Esta é a essência da "realidade virtual".

Na cibercidade de AlphaWorld, por exemplo, pode-se andar por ruas virtuais, por entre árvores virtuais e edifícios virtuais, que são todos em última análise meros padrões de zeros e uns residentes numa memória de computador. Como na Figura 7.2., os cidadãos de AlphaWorld podem "construir" suas próprias casas virtuais. Ao lado de casas comuns, pessoas construíram pirâmides, castelos, templos gregos e uma miríade de outras formas. Podem até criar novos mundos inteiros.[30] Literalmente "insubstanciais" — sem substância — as ciberformas *nada* mais são que padrões de números. Por enquanto os mundos em RV são em sua maioria um tanto toscos, mas a tecnologia está se aperfeiçoando rapidamente. Recentemente vi uma simulação de impressionante realismo de um túmulo egípcio feita pela companhia italiana Infobyte. Embora construído inteiramente de uns e zeros,

FIGURA 7.2. Na cibercidade de AlphaWorld, os "cidadãos" podem construir suas próprias casas virtuais.

transmitia uma convincente ilusão de que se "estava realmente lá", num labirinto subterrâneo de salas pintadas e corredores. A mesma companhia fez também uma simulação em RV da Basílica de Assis, a que não falta o ciclo de afrescos *São Francisco* de Giotto. Como a Figura 7.3 deixa evidente, a ilusão provocada por esse espaço medieval, com seu detalhamento e complexidade, é assombrosa.

Hans Moravec sugeriu que um dia seremos capazes de construir um modelo em realidade virtual de todo o nosso planeta. Ele imagina

> um simulador imenso ... que é capaz de modelar toda a superfície da Terra numa escala atômica e de fazer o tempo avançar e recuar e produzir diferentes resultados plausíveis ... Em razão do grande detalhamento, esse simulador modela coisas vivas, inclusive seres humanos, em sua plena complexidade.[31]

O maior interesse neste caso está na afirmação de Moravec de que, com a simulação, poderíamos "fazer o tempo avançar e recuar" e tentar "diferentes resultados plausíveis" para a história de nosso planeta. De fato, o modelo se tornaria um arquétipo digital do nosso "mundo" — uma *forma* puramente *numérica* do planeta Terra. A despeito do que mais possa ser, esse cibermodelo totalizante é uma fantasia profundamente pitagórica.

Os pitagóricos estavam interessados nas formas numéricas inerentes ao mundo material — e nesse sentido representam a origem da ciência que hoje conhecemos por física —, acima de tudo, porém, o pitagorismo era uma religião. Especificamente, era uma religião de elevação. Através de um regime estrito de pu-

FIGURA 7.3. A companhia italiana Infobyte criou uma simulação em realidade virtual da basílica medieval de Assis.

rificação física e espiritual, e pelo estudo atento da matemática, a religião de Pitágoras prometia a experiência imediata do Todo. Em outras palavras, a *gnose* — aquela união com a divindade que se caracteriza por um estado de pleno conhecimento intuitivo. Para Pitágoras a fonte da divindade, o manancial do Todo, era a deidade suprema do número Um, que ele associava com Apolo, o deus do Sol. A forma particular de gnose que ele introduziu no Ocidente iria reverberar através das eras, impregnando a história da ciência e fazendo interseções com o cristianismo. Como veremos, muitos ciber-religiosos exaltados também almejam hoje uma gnose essencialmente pitagórica.

Como mostramos em *Pythagoras' Trousers*, o espírito pitagórico foi um importante catalisador para o surgimento da física moderna durante a revolução científica do século XVII — e desde então continuou sendo uma força no interior dessa ciência.[32] Toda a conversa dos físicos das "teorias de tudo" sobre "a mente de Deus" não passa de um resíduo diluído do poderoso misticismo matemático engendrado pelo mestre de Samos. O físico do hiperespaço em busca de sua "teoria

de tudo" abarcante é, na verdade, uma versão atualizada do velho sábio pitagórico em busca do conhecimento supremo do Um. Em ambos os casos, o que está sendo buscado é o segredo matemático do Todo, uma forma numérica da gnose.

Pode-se discernir um espírito gnóstico semelhante entre muitos entusiastas do ciberespaço, pois também aqui encontramos um forte desejo de união mística com o Todo. Mais uma vez, *True Names*, de Vinge, fornece um exemplo paradigmático. Quando deixamos Mr. Slippery e Erythrina antes, eles estavam prestes a agarrar todo o mundo terrestre em suas mãos. Nos momentos finais de sua batalha no ciberespaço, já haviam conquistado essa meta. Fundindo-se psiquicamente com o globo inteiro, Mr. Slippery pode agora ver o que se passa em todos os lugares, registrar todas as ações, acompanhar todas as transações que têm lugar na face da Terra.

> Cada navio nos mares, cada avião se posicionando para fazer uma aterrissagem segura, cada um dos empréstimos, pagamentos, e refeições de uma raça inteira registrados claramente em alguma parte de sua consciência. ... Pelas regras analógicas dos sabás, só havia uma palavra válida para eles mesmos em seu estado presente: eram deuses.[33]

Embora os detalhes sejam enfadonhamente banais, esta não deixa de ser uma descrição clássica de gnose, uma fusão do eu com o Todo que resulta num estado de *onisciência*. Mr. Slippery não é nenhuma Hildegard de Bingen, mas também ele seria *um* com o mundo.

Um impulso gnóstico está em ação também em *Mona Lisa Overdrive*, de Gibson, em que lemos que a "mitiforma" do ciberespaço "envolve a assunção da onisciência ... por parte da própria matriz". Aqui, é a matriz, não o homem, que experimenta o Todo; *ela* comunica posteriormente esse conhecimento a seus interlocutores humanos. Segundo David Thomas, o componente mitológico do romance de Gibson "sugere que uma das funções sociais mais fundamentais do ciberespaço é servir como um meio para comunicar uma forma de '*gnose*, conhecimento místico sobre a natureza das coisas e como vieram a ser o que são'".[34] Em certo sentido, a matriz de Gibson torna-se uma versão digital do que os neoplatônicos do Renascimento chamavam de a "alma do mundo", o intelecto global que, segundo acreditavam, mediava entre o intelecto humano e o divino.

Os entusiastas do ciberespaço da vida real também têm sonhos gnósticos. A fantasia de Hans Moravec de um modelo de computador de nosso planeta inteiro, até o último átomo, não passa de um anseio gnóstico de um conhecimento divino do Todo. Como os pitagóricos antigos, muitos dos novos ciberpitagóricos buscam transcender a humilde perspectiva da humanidade e adquirir uma visão divina onisciente — seja do mundo ciberespacial, ou, no caso de Vinge e Moravec, de nosso mundo físico real.

Os sonhos contemporâneos de cibergnose apresentam um paralelo histórico particularmente interessante com a tradição conhecida como hermetismo, que, durante o Renascimento, combinou o pensamento neoplatônico (ele próprio profundamente influenciado pelo pitagorismo) e o cristianismo. Como os pitagóricos antigos, os hermetistas do Renascimento aspiravam a uma união mística com o Todo.[35] Mas, uma vez que estavam operando num contexto cristão, para eles isso significava fusão com o Deus bíblico. Os hermetistas acreditavam que o homem não só podia vir a *conhecer Deus* — isto é, o Todo —, como podia se tornar ele próprio semelhante a Deus. O segredo, acreditavam, era espelhar a relação de Deus com o mundo. Essa relação foi sintetizada num dos seus textos, na declaração de que Deus "contém em si, como pensamentos, o mundo, Ele mesmo, e o Todo".[36] Portanto, para se tornar semelhante a Deus — para conhecer o Todo —, o hermetista devia emular essa ação e adquirir *em sua própria mente* um *imagem* do mundo. Como o historiador Francis Yates explica, para o hermetista "a gnose consistia em refletir o mundo no interior da mente".[37]

O "reflexo" do mundo no interior da mente é precisamente o que vemos em muitos cenários de ciberespaço. Isso é o que acontece no final da novela de Vinge, em que Mr. Slippery e Erythrina finalmente apreendem em suas mentes a totalidade do ciberespaço. Por esse espelhamento interno, dizem-nos, podem agora ver, e por conseguinte controlar, toda a arena terrestre. Também na trilogia *Neuromancer* de Gibson, há a sugestão de que os verdadeiros conhecedores podem abranger todo o ciberdomínio em suas mentes ao mesmo tempo. Case e os outros cowboys de console estão constantemente tentando maximizar sua cibervisão interna. Numa abordagem ligeiramente diferente, em *Kalifornia*, de Marc Laidlaw, todas as pessoas da Terra estão (literalmente) conectadas a uma rede global, através de "polifios" que perpassam seus cérebros e corpos como nervos de silício. Aqui, uma mulher conhecida como "A Vidente" canaliza através de sua mente o fluxo mental de toda a humanidade. Através da Rede de polifios, ela se torna um com toda a raça humana.

Para os hermetistas do Renascimento, a chave para a obtenção da visão interior divina era expandir o próprio sistema sensorial, e por fim os limites mesmos do eu de tal modo que ele pudesse abarcar toda a realidade. O conselho do texto hermético mencionado acima continua com a exortação:

> Faze-te crescer até uma grandeza sem medida, num salto liberta-te do corpo; eleva-te acima do tempo, torna-te Eternidade; então haverás de compreender Deus. Acredita que nada é impossível para ti, considera-te imortal e capaz de compreender tudo, todas as artes, todas as ciências, a natureza de toda coisa viva.

Ao ler essa passagem é impossível não se deixar impressionar por sua similaridade tanto com a descrição por Vinge dos poderes de Mr. Slippery no clímax de sua batalha no ciberespaço quanto com a visão de um cibermodelo do mundo todo de Moravec. Mr. Slippery também não se faz "crescer até uma grandeza sem medida"? Também ele não se liberta do corpo "num salto"? Moravec, com sua simulação totalizante, não "acredita que nada é impossível" para ele? Até mesmo, como vimos, a capacidade de controlar o fluxo do tempo — que evidentemente *o* elevaria "acima do tempo". Não se considera, também ele, "capaz de compreender tudo, todas as artes, todas as ciências, a natureza de toda coisa viva"? Certamente precisaria disso para simular a totalidade da cultura humana sobre a face da Terra. E quanto a tornar-se Eternidade, não é o que os dois homens desejam com suas visões de ciberimortalidade?

Não há nada de novo nesses sonhos tecno-religiosos. Durante o Renascimento, a magia hermética era vista como um novo tipo de ciência, com suas aplicações práticas constituindo uma nova modalidade de tecnologia. O *próprio* hermetismo já era então uma forma de devaneio tecno-religioso. No final do século XVI, o grande praticante do hermetismo, Giordano Bruno, escreveu que o homem, por possuir o poder, através da tecnologia, "de modelar outras naturezas, outros cursos, outras ordens", poderia "tornar-se finalmente o deus da Terra".[38] Mais ou menos na mesma época, Johann Andreae, muito provavelmente o autor dos manifestos rosa-cruz, declarou que era *dever* do homem praticar as artes técnicas "de tal modo que a alma humana ... possa se desdobrar através de diferentes tipos de maquinismos". Para Andreae, a tecnologia fornecia o meio pelo qual "a pequena centelha da divindade que em nós restara [poderia] reluzir brilhantemente".[39]

Como mostrou o historiador David Noble, no Ocidente cristão os paladinos da tecnologia vêm misturando sonhos religiosos com empreendimentos tecnológicos desde o final da Idade Média. Se "o empreendimento tecnológico ... permanece impregnado de crença religiosa", escreve ele, isso não é de surpreender, pois "a tecnologia moderna e a religião evoluíram juntas".[40] O procedimento padrão de ver uma nova tecnologia como meio de transcendência espiritual repetiu-se tantas vezes que Erik Davis cunhou o termo "tecnognose" como uma descrição geral do fenômeno.[41] Como a última encarnação da tecnognose, a cibergnose reflete um tema profundo e recorrente na cultura ocidental.

Nos futuros gloriosos imaginados por ciber-religiosos como Vinge ou Moravec, a onisciência e a imortalidade divinas serão concedidas a todos. *Essa*, portanto, é a promessa da "religião" do ciberespaço: através do poder articulado em rede do silício, podemos todos nos tornar um com o Todo. Como Case e Mr. Slippery, também a nós está prometido o poder de transcender nossas tribulações mortais. Libertos das "prisões" de nossos corpos pelo poder libertador do modem, também a nós está prometido que nossas "ciberalmas" serão alçadas ao espaço infinito do éter digital. Ali, como Dante no *Paradiso*, encontraremos supostamente nosso caminho para "casa", o "Céu".

Conviria abordar semelhantes sonhos com antenas céticas bem posicionadas, pois, mais uma vez, há freqüentemente aqui um elemento de escapismo moral. Mesmo em suas formas não eletrônicas, o gnosticismo é de há muito problemático. Com seu foco na transcendência, os gnósticos através das eras tenderam muitas vezes para um repúdio maniqueísta do corpo e, ao lado disso, a um desprezo das preocupações com o mundo e as comunidades terrenas. Teólogos cristãos ortodoxos enfatizaram por muito tempo que uma razão essencial para se valorizar a vida corpórea é que no, plano físico, estamos ligados a *comunidades* físicas perante as quais temos obrigações e responsabilidades. Uma pessoa que não valoriza a vida corpórea provavelmente se sentirá menos obrigada a contribuir para sua comunidade física. Por que se dar ao trabalho de ajudar um amigo doente quando se acredita que ele estaria melhor morto? Por que se empenhar em prolongar a vida física quando se pensa que ela é um mal a ser transcendido assim que possível?

O cristianismo ortodoxo sempre afirmou o *valor* da carne. A humanidade foi criada tanto em corpo quanto em alma, afirmaram os grandes teólogos medievais, e é dever do cristão viver bem tanto em corpo quanto em espírito. Visões de cibergnose e ciberimortalidade têm com freqüência um cerne maniqueísta, pois vemos aqui também uma forte tendência a desvalorizar a vida corpórea. Michael Heim está certo ao observar que a visão do ciberespaço de Gibson evoca "um desprezo gnóstico-platônico-maniqueísta pela existência terrena, material".[42] Com demasiada freqüência, os sonhos ciber-religiosos sugerem uma tendência a abandonar responsabilidades no plano material. Por que se dar ao trabalho de lutar por igualdade de acesso à educação no mundo físico quando se acredita que no ciberespaço todos poderemos saber tudo? Por que se dar ao trabalho de lutar pela justiça social terrena quando se acredita que no ciberespaço poderemos todos ser como deuses? Qual seria o sentido? A comentadora Paulina Borsook observou que a cultura da elite do Vale do Silício está na verdade impregnada de um libertarismo profundamente interesseiro, que se furta a responsabilidades para com comunidades físicas. É o que ele chama de "ciberegoísmo".[43]

Por trás do desejo de ciberimortalidade e cibergnose, há com freqüência um componente não desprezível de ciberegoísmo. Em contraste com as religiões genuínas, que fazem exigências éticas aos seus adeptos, a ciber-religiosidade não tem quaisquer preceitos morais. Aqui, como observamos, obtém-se a recompensa de uma religião sem o ônus de responsabilidades recíprocas. É esse desejo da compensação pessoal de um sistema religioso sem nenhuma das exigências sociais que me parece tão inquietante. Em sua busca da transcendência física, da imortalidade e da união com um pretenso Todo ciberespacial místico, a "religião" emergente do ciberespaço restaura muitos dos aspectos mais problemáticos do dualismo gnóstico-maniqueísta-platônico. O que sobra aqui é o elemento de *comunidade* e as obrigações que o indivíduo tem para com o *todo social* mais amplo. Por ironia, é exatamente nesse aspecto comunal que o ciberespaço pode vir a se revelar do maior valor.

OITO

Ciberutopia

Vimos os extremos que resultam de sonhos de cibertranscendência; mas os cibersonhos "celestiais" têm também um lado mais prosaico, mais humano. Como se observou no capítulo de abertura, muitos paladinos do ciberespaço apregoam esse novo domínio digital como um reino em que podemos alcançar uma vida melhor aqui na Terra. Esse aspecto dos cibersonhos "celestiais" diz respeito não a visões escapistas de imortalidade e onisciência gnóstica, e sim, de modo mais pragmático, ao potencial do ciberespaço para aperfeiçoar a vida mortal. Em particular, o ciberespaço é exaltado como um espaço em que a conexão e a comunidade podem ser promovidas, enriquecendo com isso nossas vidas como seres *sociais*. Nessas visões, o ciberespaço torna-se um lugar para o estabelecimento de comunidades idealizadas que transcendem as tiranias da distância e são livres de preconceitos de sexo, raça ou cor. Em outras palavras, esse é um sonho de ciberutopia.

A promessa de uma comunidade utópica é na verdade um dos atrativos primordiais do ciberespaço. Numa época de colapso social e familiar generalizado no mundo ocidental, um número crescente de pessoas sofre de isolamento, solidão e alienação. Nessa atmosfera, diz o comentador Avital Ronell, "realidade virtual, realidade artificial, espaço de dados ou ciberespaço são inscrições de um desejo cujo principal sintoma pode ser visto como a ausência de comunidade".[1] A Internet, com sua vasta teia global, acena para todos nós com uma visão de amizade e a esperança de inclusão num todo social mais amplo.

Howard Rheingold, um dos fundadores do WELL (comunidade on-line precoce e pioneira baseada nos arredores de São Francisco), é um dos que acreditam que o ciberespaço já está criando comunidades melhores. Em *The Virtual Community*, um marco no estudo da cultura on-line, Rheingold relembra a previsão utópica do ciberpioneiro legendário J.C. Licklider de que "a vida será mais feliz para indivíduos on-line porque as pessoas com que se interage mais intensamente serão escolhidas mais por afinidade de interesses e objetivos do que por acidentes de proximidade". Falando de seus colegas do WELL, Rheingold observa: "Meus amigos e eu acreditamos por vezes que somos parte do futuro com que Licklider sonhou, e freqüentemente podemos comprovar a verdade de sua previsão."[2] Rheingold não é nenhum ingênuo, mas chega a sugerir que o ciberespaço poderia nos ajudar a retornar às práticas e ao etos de uma era mais antiga. Retornando ao tempo em que ainda não havíamos abandonado nossos espaços públicos nas mãos das companhias imobiliárias e da mídia eletrônica, ele escreve: "Talvez o ciberespaço seja um dos lugares informais em que as pessoas podem reconstruir os aspectos da comunidade perdidos quando a lanchonete virou shopping center."[3]

A empresária da alta tecnologia Esther Dyson também acredita que o ciberespaço possa promover o desenvolvimento de comunidades mais utópicas.

> A Net nos oferece a chance de assumir nossas próprias vidas e redefinir nosso papel como cidadãos de comunidades locais e de uma sociedade global. Entrega-nos também a *responsabilidade* de governarmos a nós mesmos, de pensarmos por nós mesmos, de educarmos nossos filhos, negociarmos honestamente e trabalharmos com nossos concidadãos para traçar as regras pelas quais queremos viver.[4]

Segundo Dyson, "nossa missão comum é fazer com a Internet um trabalho melhor do que aquele que fizemos até agora no mundo físico". Dyson acredita que isso é possível: "Pois haverá tanta informação, tanta multimídia, tantas opções [on-line] que a pessoas vão aprender a dar mais valor à conexão humana, e vão procurar por ela na Net."[5]

Para uma expressão paradigmática do otimismo ciberutópico, poderíamos recorrer a Nicholas Negroponte, diretor do Laboratório de Mídia do MIT. No final de seu livro *A vida digital*, ele escreve:

> Hoje, quando 20% do mundo consomem 80% de seus recursos, quando um quarto de nós tem um padrão de vida aceitável e três quartos não, como essa divisão poderia ser superada? Enquanto os políticos lutam com a bagagem da história, está emergindo da paisagem digital uma nova geração livre de muitos dos velhos preconceitos. Esses garotos estão libertos da limitação da proximidade geográfica como a única base da amizade, da colaboração, do jogo e da vizinhança. A tecnologia digital pode ser uma força natural, atraindo as pessoas para uma harmonia mundial maior.[6]

Novamente, David Noble nos lembra que esse tipo de tecno-utopismo nada tem de novo. Desde o século XVI, os defensores da tecnologia vêm exaltando-a como a chave da criação de comunidades mais "celestiais". Johann Andreae, por exemplo, concebeu a cidade utópica de Cristianópolis, em que as artes técnicas eram assiduamente praticadas por todos os cidadãos. Como muitos na época, Andreae acreditava que a era da perfeição prometida pelo *Apocalipse* estava se aproximando. O avanço da ciência e da tecnologia lhe parecia uma preparação essencial para essa era milenar. Da mesma maneira, na Cidade do Sol imaginada pelo calabrês herege Tommaso Campanella, todo cidadão deveria ser instruído em artes técnicas, "destinadas a lhes dar a sabedoria necessária para compreender a criação de Deus e viver em harmonia com ela".[7] Ao longo dos séculos XVI e XVII, visionários utópicos imaginaram que ciência e tecnologia poderiam ajudar a acelerar o advento de uma era mais perfeita em que os cristãos viveriam vidas mais harmoniosas e virtuosas.

A própria palavra "utopia" deriva da comunidade visionária do mesmo nome imaginada pelo inglês Thomas More. Como a "Nova Atlântida" de Bacon, a utopia original de More era uma comunidade idealizada que vivia numa ilha remota, a grande distância da influência corruptora de um mundo decadente. Em ambos os casos, os habitantes haviam criado para si uma espécie de paraíso terrestre, possível graças à sua piedade, seu espírito comunal e, de maneira decisiva, à sua devoção às artes técnicas.

Com essas visões utópicas, testemunhamos o nascimento da idéia de que o homem, mediante seus *próprios esforços*, pode criar uma Nova Jerusalém aqui na Terra. Todas essas visões são de intenção profundamente cristã, inspiradas, como disse um comentador, por um "anseio de trazer o Céu para a Terra".[8] Em vez de ter de esperar até o Juízo Final para o advento de uma comunidade perfeita, visionários do Renascimento sugeriram que os homens podiam ele próprios criar cidades celestiais, pela aplicação de ciência e tecnologia. Esta se tornaria, assim, um meio de *salvação*. Inúmeras vezes, na era da ciência, a tecnologia foi vista como uma força salvífica, uma chave para um mundo melhor, mais iluminado, mais justo. Noble e Mary Midgley retraçaram ambos esse espírito tecno-utópico através da cultura ocidental moderna, em que é possível encontrá-lo hoje florescendo na comunidade espacial da NASA, na comunidade da engenharia genética e entre os defensores da inteligência artificial. Mas, se não é em absoluto um fenômeno novo, o tecno-utopismo alçanca um novo crescendo entre os entusiastas do ciberespaço.

William Mitchell, do MIT, é apenas um dos que defenderam o ciberespaço como um reino potencialmente utópico, traçando um paralelo entre esse domínio e a ágora dos atenienses antigos.[9] Como centro da democracia original, a ágora era o lugar em que os cidadãos atenienses se encontravam para discutir idéias para o bem comum. Nesse espaço não hierárquico, todos eram iguais e todos podiam expressar suas opiniões livremente. (Isto é, todos os que gozavam do status de cidadãos, o que na prática significava cerca de dois mil dos homens mais prósperos da cidade.) Mitchell, entre outros, sugere que também o ciberespaço pode servir como um espaço público igualitário.

Ele chama atenção para o fato de que, no ciberespaço, estamos livres dos marcadores sociais normais do espaço físico, como nomes de bairro e códigos de endereçamento postal. Considerando o que as pessoas pagam para morar no *zip code* 90210, de modo a poder residir formalmente em Beverly Hills, não há dúvida de que o que Mitchell chama "o geocódigo" pode ser uma força poderosamente estratificadora em nossas percepções mútuas. Conscientemente ou não, muitas vezes realmente fazemos juízos com base em marcadores sociais. Se uma pessoa diz que mora no Bronx, por exemplo, provavelmente evocará um conjunto de expectativas inteiramente diferente do que despertaria dizendo que mora em Manhattan. Como Mitchell escreve: "No tipo estandartizado de cidade espacial, *onde* você está freqüentemente revela *quem* você é. (E quem você é muitas vezes determina onde lhe é permitido estar.) A geografia é destino."[10] On-line, no entanto, ninguém sabe se você vem de Beverly Hills ou do meio do mato, e não podem julgá-lo por isso. Nas palavras de Mitchell, "a desespacialização das interações na Internet destrói a chave do geocódigo. [No ciberespaço] um endereço melhor é coisa que não existe, e você não pode tentar se definir se deixando ver nos lugares certos na companhia certa."

Mitchell talvez vá longe demais ao dizer que não há "endereço melhor" no ciberespaço — um endereço "edu" prestigioso (como *harvard.edu* ou *mit.edu*) impõe muito mais que um da CompuServe ou da America Online. Tem razão, contudo, em dizer que o ciberespaço rompe muitas fronteiras tradicionais do "geocódigo". Para vê-lo como uma arena potencialmente igualitária, considere os dois exemplos seguintes.

Em março de 1998, Stephen Hawking deu uma palestra na Casa Branca promovida pelo presidente e a primeira-dama. Na sua fala, transmitida para todo o país pela CNN, o físico mais famoso do mundo expôs suas idéias sobre o futuro da ciência. Na platéia havia muitos ganhadores do Prêmio Nobel e alguns dos mais eminentes pesquisadores americanos, vários dos quais foram solicitados a fazer perguntas a Hawking. Além desses luminares, porém, o público foi convidado a fazer perguntas pela Internet, e cidadãos comuns também participaram do evento. Não deveríamos exagerar a importância de exercícios tão óbvios de relações públicas; ainda assim, essa noite foi um pequeno indicador do potencial democrático do ciberespaço, um potencial que nosso segundo exemplo ilumina mais.

No Horse Shoe Coffeehouse, em São Francisco, é possível obter acesso à Internet pagando cinqüenta centavos de dólar por vinte minutos. Em todo o país estão brotando locais semelhantes, em que pessoas que não têm acesso à rede em casa podem surfar na Web, participar de fóruns on-line, enviar e receber e-mails. Um residente de São Francisco que se vale dos serviços do Horse Shoe é um sem-teto do lugar a quem chamam de CyberMonk. Como um observador da Internet comentou, "a combinação de espaço real e virtual proporcionada pelo café permite a CyberMonk usá-lo como sala de estar, telefone e caixa postal".[11] Embora seja marginalizado em sua comunidade física, no ciberespaço CyberMonk se torna um membro em pé de igualdade da sociedade digital. Sem domicílio fixo no mundo "real", no domínio efêmero do ciberespaço ele tem um endereço tão "sólido" quanto o de qualquer outro cidadão da Internet.

A noção de uma "ágora eletrônica" sublinha também o conceito de sessões eletrônicas da câmara municipal, alardeadas *ad infinitum* durante a campanha presidencial americana de 1996. O vice-presidente Al Gore, em particular, quis nos fazer acreditar que o ciberespaço fornece o remédio para o declínio democrático nos Estados Unidos. Os cidadãos não precisam mais se sentir marginalizados do processo de governo, dizem os novos ciber-agorianos; agora, através do milagre do modem, *todo mundo* pode participar de discussões públicas e da tomada de decisões políticas comunais. No ciberespaço iríamos assim alcançar uma verdadeira democracia, um sonho que (como o atestam os índices historicamente baixos de comparecimento às urnas) fracassou de maneira tão evidente em nossas comunidades físicas.

Para os jovens, em especial, o ciberespaço seduz como um lugar em que poderiam construir uma "vida" melhor. Pela primeira vez em muitas gerações, os americanos que terminam a escola secundária e o curso de graduação estão descobrindo que muito provavelmente não terão um padrão de vida mais elevado que o dos pais. A maioria deverá se dar por satisfeita se conseguir se equiparar a eles. Com as perspectivas da "vida real" ficando ano a ano mais duras, alguns jovens americanos estão preferindo se voltar para o ciberespaço. O *locus* dos seus sonhos, como Sherry Turkle descreveu, toma freqüentemente a forma do mundo do MUD. Um desalentado rapaz de vinte e poucos anos disse a Turkle cruamente: "Os MUDs me põem de novo na classe média."[12] Não pretendia dizer isso literalmente; estava se referindo apenas ao mundo on-line de seu MUD em que ele e seus amigos são cibercidadãos vigorosos e produtivos.

Outro dos entrevistados de Turkle, Josh, explicou sua vida na mundo físico com estas palavras desoladas: "Moro numa parte terrível da cidade. Vejo um apartamento que é um buraco de rato, vejo um emprego que não leva a nada, vejo a AIDS."[13] Em seu mundo do MUD, por outro lado, disse Josh: "Vejo amigos, tenho algo a oferecer, vejo sexo seguro." Ali, como especialista na construção de cafés virtuais, ele é um ciberempresário respeitado. Segundo Turkle, "os MUDs proporcionam a Josh um senso de participação no sonho americano". Ele tem a esperança de que um dia, quando os MUDs se tornarem empreendimentos comerciais, poderá ser capaz de transformar suas habilidades em ciberconstrução num meio de vida *real*. Para jovens como esse, Turkle observa, os MUDs proporcionam um "senso de pertencer a grupos de classe média".

Os MUDs podem não ser o paraíso, mas para um número cada vez maior de jovens americanos o ciberespaço parece um lugar mais atraente do que a realidade de suas vida físicas. Como um espaço livre do declínio da classe média, e imune aos problemas da deterioração urbana e da desintegração social que afligem tantas comunidades da "vida real", o ciberespaço acena como um domínio sem dúvida mais utópico. Do outro lado do modem, esses jovens rapazes e moças vêem um espaço onde se encontrar e namorar em segurança, um lugar em que podem ter o tipo de poder e importância que parece cada vez mais inalcançável em suas vidas físicas.

Contudo, apesar de todo o otimismo dos ciberutópicos, o domínio digital é consideravelmente menos "celestial" do que seus defensores gostariam de nos fazer acreditar. Embora seja verdade que o ciberespaço *permite* a interação entre pessoas que normalmente não teriam contato em suas vidas físicas, já há indícios de que esse nivelamento social não é tão universal quanto freqüentemente nos dizem. Em suma, não é nada óbvio que os "portais" do ciberespaço estejam igualmente abertas para todos.

Um intrigante paralelo histórico pode ajudar a lançar luz sobre o futuro do ciberutopismo. Esta pode parecer uma analogia surpreendente, mas o especialista em literatura Brian Connery mostrou que muitas características do novo ciberutopismo foram pressagiadas pelos primeiros cafés do século XVII. Como o ciberespaço, esses primeiros cafés proporcionavam um novo espaço social em que as pessoas podiam se misturar através das linhas de classe, pondo nobres ombro a ombro com comerciantes. Também os cafés, diz Connery, podiam ser vistos como "reencarnações" da ágora clássica. Sob esse aspecto, constituíam uma espécie de experimento social utópico, que, como o ciberespaço, encerrava a promessa de uma sociedade mais igual para todos. Quando se considera o ciberespaço e seu potencial como espaço social utópico, a história do café oferece um estudo de caso revelador.

Na nova cultura do café, o que mais importava não era a fortuna ou o título, mas um espírito aguçado e uma apreensão penetrante das últimas notícias. Como no ciberespaço hoje, a informação tópica era uma mercadoria-chave, e, depois que o primeiro jornal foi fundado, em 1665, os cafés se tornaram locais por excelência para a disseminação pública de notícias. Após o estabelecimento do sistema de entrega postal por um penny a carta em 1680, os cafés passaram a ser também locais naturais para a entrega de correspondência. Até então, a correspondência era entregue em mãos por mensageiros, sendo um serviço acessível somente aos ricos. Ao fornecer um local público para a disseminação de notícias e correspondência, os cafés desempenhavam uma função social semelhante à da Internet hoje, com seus serviços de notícias e seu correio eletrônico. De fato, diz Connery, aqueles lugares "serviam como laboratórios para a experimentação" com muitas das liberdades que seriam sacralizadas em leis e constituições mais tarde no século — entre elas "liberdade de imprensa, liberdade de associação e reunião, liberdade de expressão".[14]

No entanto, as tendências genuinamente democratizantes geradas pelos cafés se revelariam efêmeras. Desde o início, críticos recriminavam a mistura de classes que neles ocorria, e havia na verdade algo de provocador num lugar em que, nas palavras de um polemista do século XVII, "um digno advogado e um batedor de carteiras errante" podiam se encontrar em pé de igualdade. Mas não eram só forças externas que trabalhavam contra o espírito igualitário dos cafés; forças internas também desempenhariam um papel em sua extinção. É aqui, Connery sugere, que a história dos cafés "encerra uma advertência potencial para os que sonham que a Internet vai criar comunidades discursivas utópicas".[15]

Duas forças em particular operaram contra o novo espírito igualitário: "o restabelecimento da autoridade" e "a instituição da exclusividade". Ambas sugerem lições para o ciberespaço hoje. Teoricamente, *qualquer um* podia participar de uma discussão num café — em princípio, todas as vozes eram iguais —; na prática, porém, a maioria dos lugares logo passou a ser dominada pelas vozes de um punhado, ou mesmo de um único falante estrela. Longe de condenar esse comportamento, os proprietários usavam esses clientes estrelas "como um chamariz para outros fregueses", uma estratégia que, Connery observa, é muito parecida com a dos "serviços on-line [de hoje] que alardeiam a participação de astros de Hollywood ou da indústria da música".[16]

Qualquer pessoa que já tenha participado de grupos USENET sabe que todas as vozes não são iguais, sendo a discussão freqüentemente dominada por um pequeno quadro de irascíveis participantes regulares. Novatos, ou "*newbies*", em grupos de discussão estabelecidos encontram muitas vezes uma acolhida muito pouco cordial, e pelo menos um grupo é famoso por seu ambiente de ríspida desigualdade. O caso do *alt.folklore.urban*, ou AFU, como é conhecido, constitui um exemplo interessante da rapidez com que a "autoridade" está realmente sendo restabelecida no ciberespaço.

Se algum lugar no ciberespaço deveria ser igualitário, seria o AFU. Trata-se de um grupo de discussão dedicado a desmascarar mitos e "lendas urbanas". As discussões abrangem um vasto espectro, de velhas imagens como crocodilos nos esgotos até descrições de toaletes japoneses high tech e rumores sobre a CIA. Como o site do grupo na Web explica, o AFU é "um excelente local para submeter a um teste de realidade tudo que um amigo lhe contou, ou para comparar comentários sobre coisas estranhas". No entanto, apesar de sua missão populista, o tratamento áspero que o AFU dispensa aos novatos é legendário. Esta foi a reação de um cidadão da rede: "Vou lhe contar o que me faz borrar de medo na rede, o AFU. Esse é um grupo de discussão que apavora. Mandar uma mensagem como novato para lá é o mesmo que acertar um tiro em você mesmo por acidente nas partes pudendas." Os *habitués* do AFU se põem de propósito a atrair novatos com mensagens zombeteiras conhecidas como "*trolls*", uma forma de zombaria que expõe ao ridículo público aqueles não familiarizados com as sutilezas internas da cultura. Michele Tepper,[17] ela própria membro da elite do AFU, observou que todos os grupos sociais precisam de regras internas para preservar a identidade do grupo; ela comenta, contudo, que a atmosfera virulenta do AFU sugere que a igual oportunidade de expressão *não* é uma verdadeira prioridade para essa comunidade do ciberespaço.

No AFU, podemos testemunhar também a segunda tendência antidemocratizante que Connery identificou na cultura dos cafés: "a instituição da exclusividade". O grupo de discussão publicamente acessível do AFU já se ramificou em duas listas exclusivas, só para convidados. De fato, hoje muitos grupos de discussão geraram listas que *não* são abertas ao público. Connery nos diz que um movimento semelhante ocorreu nos cafés de Londres, já na segunda década do século XVIII. A essa altura, os *habitués* haviam começado a se afastar do populacho, refugiando-se em salas privadas, exclusivas. Ao fim e ao cabo, essas reuniões seletas levaram ao estabelecimento dos primeiros clubes privados para cavalheiros. Segundo Connery, um desenvolvimento análogo "pode ser inevitável nas listas e grupos de discussão na Internet".[18]

É bom lembrar que, até muito recentemente, a "ágora" digital foi de fato um lugar extremamente exclusivo. Até 1993 (quando surgiu o primeiro software "navegador" para a World Wide Web), poucas pessoas fora das universidades e institutos de pesquisa tinham acesso à Net. Até hoje há muitas pessoas que não podem se dar ao luxo de ter um computador apropriado e pagar uma taxa mensal por acesso à Internet. E isso é verdade mesmo em países ricos como os Estados Unidos. Para que o ciberespaço se torne um lugar verdadeiramente igualitário, temos de enfrentar a questão de como assegurar acesso igual a *todos*. Não só os abastados, mas também os que não o são. Ademais, se pretendemos seriamente criar alguma espécie de ciberutopia, o mundo desenvolvido rico terá de levar a sério a missão de tornar a Internet acessível também aos países em desenvolvimento.

Um aspecto da cultura primitiva dos cafés que *nunca* foi igualitário diz respeito à presença dos dois sexos. Fossem quais fossem os movimentos em curso ali, a autoridade masculina era mantida, e poucas mulheres participavam dessa cena. O ciberespaço *é* acessível às mulheres, mas em que medida o "segundo sexo" é de fato bem-vindo? Embora o mundo da Internet realmente ofereça oportunidades genuínas para as mulheres, nem tudo é cor-de-rosa nesse suposto paraíso de dissolução das identidades sexuais. Atrás da retórica utópica, os bits ainda podem carregar uma forte mordida sexista. Já se escreveram volumes sobre identidade sexual no ciberespaço, e foge ao objetivo deste livro dar mais que um rápido vislumbre do assunto. Consideremos, porém, um único exemplo, que me parece particularmente revelador — um caso de assédio sexual on-line.

Poucas mulheres estão mais a par desse assunto que Stephanie Brail. Em 1993, Brail foi alvo de intenso assédio on-line que, por vários meses, transformou sua cibervida num inferno e por fim repercutiu sobre sua "vida real".[19] O incidente começou quando Brail ousou se levantar em defesa de uma jovem que, a seu ver, havia sido tratada de maneira injusta no grupo de discussão da USENET *alt.zines*, um grupo dedicado à discussão de cultura das revistas alternativas, ou "*zines*". A jovem havia enviado uma mensagem pedindo para falar sobre *zines* "Riot Grrls" — Riot Grrls vêm a ser uma subcultura de jovens mulheres politicamente sagazes, com tendências culturais para o punk-rock. Dada a natureza do grupo de discussão, e o fato de que os "zines" tratam especificamente de *alternativas* à cultura dominante, era uma solicitação normal, mas alguns homens do grupo protestaram veementemente. Não só *eles* não queriam discutir a cultura *grrl*, como não queriam que mais ninguém no grupo o fizesse. Um homem hostil sugeriu à jovem formar seu próprio grupo: *alt.grrl.dumbcunts*.

Irritada com essa desigualdade, Brail enviou comentários em defesa do direito que a moça tinha de falar, comentários que, como ela própria admite, eram veementes e dogmáticos. O que se seguiu foi uma guerra de insultos. Mais insidiosamente, Brail se tornou alvo de assédio sexual on-line. Logo, "resmas de textos pornográficos com detalhes de estupro por gangues" estavam enchendo sua caixa de correio. E, embora ela tivesse aliados no grupo de discussão original, muitos se cansaram rapidamente da guerra de insultos e se tornaram indiferentes à sua situação. Alguns chegaram a dizer que, ao se queixar de "Mike" (o assediador), ela e seus aliados estavam *censurando* o rapaz.

Os acontecimentos chegaram a um clímax quando Brail recebeu uma mensagem de Mike num endereço de e-mail privado independente. Aquele desconhecido agressivo havia de algum modo conseguido acesso ao que devia ser informação protegida sobre vida pessoal. Arrepiante, a mensagem dizia: *Sei que está em Los Angeles. Talvez eu possa aparecer e consertar seu "encanamento"*. Nessa altura, Brail começou a temer por sua segurança física. A ofensiva só terminou quando Mike afrouxou sua própria guarda por acidente e Brail conseguiu desencavar seu endereço privado de e-mail. Depois disso nunca mais ouviu falar dele.

A história termina bem, mas finais felizes não são tudo que importa e o caso põe a nu algumas tendências ocultas bastante perturbadoras na ciberutopia. O caso de Brail pode ter sido extremo, mas obscenidades on-line dirigidas a mulheres não são raras. Essa é uma razão comum que as mulheres alegam para não querer participar em muitos fóruns do ciberespaço. Diante do assédio on-line, as mulheres são freqüentemente aconselhadas a "simplesmente revidar", mas isso é mais fácil de dizer que de fazer. Como Brail salienta, "é um conselho fácil para uma universitária que goste de aparecer e que tenha todo o tempo do mundo, mas será que se aplica a mulheres de verdade, que trabalham e não têm tempo nem ócio para 'revidar' ataques on-line de idiotas?". Além disso, por que *teriam* as mulheres de revidar como "o preço da admissão"? "Os homens geralmente não têm que saltar através de um arco de insinuações sexuais e reações antifeministas simplesmente para participar."[20] Para muitas mulheres, é muito mais fácil simplesmente desconectar-se.

E essa é a principal razão da preocupação com a feroz cibermisoginia. Sob o pretexto da Primeira Emenda, a ciberelite armou uma defesa, entoada como um mantra, da liberdade de expressão, essa característica supostamente essencial da ciberutopia. Mas temos de perguntar: *liberdade de expressão para quem?* Não, ao que parece, para as jovens que queriam falar sobre zines Riot Grrl. E não, ao que parece, para Brail, que se levantou em sua defesa. Quando mulheres que enviam mensagens para *alt.feminism* são chamadas de "cadelas" por rapazes irados, *isso* é liberdade de expressão? Quando, em grupos de discussão de *Arquivo X*, é dito a mulheres que suas mensagens voluptuosas exaltando David Duchovny são obscenas, *isso* é liberdade de expressão? Quando, em grupos de discussão de *Jornada nas estrelas*, mulheres recebem mensagens ofensivas por expressar insatisfação com os papéis femininos na série, *isso* é liberdade de expressão? "Quantas mulheres", pergunta-se Brail, "pararam de enviar mensagens depois de enjoar de ser atacadas constantemente por suas opiniões?"[21] Devemos perguntar, portanto: para *quem* a ciberutopia vai realmente existir?

As mulheres não são as únicas a encontrar obstáculos no domínio digital. Homossexuais, não-brancos e não-anglos também se defrontam com barreiras semelhantes. A visão celestial de um lugar em que os "homens de todas as nações caminharão em harmonia" é uma das principais fantasias sob as quais o ciberespaço está sendo promovido, mas, a despeito dos louvores públicos que muitos entusiastas do ciberespaço entoam ao pluralismo, *nem* todas as culturas são igualmente bem-vindas no ciberespaço. Ao contrário, o comentador Ziaudin Sardar sugere que o que estamos vendo é menos um espaço para vibrante pluralismo que uma nova forma de imperialismo ocidental.

Sardar observa que grande parte da retórica usada pelos paladinos do ciberespaço é tomada da linguagem da colonização. O ciberespaço é rotineiramente referido como um "novo continente" ou uma "nova fronteira" e sua conquista e colonização muitas vezes comparadas à conquista e colonização do "Novo Mundo". Um exemplo típico vem de Ivan Pope, editor da revista britânica on-line *3W*, que o descreveu como "um desses lugares míticos, como o Oeste americano ou o interior da África, que desperta as paixões de exploradores e aventureiros". A manchete para uma matéria de capa do *Mondo 2000*, jornal cyberpunk on-line baseado em São Francisco, declarou simplesmente: A CORRIDA COMEÇOU! A COLONIZAÇÃO DO CIBERESPAÇO.

O tema da colonização se reflete também num documento amplamente citado intitulado "Cyberspace and the American Dream: A Magna Carta for the Knowledge Age", composto pelo conselho consultor direitista da Progress and Freedom Foundation e baseado nas idéias de um grupo que incluía Esther Dyson e Alvin Toffler. Essa ciber-carta magna declara francamente que "o que está acontecendo no ciberespaço ... [evoca] o espírito de invenção e descoberta que conduziu ... gerações de pioneiros a domesticar o continente americano".[22] Numa disposição semelhante, John Perry Barlow, da Electronic Frontier Foundation, escreveu: "Colombo foi provavelmente a última pessoa a contemplar tanto território aproveitável e sem dono como esses cibernautas descobriram."[23]

Mas, é claro, o "território" das Américas *tinha* dono. A "domesticação" do Oeste americano, que os autores da ciber-carta magna desejariam emular também acarretou (e muitas vezes assegurou) a "domesticação" de dezenas de outras culturas. Segundo Sardar, esse é também o perigo oculto do ciberespaço. Em vez de abraçar outras culturas e suas tradições, ele sugere, o "ciberespaço está particularmente equipado para a obliteração de todas as histórias não-ocidentais". Ele explica: "Se Colombo, Drake e outros heróis fanfarrões da civilização ocidental não eram nada piores que os pioneiros no ciberespaço, então eles [também, por associação] devem ser sido uma boa coisa."[24] A conseqüência, Sardar observa, é que o povo colonizado "deveria ser grato" por todas as "maravilhosas" tecnologias que o Ocidente trouxe. Certamente vale a pena perguntar, como faz Sardar, por que, numa época em que as metáforas da fronteira colonial estão sendo tão criticadas em toda parte, elas estariam sendo abraçadas pelos paladinos do ciberespaço.

Sejam quais forem as implicações dessa fronteira ciberespacial retórica com relação a nosso passado, ela sugere, talvez de maneira mais insidiosa, um imperialismo cultural em ação *agora*. Uma fronteira, por definição, é um lugar onde as coisas estão sendo formadas de novo. E novidade é exatamente o que muitos ciberentusiastas prezam acima de tudo. Para muitos deles, a história pouco interessa, porque o que *realmente* importa é o futuro, um futuro glorioso e inaudito que brotará supostamente de suas cabeças, como uma Atena. Nessa atmosfera de culto do futuro, diz Sardar, não pode haver respeito genuíno pelas tradições de nenhuma cultura. Com o mundo sendo constantemente formado de novo na fronteira digital, os modos tradicionais de pensar e ser são muito facilmente reduzidos a curiosidades: "Outros povos e suas culturas tornam-se meros 'modelos', meros zeros e uns no ciberespaço."[25] É um processo que Sardar condena como a "museificação do mundo".

Além disso, numa escala global, o ciberespaço fornece às empresas oportunidades sem precedentes para "comerciar gigabytes de informação sobre dinheiro e morte". Nunca devemos esquecer o papel dos militares no desenvolvimento inicial do ciberespaço e sua presença contínua na vanguarda dessa tecnologia. Não é irrelevante que a primeira aplicação jamais desenvolvida de realidade virtual on-line multiusuária fosse destinada à simulação de uma batalha intercontinental.[26] Além dos militares, os maiores usuários do ciberespaço estão na indústria financeira, e já se sabe que bilhões de dólares oriundos de atividade criminosa são lavados às ocultas através das redes de computadores do mundo, dissolvidos em aparente legitimidade pelo poder purificador do silício. Se, como Sardar e outros sugerem, "o cibercrime vai ser *o* crime do futuro", seria o caso de perguntar se o ciberespaço não vai ser mais parecido com uma nova Gomorra do que com uma Nova Jerusalém.[27]

Pensando sobre o potencial do ciberespaço, poderíamos considerar tudo isso em termos dantescos. Como um homem da Idade Média, Dante viveu antes da época em que a tecnologia passou a ser vista como uma força para a criação de uma Nova Jerusalém. No tempo *dele*, a ação humana tendia a ser mais associada à criação do Inferno. Uma das mensagens mais fortes da *Divina comédia* é que o Inferno é um lugar que nós, seres humanos, construímos para nós mesmos. Como observei no capítulo 1, no cosmo medieval o Inferno era o espaço que ficava literalmente *dentro* da esfera da atividade humana, e não foi por acaso que Dante o situou dentro da Terra. Metaforicamente falando, o Inferno de Dante era o espaço interior das mentes de homens doentios, um lugar de vaidade, ilusão, ego e obsessão consigo mesmo. As pobres almas aprisionadas ali estavam condenadas a passar a eternidade chafurdando na doença e no excremento da psique coletiva da raça humana.

Ora, o ciberespaço também é um espaço interior fabricado pela própria humanidade, um espaço onde os aspectos mais vis do comportamento humano podem muito facilmente florescer. Nos últimos anos, sites neonazistas e *skinhead* proliferaram na Web, enquanto grupos USENET deram amplas oportunidades para racistas e fanáticos difundirem suas mensagens de ódio.[28] Surfar por esses sites, com suas diatribes abertamente violentas, anti-sociais e anti-governo, é realmente baixar a um novo círculo do Inferno. Para não falar da pornografia, para a qual a Web sem dúvida representou o maior benefício desde a invenção da fotografia. Como Sardar observa, as entranhas do ciberespaço são realmente "uma sopa grotesca". A lembrança que ocorre aqui não é tanto a do Paraíso, mas, como na Figura 8.1, do outro pólo do espaço da alma medieval. Em suma, embora expoentes contemporâneos da tradição renascentista vejam o ciberespaço com um lugar potencialmente celestial, num retorno à tradição medieval anterior, é plenamente possível, se não tomarmos cuidado, que o ciberespaço fique parecido bem menos com o Céu do que com o Inferno.

Além da ciberutopia

Contudo, tendo reconhecido a inadequação de grande parte da retórica ciberutópica e as iniqüidades não desprezíveis hoje presentes em muitas comunidades do ciberespaço, gostaria de encerrar este livro com um tema positivo, por me parecer que, apesar de seus problemas, o ciberespaço realmente nos oferece um quadro essencialmente positivo. De certa forma, acredito que ele poderia contribuir para nossa compreensão de como construir comunidades melhores. Não quero usar a palavra "utópico" aqui, porque esse conceito tem claras conotações cristãs, e quero terminar numa nota menos cristocêntrica, menos eurocêntrica e mais universal. Quero retornar aqui, no final de nossa história, a uma idéia que foi introduzida no final do capítulo 6 — a noção de ciberespaço como uma *rede de relações*. Acredito que é esse aspecto inerentemente *relacional* do ciberespaço que pode servir como uma metáfora poderosa para a formação de comunidades melhores.

Por sua própria natureza, o ciberespaço chama nossa atenção para algo que foi implicitamente compreendido pela maioria dos sistemas míticos e das religiões tradicionais pelo mundo todo — o modo como os seres humanos se unem em comunidades através redes de relações. Sendo ele próprio uma rede de relações, o ciberespaço é o *epítome* de qualidades fundamentais para a criação e a manutenção de uma comunidade forte. Este ponto é crucial, e merece nossa atenção.

FIGURA 8.1. Detalhe do *Juízo Final*, na Capela Arena. Poderia o ciberespaço se tonar menos parecido com o Céu e mais com o Inferno?

Seja o que for que as pessoas estão *fazendo* no ciberespaço, e seja qual for o *conteúdo* dele, o ciberespaço é ele próprio uma rede de relações em vários sentidos diferentes. Em primeiro lugar, em seu nível subjacente ele consiste de uma rede física de computadores interligados por cabos telefônicos, fibras ópticas e satélites de comunicação. Mas, ao lado dessa rede física, há também uma vasta rede não física, pois muitas das relações que constituem o ciberespaço são meros vínculos lógicos, implementados apenas em software. Em ambos os níveis, a própria essência do ciberespaço é *relacional*: ele é um conjunto de relações entre nós de hardware, por um lado, e entre entidades de software, como sites da Web e da Telnet, por outro.

Em ambos os níveis, o ciberespaço pode servir como uma metáfora da comunidade, porque as comunidades humanas também estão ligadas por redes de relações; as *redes de parentesco* de nossas famílias, as *redes sociais* de nossos amigos e as *redes profissionais* de nossos associados no trabalho.

Em qualquer comunidade moderna, há também redes inter-relacionadas de negócios, de serviços sociais, de igrejas, de provedores de assistência médica, e assim por diante. Como o ciberespaço, essas redes humanas também têm componentes físicos e não físicos. Redes de assistência médica, por exemplo, compõem-se de um conjunto físico de construções hospitalares, mas também se fundam numa rede de vínculos imateriais entre médicos e especialistas que encaminham pacientes uns para os outros. Também nesse caso, há componentes "hardware" e "software".

Para se resguardar a integridade do ciberespaço como um espaço globalmente partilhado, a manutenção de vínculos de rede confiáveis é decisiva. Todos que já experimentaram dificuldades em se conectar com a Net por causa de uma linha telefônica ruim sabem o quão criticamente o ciberespaço depende de bons vínculos de rede. Em outras palavras, a força do ciberespaço como um *todo* depende da manutenção de boas conexões entre os vários nós. Mais uma vez, esta é uma poderosa metáfora das comunidades humanas, pois a força de nossas comunidades também depende da manutenção de conexões "fortes" entre nós — isto é, entre indivíduos e entre diferentes grupos sociais. Exatamente como no caso do ciberespaço, a integridade do *espaço social* humano depende da força e da confiabilidade de *nossas* redes.

Outra característica que aglutina qualquer comunidade humana é o fato de um grupo de pessoas "habitarem" um "mundo" comum — isto é, de partilharem uma visão comum da realidade, ou uma "visão de mundo". Central para a criação de uma visão de mundo comum é uma linguagem comum, pois a linguagem é o meio fundamental pelo qual nós humanos *damos sentido* ao mundo à nossa volta. O que é *real* para as pessoas são as coisas para as quais elas têm palavras, aqueles conceitos e idéias que a linguagem delas literalmente *articula*. Em certo sentido, a linguagem *cria* o mundo de qualquer povo. Ora, o ciberespaço é ele próprio um "mundo" criado pela linguagem, um mundo que realmente ganha existência através do poder de linguagens de computador especialmente designadas. Mais uma vez, portanto, em sua própria ontologia, o ciberespaço serve como uma metáfora de processos centrais para a criação de comunidades humanas.

O poder de "fabricação do mundo" da linguagem foi reconhecido nos mitos e nas lendas da criação de culturas e religiões do mundo todo. No Antigo Testamento, por exemplo, encontramos a famosa expressão: "No início era o Verbo." Com essas palavras, os autores da escrituras hebraicas reconhecem que antes da linguagem não havia, de fato, nada. O poder de criar o mundo da linguagem é reconhecido também pelas sofisticadas culturas dos aborígines australianos, que tradicionalmente entoavam canções ao caminhar por seus território, acreditando que suas encantações despertavam a terra para a vida. Todo o continente australiano é recortado por uma rede de trilhas conhecidas como "linhas de canção", cada uma associada a um complexo ciclo de canções. Para os aborigines, essas linhas de canção formavam a base de um sistema de navegação que abrangia todo o continente, uma rede estruturada e elaborada que lhes permitia *dar sentido* racional à sua vasta terra. Essencialmente, através do poder da linguagem, as linhas de canção davam *estrutura* a uma terra que, por trechos de centenas de quilômetros, é um deserto quase sem características. Em outras palavras, as linhas de canção transformavam o "vazio" do deserto num espaço ordenado e estruturado. Na realidade, geravam o espaço geográfico da vida aborigene. Além disso, essas linhas de canção geravam uma rede de relações entre as muitas comunidades diferentes que povoavam o continente australiano.

Também o ciberespaço é um caso paradigmático do poder de "fabricação do mundo" da linguagem. Em cada nível de comunicação eletrônica no interior da Internet, há linguagens especiais, ou "protocolos", que asseguram que todas as máquinas possa falar umas com as outras. O ciberespaço, como um mundo comunalmente partilhado, simplesmente não seria possível sem o poder imaterial da linguagem. Além dos vários "protocolos de rede", há também protocolos especiais que determinam como textos, figuras, som e vídeo devem ser codificados para transmissão pela Internet. Na verdade, não é possível fazer coisa alguma no ciberespaço sem recorrer a numerosas linguagens e protocolos eletrônicos.

É a efêmera tecnologia da linguagem que — de maneira ainda mais decisiva que o hardware — torna a o ciberespaço possível. Como diria o grande filósofo do espaço Henri Lefebvre, a "produção" do ciberespaço não pode ser reduzida exclusivamente a seus componentes físicos.[29] A irredutibilidade do ciberespaço a seu substrato físico é evidente em sua estrutura, que, como observamos, é parcialmente física e parcialmente não. Como William Gibson antecipou corretamente em sua ficção, a essência do ciberespaço não está em suas conexões materiais mas nas conexões lógicas (ou lingüísticas). Em última análise, o ciberespaço não é uma mera rede física, é acima de tudo uma rede lógica.

E, mais uma vez, há uma dimensão profundamente *comunal* na "produção" do ciberespaço, pois em matéria de realidade prática as linguagens eletrônicas que produzem esse domínio digital devem ser programadas e implementadas por grandes grupos internacionais de engenheiros de rede e cientistas computacionais. Cada linguagem e cada protocolo eletrônico que tornam o ciberespaço possível são cuidadosamente programados por comitês internacionais especializados. Além disso, uma vez estabelecidos, esses protocolos só funcionam efetivamente porque toda a comunidade da rede concorda em adotar esse códigos comuns. Sem essa responsabilidade mútua, a coerência do ciberespaço logo desmoronaria, porque os vários segmentos da rede já não seriam capazes de se comunicar entre si. Na verdade, poderiam não ser capazes de comunicar de maneira alguma. A própria existência do ciberespaço como um espaço globalmente partilhado depende, portanto, de uma comunidade extremamente cooperativa e mutuamente responsável. Nesse sentido, o ciberespaço é um maravilhoso exemplo do que uma comunidade assim pode realizar — nada menos que a criação de um novo espaço de existência global.

Acredito haver nisso uma lição importante a aprender do ciberespaço: qualquer comunidade que partilhe um "mundo" está necessariamente presa a uma *rede de responsabilidade.* Sem o permanente apoio de uma comunidade, *qualquer* mundo (isto e, *qualquer* espaço de existência) começará a se desintegrar. Se o ciberespaço nos ensina alguma coisa é que os mundos que concebemos (os espaços que "habitamos") são projetos comunais que exigem responsabilidade comunal permanente.

Alguns leitores vão contestar esta idéia. Vão objetar que mesmo que o *ciberespaço* seja um mundo comunalmente produzido, o mundo físico é independente dos seres humanos e o espaço físico não depende de nós para sua sustentação. Em certo nível isto é verdade: o mundo físico não se desintegraria se todos os seres humanos desaparecessem amanhã. O que se desintegraria na falta de apoio comunal contínuo, no entanto, é nossa concepção particular desse mundo — nossa *visão de mundo.* Considere por exemplo a transformação fundamental que estivemos descrevendo neste livro, a transição da visão de mundo medieval (com sua concepção dualista do espaço, espiritual e físico) para a moderna visão científica do mundo (com sua concepção monista do espaço). Ao longo de toda essa transição, o mudo físico *em si mesmo* não mudou; contudo, no plano da realidade vivida, o mundo tal como percebido pelos medievais realmente *desapareceu.* Aquele complexo esquema espacial dualista foi substituído por um novo esquema espacial monista com propriedades radicalmente diferentes. Num certo sentido, deveríamos concluir que o mundo medieval *se desintegrou* — não porque o cosmo em si mesmo tenha mudado de caráter, mas porque o apoio comunal para aquela visão de mundo particular foi gradualmente erodido.

Assim como o ciberespaço é comunalmente produzido, assim também o são, num sentido profundo, todos os espaços. Quer estejamos falando sobre concepções medievais de espaço espiritual, ou sobre concepções científicas do espaço físico, *todo* tipo de espaço deve ser conceituado, e portanto "produzido", por uma comunidade de pessoas. Aqui, novamente, a linguagem é chave, pois cada tipo diferente de espaço requer um tipo diferente de linguagem. Assim como o ciberespaço não pôde ganhar existência até que novos tipos de linguagem para a comunicação eletrônica fossem desenvolvidos, assim também *qualquer* novo tipo de espaço requer o desenvolvimento de uma nova linguagem.

Tomemos, por exemplo, o espaço astronômico. No tempo de Copérnico, simplesmente não existia uma linguagem para se falar sobre fenômenos cosmológicos em termos físicos. Ao longo dos últimos quatro séculos, os cientistas desenvolveram gradualmente uma linguagem sofisticada de cosmologia física, de modo que os que estudam atualmente fenômenos como "estrelas de nêutrons" e "pulsares", o "big bang" e a "expansão de Hubble", a "lente gravitacional" e os "espectros estelares" podem se comunicar uns com os outros de maneira eficiente e efetiva. Nomear é, num sentido profundo, criar. E um dos maiores feitos da revolução científica foi articular uma linguagem do espaço físico. Na verdade, a criação de novas linguagens científicas é um processo constante na história científica. Em nosso próprio século, os cientistas que estudam o espaço relativístico desenvolveram gradualmente *sua* própria linguagem, como também o fizeram os que teorizam sobre o hiperespaço. Quem duvidar de que essas disciplinas têm suas próprias linguagens distintas talvez queira tentar ler alguns dos artigos produzidos sobre elas. É precisamente por que cada disciplina científica tem agora sua própria linguagem que se tornou tão difícil, mesmo para outros cientistas, ficar a par do avanços em outros campos fora do próprio domínio de especialidade.

Meu objetivo aqui não é sugerir que o espaço astronômico ou o espaço relativístico sejam meras invenções de nossas mentes, mas antes reconhecer que a "produção do espaço" — qualquer tipo de espaço — é *necessariamente* uma atividade comunal. Os espaços que habitamos são indefectivelmente articulados por comunidades de pessoas, que não são capazes de expressar suas idéias sobre a realidade senão através do meio da linguagem. O modo como nos vemos inseridos num esquema espacial mais amplo não depende apenas de nosso conhecimento dos "fatos"; está sempre em jogo uma questão de negociação social e lingüística.

Como o próprio Einstein reconheceu, é a linguagem que usamos — os conceitos que articulamos e portanto as perguntas que formulamos — que determina o tipo de espaço que somos capazes de ver. Alterando os parâmetros da linguagem científica, Einstein foi capaz de formular uma nova concepção do espaço. O espaço relativístico nada tem de ficção (eu não estaria escrevendo este manuscrito num computador se os projetistas de microchips não tivessem entendido os efeitos relativísticos do comportamento do elétron), mas, dito isto, é importante compreender que o espaço relativístico *não* é alguma realidade "transcendente" na mente de algum Deus. Num sentido muito forte, ele não existiria sem Einstein e a comunidade subseqüente dos físicos da relatividade. Se todos os físicos da relatividade morressem amanhã e todos os artigos sobre o assunto desaparecessem de repente, em que sentido poderíamos dizer que o espaço relativístico continuaria a "existir"? Assim como o espaço da alma medieval desapareceu com o falecimento da comunidade que suportava esse conceito, assim também o espaço relativístico iria desaparecer da paisagem da psique humana sem a persistente sustentação da comunidade dos físicos.

Uma vez que todos os espaços são necessariamente produções de comunidade específicas, não é de surpreender que concepções do espaço reflitam muitas vezes as sociedades de que brotam. Samuel Edgerton observou que o espaço da perspectiva linear era uma "metáfora visual" da ordem e da racionalidade mercantil da sociedade florentina do século XIV.[30] O antropólogo Emile Durkheim sustentou que, de fato, as concepções de espaço das diferentes sociedades sempre refletem a organização social de suas comunidades. Cita, por exemplo, os índios Zuni, que dividem o espaço em sete regiões distintas — norte, sul, leste, oeste, zênite, nadir e centro — que derivavam de sua experiência social. Segundo Durkheim, esse espaço séptuplo não era "nada menos que o território da tribo, só que infinitamente estendido".[31]

Como uma produção das comunidades ocidentais do final do século XX, também o ciberespaço reflete a sociedade da qual se origina. Como observamos, esse espaço está surgindo num momento em que muitos no mundo ocidental estão se cansando de uma visão de mundo puramente fisicalista. Terá sido por acaso que inventamos um novo espaço imaterial exatamente nesse ponto de nossa história? Justamente no momento em que muitas pessoas estão ansiando mais uma vez por alguma espécie de espaço espiritual ou psicológico coletivo?

Reconhecer a natureza contingente de nossas concepções do espaço não é desvalorizá-las — o espaço relativístico não é menos útil ou belo porque compreendemos sua inserção cultural. Mas, ao reconhecer isso, podemos nos tornar menos propensos a desvalorizar *outras* concepções do espaço. O fato de vivermos agora com dois tipos muito diferentes de espaço — espaço físico e ciberespaço — poderia também nos ajudar a ter uma atitude mais pluralista com relação ao espaço em geral. Em particular, poderia estimular uma maior abertura em relação aos esquemas espaciais de outras sociedades. Além disso, se a história que estivemos delineando neste livro encerra alguma lição, acredito ser a de que nossos esquemas espaciais são não apenas culturalmente contigentes, como historicamente contigentes. Uma visão definitiva ou suprema do espaço é coisa que não existe; há apenas um processo perene e aberto em que podemos descobrir constantemente novos aspectos desse fenômeno interminavelmente fascinante.

Ao longo de toda a história, novos espaços ganharam existência à medida que outros, mais antigos, desapareciam. Com cada mudança em nossa concepção do espaço ocorre também uma mudança correspondente em nossa concepção do universo — e portanto de nosso lugar e papel nesse universo. Em última análise, nossa concepção de nós mesmos está indelevelmente ligada à nossa concepção do espaço. Como observei no início deste livro, povos que se vêem como implantados no espaço tanto físico quanto espiritual só podem se ver *a si mesmos* de maneira dualista, como seres físicos e espirituais. Mas pessoas que concebem o espaço em termos puramente físicos são praticamente compelidas a se ver como seres puramente físicos. Essa, é claro, não é a única escolha; povos de cultura não ocidentais conceberam opções inteiramente diferentes. O que *é* universal é que concepções de espaço e concepções de si mesmo se espelham mutuamente. Num sentido muito real, somos os produtos de nossos esquemas espaciais.

Com o advento do ciberespaço, somos portanto alertados para o fato de que nossa concepção de nosso mundo, e de nós mesmos, tende a mudar. Assim como o advento de outros tipos de espaço sempre lançou a visão de mundo de uma época num estado de fluxo, assim também o ciberespaço vai provavelmente alterar nossa visão da realidade de maneiras poderosas. Que mudanças exatamente esse novo espaço vai precipitar? Que tipos de mudanças da realidade acarretará? E como irá afetar nossa concepção de nosso próprio papel dentro do sistema do mundo? Ainda não podemos responder a estas perguntas porque é muito cedo para saber. Em certo sentido, estamos numa posição semelhante à dos europeus do século XVI, que estavam apenas começando a tomar conhecimento do espaço físico dos astros, um espaço totalmente alheio à sua concepção anterior da realidade. Como Copérnico, estamos tendo o privilégio de testemunhar a aurora de um novo tipo de espaço. O que a história fará desse espaço, de maneira muito apropriada, só o tempo irá dizer.

Notas

Introdução: Os portais do Paraíso do ciberespaço (p.13-31)

1. *Apocalipse* 21:1-24

2. Marvin Minsky, citado em Avital Ronell, "A Disappearance of Community", in Mary Anne Moser e Douglas MacLeod (orgs.), *Immersed in Technonoly: Art and Virtual Environments*. Cambridge, Mass., MIT Press, 1996, p.121.

3. Kevin, Kelly, citado do Harper's Magazine Forum "What Are We Doing On-Line?" *Harper's Magazine*, agosto de 1995, p.39.

4. Michael Heim, "The Erotic Ontology of Cyberspace", in Michael Benedikt (org.), *Cyberspace: First Steps*, Cambridge, Mass., MIT Press, 1991 p.61.

5. Michael Benedikt, "Introduction", *Cyberspace: First Steps*, p.18.

6. Benedikt, ibid., p.16.

7. Benedikt, ibid., p.14.

8. Nicole Stenger, "Mind Is a Leaking Rainbow", in *Ciberspace: First Steps*, p.52.

9. Hans Moravec, *Mind Children: The Future of Robot and Human Intelligence*. Cambridge, Mass., Harvard University Press, 1988, p.124.

10. Mary Midgley, *Science as Salvation: A Modern Myth and its Meaning*. Londres, Routledge, 1992.

11. Umberto Eco, *Travels in Hyperreality*. San Diego, Harcourt Brace Jovanovich, 1986, p.75.

12. Eco, ibid., p.75.

13. Gerda Lerner, ver *The Creation of Feminist Consciousness: From the Middle Ages to Eighteen-Seventy*. Nova York, Oxford University Press, 1987.

14. Elaine Pagels, ver *The Gnostic Gospels*. Nova York, Vintage Books, 1989.

15. William Gibson, *Neuromancer*. Nova York, Ace Books, 1994, p.6.

16. Citado in Timothy Druckrey, "Revenge of the Nerds: An Interview with Jaron Lanier", *Afterimage*, maio de 1991.

17. Moravec, *Mind Children*, p.4.

18. Esse relatório está disponível on-line em www.ecommerce.gov.

19. Heim, "The Erotic Ontology of Cyberspace", p.73.

20. Citado in Neil Postman, "Virtual Student, Digital Classroom", *The Nation*, 9 de outubro de 1995, p.377.

21. Heim, "The Erotic Ontology of Cyberspace", p.61.

22. Nicholas Negroponte, *Being Digital*. Nova York, Vintage Books, 1996, p.6. [Ed. bras.: *A vida digital*. São Paulo, Companhia das Letras, 1998.]

23. Max Jammer, *Concepts of Space: The History of Theories of Space in Physics*. Nova York, Dover, 1993, p.26.

24. Henri Lefevbre, *The Production of Space*, trad. de Donald Nicholason-Smith. Oxford, Blackwell, 1991, p.2.

25. David F. Noble, *The Religion of Technology: The Divinity of Man and the Spirit of Invention*. Nova York, Alfred A. Knopf, 1997, p.5.

Capítulo 1 — Espaço da alma (p.33-55)

1. Dante Alighieri, *The Divine Comedy*, trad. C.H. Sisson. Oxford, Oxford University Press, 1993. *Paradiso* I: 73.

2. Jacques Le Goff, *The Birth of Purgatory*. Chicago, University of Chicago Press, 1984, p.290.

3. Giuseppe Mazzotta, "Life of Dante", in Rachel Jacoff (org.), *The Cambridge Companion to Dante*. Cambridge, Cambridge University Press, 1993, p.8-9.

4. John Kleiner, *Mismapping the Underworld: Daring and Error in Dante's Comedy*. Stanford, Calif., Stanford University Press, 1994.

5. Jeffrey Burton Russell, *Inventing the Flat Earth: Columbus and Modern Historians*. Nova York, Praeger, 1991.

6. *Inferno* XXXIV:112-114

7. *Inferno* III:1-3.

8. *Inferno* V:10-12.

9. *Inferno* XXXIV:12.

10. *Inferno* XXXIV:18.

11. John Freccero, "Introduction to *Inferno*", in *The Cambridge Companion to Dante*, p.175.

12. Freccero, ibid., p.175.

13. Freccero, ibid., p.176.

14. Ronald R. MacDonald, *The Burial-Places of Memory: Epic Underworlds in Virgil, Dante, and Milton*. Amherst, The University of Massachusetts Press, 1987, p.65.

15. *Purgatorio* I: 5-6.

16. Le Goff, *The Birth of Purgatory*, p.339.

17. Jeffrey T. Schnapp, "Introduction to *Purgatorio*", in *The Cambridge Companion to Dante*, p.195.

18. *Purgatorio* XXI: 68.

19. O mundo da *Divina comédia* é cheio dessas reflexões e ressonâncias sutis. De fato, os especialistas em Dante através das épocas têm se deliciado em encontrar harmonias espaciais sutis através desse cosmo imaginário.

20. Freccero, "Introduction to *Inferno*", p.176.

21. Schnapp, "Introduction to *Purgatorio*", in *The Cambridge Companion to Dante*, p.194.

22. Schnapp, ibid., p.195.

23. A única exceção a esta regra são alguns profetas do Antigo Testamento que, segundo Dante, Cristo elevou imediatamente após sua morte.

24. *Purgatorio* XXXIII: 145.

25. *Paradiso* I:136-138.

26. Le Goff, *The Birth of Purgatory*, p.12.

27. *Purgatorio* XXIII: 88.

28. Le Goff, *The Birth of Purgatory*, p.12.

29. Le Goff, ibid., p.12.

30. Le Goff, ibid., p.288

31. Le Goff, ibid., p.12

32. Le Goff, ibid., p.12

33. Esta expressão vem do tíulo da obra de J. Chiffoleau, *La Comptabilité de l'au-delà*. Roma, École Française de Rome, 1980.

34. *Apocalipse* 20:12.

35. Le Goff, op.cit., p.242.

36. *Purgatorio* V: 88-136.

37. Rachel Jacoff, "'Shadowy Prefaces': An Introduction to *Paradiso*", in *The Cambridge Companion to Dante*, p.215.

38. Jorge Luis Borges, *Seven Nights*. Londres, Faber and Faber, 1986, p.6.

39. Le Goff, *The Birth of Purgatory*, p.177.

40. Le Goff, ibid., p.32.

41. Jeffrey Burton Russell, *A History of Heaven: The Singing Silence*. Princeton, Princeton University Press, 1997, p.137.

42. Russell, ibid., p.137.

43. Russell, ibid., p.11.

44. Russell, ibid., p.11.

45. Russell, ibid., p.11.

46. Russell, ibid., p.11.

47. Russell, ibid., p.181.

Capítulo 2 — Espaço físico (p.57-89)

1. John White, *The Birth and Rebirth of Pictorial Space*. Londres, Faber and Faber, 1989, p.57.

2. Julia Kristeva, "Giotto's Joy", p.27.

3. *Purgatorio*, X: 33.

4. É interessante observar aqui que, como o trajeto de Dante através do Purgatório, as imagens de Giotto também seguem uma espiral voltada para a direita.

5. White, *The Birth and Rebirth of Pictorial Space*, p.34.

6. Hubert Damisch, *The Origins of Perspective*, trad. de John Goodman. Cambridge, Mass., MIT Press, 1995, p.xx.

7. Damisch, ibid., p.13.

8. Brian Rotman, *Signifying Nothing: The Semiotics of Zero*. Stanford, Calif., Stanford University Press, 1987, p.22.

9. Kristeva, "Giotto's Joy", p.40.

10. Kristeva, ibid., p.40.

11. Christine Wertheim, correspondência privada com a autora.

12. Samuel Y. Edgerton, *The Heritage of Giotto's Geometry: Art and Science on the Eve of the Scientific Revolution*. Ithaca, NY, Cornell University Press, 1991, p.45.

13. Edgerton, ibid., p.45.

14. Edgerton, ibid., p.48.

15. Max Jammer, *Concepts of Space: The History of Theories of Space in Physics*. Nova York, Dover, 1993. Ver capítulo 3.

16. Citado in Max Jammer, ibid., p.11.

17. White, *The Birth and Rebirth of Pictorial Space*, p.57-65.

18. Citado in E.J. Dijksterhuis, *The Mechanization of the World Picture: Pythagoras to Newton*, trad. de C. Dikshoorn. Princeton, NJ, Princeton University Press, 1986, 162.

19. Ver meu livro *Pythagoras' Trousers*. Nova York, W.W. Norton, 1997. Nele traço a história da relação entre física e religião.

20. Jammer, *Concepts of Space*, p.81.

21. Jammer, ibid., p.28.

22. Edward Grant, *Much Ado About Nothing: Theories of Space from the Middle Ages to the Scientific Revolution*. Cambridge, Cambridge University Press, 1981, p.100.

23. Observe também que o céu de Piero é um céu físico real povoado por *nuvens*. O azul puro e plano de Giotto foi agora substituído por tufos brancos esgarçados.

24. Citado em Samuel Y. Edgerton Jr., *The Renaissance Rediscovery of Linear Perspective*. Nova York, Basic Books, 1975, p.42.

25. Morris Kline, *Mathematical Thought from Ancient to Modern Times*, vol.I. Nova York, Oxford University Press, 1990, p.233.

26. Rotman, *Signifying Nothing*, p.19.

27. A coisa toda é falsa. Nenhum dos detalhes arquitetônicos é real — é tudo pintado sobre um teto liso e encurvado.

28. Michael Kubovy, *The Psychology of Perspective and Renaissance Art*. Nova York, Cambridge University Press, 1993, p.52-64.

29. Rotman, *Signifying Nothing*, p.32-44.

30. Edgerton, *The Heritage of Giotto's Geometry*. Essa é de fato a tese inovadora do livro de Edgerton, que descreve em detalhe a evolução da perspectiva e sustenta sua importância fundamental na evolução da ciência moderna.

31. Edgerton, ibid., p.224.

32. E.A. Burtt, *The Metaphysical Foundations of Modern Science*. Atlantic Highlands, NJ, Humanities Press, 1980, p.93.

Capítulo 3 — Espaço celeste (p.91-114)

1. Jeffrey Burton Russell, *A History of Heaven: The Singing Silence*. Princeton, NJ, Princeton University Press, 1997, p.126.

2. Russell, ibid., p.XIV.

3. Samuel Y. Edgerton, *The Heritage of Giotto's Geometry: Art and Science on the Eve of the Scientific Revolution*. Ithaca, NY, Cornell University Press, 1991, p.195-6.

4. Edgerton, ibid., p.196.

5. Edgerton, ibid., p.221.

6. Edgerton, ibid., p.196.

7. *The New Encyclopaedia Britannica*, vol.8. Chicago, Encyclopaedia Britannica., 1989, p.688.

8. Eduard J. Dijksterhuis, *The Mechanization of the World Picture: Pythagoras to Newton*. Princeton, NJ, Princeton University Press, 1986, p.226.

9. Alexandre Koyré, *From the Closed World to the Infinite Universe*. Baltimore, John Hopkins University Press, 1991, p.8.

10. Koyré, ibid., p.viii.

11. Jasper Hopkins, *Nicholas of Cusa: On Learned Ignorance*. Minneapolis, Minn., The Arthur J. Banning Press, 1990, p.117.

12. Hopkins, ibid., p.118.

13. Citado in Koyré, *From the Closed World to the Infinite Universe*, p.23.

14. Max Jammer, *Concepts of Space: The History of Theories of Space in Physics*. Nova York, Dover, 1993, p.84.

15. Hopkins, *Nicholas of Cusa: On Learned Ignorance*, p.119.

16. Hopkins, ibid., p.20.

17. Hopkins, ibid., p.119.

18. Hopkins, ibid., p.120.

19. Thomas S. Kuhn, *The Copernican Revolution: Planetary Astronomy and the Development of Western Thought*. Cambridge, Harvard University Press, 1985, p.125.

20. Kuhn, ibid., p.125.

21. Embora no cristianismo ocidental a data da Páscoa dependa dos ciclos do Sol e da Lua, na Igreja Ortodoxa oriental essa data é fixa.

22. Arthur Koestler, *The Sleepwalkers: A History of Man's Changing Vision of the Universe*. Londres, Arkana, 1989, p.143.

23. Fernand Hallyn, *The Poetic Structure of the World: Copernicus and Kepler*. Nova York, Zone Books, 1990, p.94-103.

24. Nicolau Copérnico, *On the Revolutions*, org. por J. Dobrzycki, trad. E. Rosen. Baltimore, John Hopkins Press, 1978, p.4.

25. Os interessados nessa história fascinante podem ver o capítulo 4 de meu livro *Pyhagoras' Trousers*. Para uma descrição mais detalhada há o maravilhoso livro de Arthur Koestler, *The Sleepwalkers*, e para os mais envolvidos recomendo o magnífico volume de Fernand Hallyn, *The Poetic Structure of the World*.

26. Owen Gingerich, *The Eye of Heaven: Ptolemy, Copernicus, Kepler*. Washington, DC, American Institute of Physics.

27. Kuhn, *The Copernican Revolution*, p.155.

28. Koestler, *The Sleepwalkers*, p.236.

29. Citado in Koestler, *The Sleepwalkers*, p.238.

30. Johannes Kepler, *Somnnium: The Dream, or Posthumous Work on Lunar Astronomy*, trad. Edward Rosen. Madison, University of Wisconsin Press, 1967, p.28.

31. Galileu Galilei, *Sidereus Nuncius, or The Sidereal Messenger*, trad. Albert Van Helden. Chicago, Chicago University Press, 1989, p.40.

32. Giordano Bruno, *The Ash Wednesday Supper*, org. e trad. de Edward Gosselin e Lawrence S. Lerner. Hamden, Conn., Anchor Books, 1977, p.152.

33. Kuhn, *The Copernican Revolution*, p.132.

34. Bruno, *The Ash Wednesday Supper*, p.152.

35. Edwin A. Burtt, *The Metaphysical Foundations of Modern Science*. Atlantic Highlands, NJ, Humanities Press, 1980, p.105.

36. Richard S. Westfall, ver *Never at Rest: A Biography of Isaac Newton*. Cambridge, Cambridge University Press, 1990.

37. Citado in Burtt, *The Metaphysical Foundations of Modern Science*, p.258.

38. Thomas Hobbes, *The Philosophical Works of Descartes*, vol.2, trad. de Elizabeth S. Haldane e G.R.T. Ross. Cambridge, Cambridge University Press, 1978, p.65.

39. Burtt, *The Metaphysical Foundations of Modern Science*, p.104.

Capítulo 4 — Espaço relativístico (p.115-38)

1. *Gênesis* 1: 14-17.

2. Timothy Ferris, *Coming of Age in the Milky Way*. Nova York, Anchor Books, 1989, p.144.

3. Gale E. Christianson, *Edwin Hubble: Mariner of the Nebulae*. Chicago, University of Chicago Press, 1995, p.152.

4. Christianson, ibid., p.152.

5. Christianson, ibid., p.143.

6. A partir do período, era possível avaliar o brilho *real* da cefeida; em seguida, comparando isso com seu brilho *aparente* (isto é, tal como observado da Terra), era possível calcular a que distância estava.

7. Robert D. Romanyshyn, *Technology as Symptom and Dream*. Nova York, Routledge, 1989, p.73.

8. Christianson, op.cit., p.189.

9. Ferris, *Coming of Age in the Milky Way*, p.208.

10. Ferris, ibid., p.209-10.

11. Margaret Wertheim, ver capítulo 8, "The Saint Scientific", in *Pythagoras' Trousers: God, Physics and the Gender Wars*. Nova York, W.W. Norton, 1997.

12. Paul Authur Schlipp (org.), *Albert Einstein: Philosopher-Scientist*. La Salle, Ill., Open Court, 1969. A citação é de Einstein.

13. Carta a Michele Besso, 12 de dezembro de 1919. In Michele Besso, *Correspondance 1903-1955*, org. de Pierre Speziali. Paris, Hermann, 1972, p.147-9.

14. Gene Dannen, "The Einstein-Szilard Refrigerators", *Scientific American*, janeiro de 1977, vol.276, 1, p.90-5.

15. Max Jammer, *Concepts of Space: The History of Theories of Space in Physics*. Nova York, Dover, 1993, p.127.

16. Jammer, ibid., p.129.

17. Jammer, ibid., p.141.

18. Citado in Jammer, ibid., p.143.

19. Citado in Banesh Hoffmann, *Relativity and Its Roots*. São Francisco, Freeman, 1983, p.129.

20. Você mesmo pode tentar isso, pegando um balão e pintando um grande número de pontos na sua superfície. Quando você inflar o balão, os pontos vão se afastar uns dos outros.

21. Paul Davies, *Superforce: The Search of a Grand Unified Theory of Nature*. Londres, Counterpoint, 1986, p.202.

22. Andrei Linde, *Particle Physics and Inflationary Cosmology*. Nova York, Harwood Academic Publishers, 1990, p.315.

23. Davies, *Superforce*, p.202.

24. Lawrence M. Krauss, *The Physics of Star Trek*. Nova York, HarperCollins, 1995, p.55.

25. Citado em Alex Burns, "The Tight Stuff", *21C: The Magazine of Culture Technology and Science*. Melbourne, Austrália: Magazines Unlimited, 2-1997, nº 23, p.57.

26. Stephen Hawking, *Black Holes and Baby Universes and Other Essays*. Nova York, Bentam Books, 1993, p.116. [Ed. bras.: *Buracos negros, universos-bebês e outros ensaios*. Rio, Rocco, 1995.]

27. Hawking, ibid., p.119.

28. Krauss, *The Physics of Star Trek*, p.47.

29. Hawking, *Black Holes and Baby Universes and Other Essays*, p.120.

30. John Gribbin, *Unveiling the Edge of Time: Black Holes, White Holes, Wormholes*. Nova York, Crown Trade Paperbacks, 1994, p.175.

31. Andrei Linde, "The Self-Reproducing Inflationary Universe", *Scientific American*, novembro de 1994, vol.271, nº 5, p.48-55. Ver também Lee Smolin, *The Life of the Cosmos*. Nova York, Oxford University Press, 1997.

32. Na verdade os produtores de *Jornada nas estrelas* parecem ter se dado conta desse problema. Na série *Voyager* a tripulação da *Enterprise* está constantemente buscando o "Setor Doméstico". O espaço propriamente dito permanece homogêneo e intrinsecamente sem direção, mas os produtores deram uma meta aos personagens.

Capítulo 5 — Hiperespaço (p.139-62)

1. H.G. Wells, *The Time Machine*. Londres, Everyman, 1993, p.4.

2. Linda Dalrymple Henderson, *The Fourth Dimension and Non-Euclidean Geometry in Modern Art*. Princeton, NJ, Princeton University Press, 1983, p.xix.

3. Henderson, ibid., p.xix.

4. Henderson, ibid., p.43.

5. J. J. Sylvester, "A Plea for the Mathematician", *Nature*, 30 de dezembro, nº 1869, p.238.

6. Edwin A. Abbott, *Flatland: A Romance of Many Dimensions by a Square*. Londres, Penguin Books, 1987, p.82-3.

7. Michio Kaku, *Hyperspace: A Scientific Odissey through Parallel Universes, Time Warps, and the Tenth Dimension*. Nova York, Oxford University Press, 1994, p.48. [Ed. bras.: *Hiperespaço: uma odisséia científica através de universos paralelos, empenamentos do tempo e a décima dimensão*. Rio, Rocco, 2000.]

8. Citado in Henderson, *The Fourth Dimension and Non-Euclidean Geometry in Modern Art*, p.53.

9. Charles Howard Hinton, *A New Era of Thought*. Londres, Swan Sonnenschein & Co., 1988, p.86.

10. Henderson, op.cit., p.246.

11. Peter Damianovich Ouspensky, *Tertium Organum: The Third Cannon of Thought, A Key to the Enigmas of the World* (1911), trad. Claude Bragdon e Nicholas Bessaraboff. Nova York, Alfred A. Knopf, 1922, p.327.

12. Henderson, *The Fourth Dimension and Non-Euclidean Geometry in Modern Art*, p.188.

13. Claude Bragdon, *Projective Ornament*. Rochester, NY, The Manas Press, 1915, p.11.

14. Citado em Geoffrey Broadbent, "Why a Black Square?", in *Malevich*. Londres, Art and Design/Academy Group, 1989, p.48.

15. Broadbent, "Why a Black Square?", p.49.

16. Citado em Henderson, *The Fourth Dimension and Non-Euclidean Geometry in Modern Art*, p.61.

17. Albert Gleizes e Jean Metzinger, *Du Cubism*, trad. e org. Robert L. Herbert. *Modern Artists on Art*. Englewood Cliffs, NJ, Prentice Hall, 1964, p.8.

18. Max Jammer, *Concepts of Space: The History of Theories of Space in Physics*. Nova York, Dover, 1993, p.152.

19. Citado in Jammer, ibid., p.147.

20. Kaku, *Hyperspace*, p.36.

21. Kaku, ibid., p.94.

22. Paul Davies, *Superforce: The Search for a Grand Unified Theory of Nature*. Londres, Unwin Paperbacks, 1986, p.151.

23. Kaku, *Hyperspace*, p.103.

24. Citado in Kaku, ibid., p.101.

25. Davies, *Superforce*, p.158.

26. Isso é assim mesmo quando efeitos quânticos são levados em conta.

27. Davies, *Superforce*, p.152.

28. Davies, ibid., p.165.

29. John Gribbin, *Unveiling the Edge of Time*. Nova York, Crown Publishers, 1992, p.154.

30. Kaku, *Hyperspace*, 98.

31. Robert D. Romanyshyn, *Technology as Symptom and Dream*. Nova York, Routledge, 1989, p.43.

32. Romanyshyn, ibid., p.43.

33. Romanyshyn, ibid., p.181.

34. Edwin A. Burtt, *The Metaphysical Foundations of Modern Science*. Atlantic Highlands, NJ, Humanities Press, 1980, p.95.

35. Ver a este respeito Hubert Damisch, *The Origin of Perspective*, trad. John Goodman. Stanford, Calif., Standford University Press, 1987, p.xix.

Capítulo 6 — Ciberespaço (p.163-84)

1. Katie Hafner e Matthew Lyon, *Where Wizards Stay Up Late: The Origins of the Internet*. Nova York, Simon and Schuster, 1996, p.151-5.

2. Hafner, ibid., p.168.

3. Hafner, ibid., p.178.

4. Hafner, ibid., p.242.

5. No início da década de 1980, começaram também os *bulletin board services* (BBs), mas em geral não eram interconectados em rede.

6. Howard Rheingold, *The Virtual Community: Homesteading on the Electronic Frontier*. São Francisco, HarperPerennial, 1994, p.27.

7. Sherry Turkle, *Life on the Screen: Identity in the Age of the Internet*. Nova York, Simon and Schuster, 1995, p.180.

8. De fato, há toda uma multiplicidade de mundos do tipo MUD. Outras variações são MOOs, MUSHs, MUCKs e MUSEs. Costuma-se, para abreviar, chamá-los todos de MUDs e este é o termo que usarei aqui.

9. Turkle, *Life on the Screen*, p.12.

10. William Gibson, *Neuromancer*. Nova York, Ace Books, 1986, p.51.

11. Rheingold, *The Virtual Community*, p.156.

12. Turkle, *Life on the Screen*, p.12.

13. Turkle, ibid., p.12.

14. Brenda Laurel, ver *Computer as Theater*. Addison-Wesley Publishing Company, 1993.

15. Emma Crooker, "Zebra Crossing", *HQ*, Sydney, Austrália, julho/agosto de 1997, p.63.

16. Shannon McRae, "Flesh Made Word: Sex, Text and the Virtual Body", in David Porter (org.) *Internet Culture*. Nova York, Routledge, 1997, p.79.

17. Turkle, *Life on the Screen*, p.21.

18. Rheingold, *The Virtual Community*, p.165.

19. McRae, "Flesh Made Word", p.79.

20. Turkle, *Life on the Screen*, p.203.

21. Rheingold, *The Virtual Community*, p.151.

22. Citado em Turkle, *Life on the Screen*, p.10.

23. Barbara Tuchman, *A Distant Mirror: The Calamitous 14th Century*. Nova York, Ballantine Books, 1987.

24. Erik Davis, "Techgnosis, Magic, Memory and the Angels of Information", in Mark Dery (org.), *Flame Wars: The Discourse of Cyberculture*. Durham, NC, Duke University Press, 1994, p.36.

25. John Kleiner, *Mismapping the Underworld: Daring and Error in Dante's Comedy*. Stanford, Calif., Stanford University Press, 1994, p.9.

26. Turkle, *Life on the Screen*, p.14.

27. Turkle, ibid., p.12.

28. Turkle, ibid., p.14.

29. Christine Wertheim, correspondência não publicada com a autora.

Capítulo 7 — Ciberespaço da alma (p.185-205)

1. Mark Pesce, "Ignition", discurso feito na conferência "World Movers", janeiro de 1997, São Francisco. Esse discurso está disponível on-line em www.hyperreal.com/~mpesce/.

2. Pesce, ibid.

3. Citado in Jeff Zaleski, *The Soul of Cyberspace*. São Francisco, HarperEdge, 1997, p.156.

4. Citado in Erik Davis, "Technopagans", *Wired*, julho de 1995, vol. 3.07.

5. Nicole Stenger, "Mind Is a Leaking Rainbow", in Michael Benedikt (org.), *Cyberspace: First Steps*. Cambridge, Mass., MIT Press, 1991, p.52.

6. Nicole Stenger, ibid., p.50.

7. William Gibson, *Mona Lisa Overdrive*. Nova York, Bantam Books, 1988, p.107.

8. David Thomas, "Old Rituals for New Space", in *Cyberspace: First Steps*, p.41.

9. Mircea Eliade, *The Sacred and the Profane: The Nature of Religion*. San Diego, Harcourt Brace, 1987, p.23.

10. Stenger, "Mind Is a Leaking Rainbow", p.55.

11. Eliade, *The Sacred and the Profane*, p.26.

12. Mary Midgley, *Science as Salvation: A Modern Myth and Its Meaning*. Londres, Routledge, 1992, p.15.

13. Michael Benedikt, "Introduction", in *Cyberspace: First Steps*, p.15.

14. Benedikt, ibid., p.15-16.

15. Benedikt, ibid., p.18.

16. Stenger, "Mind Is a Leaking Rainbow", p.56.

17. Stenger, ibid., p.57.

18. Vernor Vinge, *True Names*, p.142.

19. Steven Whittaker, "The Safe Abyss: What's Wrong with Virtual Reality?", *Border/Lines*, 33, 1994, p.45.

20. Caroline Walker Bynam, *Fragmentation and Redemption*. Nova York, Zone Books, 1992, p.256.

21. Bynam, ibid., p.264.

22. Jeffrey Fisher, "The Postmodern Paradiso: Dante, Cyberpunk, and the Technosophy of Cyberspace", in David Porter (org.), *Internet Culture*. Nova York, Routledge, 1997, p.120.

23. Fisher, ibid., p.121.

24. Vinge, *True Names*, p.96.

25. N. Katherine Hayles, "The Seduction of Cyberspace", in Verena Andermatt Conley (org.), *Rethinking Technologies*. Minneapolis, University of Minneapolis Press, 1993, p.173.

26. Hans Moravec, *Mind Children: The Future of Robot and Human Intelligence*. Cambridge, Mass., Harvard University Press, 1998, p.109-10.

27. Moravec, ibid., p.119.

28. Moravec, ibid., p.122.

29. Rudy Rucker, *Live Robots*. Nova York, Avon Books, 1994, p.240. [Este volume contém ambos os romances.]

30. É possível ter acesso a Alpha World e vários outros mundos virtuais on-line através do site da Active Worlds, em www.activeworlds.com.

31. Moravec, *Mind Children*, p.123.

32. Margaret Whertheim, ver *Pythagoras' Trousers*. Nova York, W.W. Norton, 1997.

33. Vinge, *True Names*, p.112.

34. Thomas, "Old Rituals for New Space", p.41.

35. Frances Yates, *Giordano Bruno and the Hermetic Tradition*. Chicago, University of Chicago Press, p.5.

36. Yates, ibid., p.32.

37. Yates, ibid., p.33.

38. Giordano Bruno, "The Expulsion of the Triumphant Beast", citado in Benjamin Farrington, *The Philosophy of Francis Bacon*. Chicago, University of Chicago Press, 1964, p.27.

39. Citado in Francis Yates, *The Rosicrucian Enlightenment*. Boulder, Col., Shambala Press, 1978, p.119.

40. David F. Noble, *The Religion of Techhology: The Divinity of Man and the Spirit of Invention*. Nova York, Alfred A. Knopf, 1997, p.5.

41. Erik Davis, ver *Techgnosis: Myth, Magic and Mysticism in the Age of Information*. Nova York, Harmony Books, 1998.

42. Michael Heim, "The Erotic Ontology of Cyberspace", in *Cyberspace: First Steps*, p.75.

43. Paulina Borsook, "Cyberselfish", *Mother Jones*, julho/agosto de 1996.

Capítulo 8 — Ciberutopia (p.207-25)

1. Avital Ronell, "A Disappearance of Community", in Mary Anne Moser e Douglas MacLeod (orgs.), *Immersed in Technology: Art and Virtual Environments*. Cambridge, Mass., MIT Press, 1996, p.119.

2. Howard Rheingold, *The Virtual Community: Homesteading on the Electronic Frontier*. São Francisco, HarperPerennial, 1994, p.24.

3. Rheingold, ibid., p.26.

4. Esther Dyson, *Release 2.0: A Design for Living in the Digital Age*. Nova York, Broadway Books, 1997, p.2.

5. Dyson, ibid., p.4.

6. Nicholas Negroponte, *Being Digital*. Nova York, Vintage Books, 1996, p.230. [Ed. bras.: *A vida digital*. São Paulo, Companhia das Letras, 1998.]

7. Citado in David F. Noble, *The Religion of Technology: The Divinity of Man and the Spirit of Invention*. Nova York, Alfred A. Knopf, 1997, p.40.

8. Citado in Noble, ibid., p.38.

9. William J. Mitchell, *City of Bits: Space, Place and the Infobahn*. Cambridge, Mass., MIT Press, 1996.

10. Mitchell, ibid., p.10.

11. Brian A. Connery, "IMHO: Authority and Egalitarian Rethoric in the Virtual Coffeehouse", in David Porter (org.), *Internet Culture*. Nova York, Routledge, 1997, p.161.

12. Sherry Turkle, *Life on the Screen: Identity in the Age of the Internet*. Nova York, Simon and Schuster, 1995, p.240.

13. Turkle, ibid.,, p.239.

14. Connery, "IMHO: Authority and Egalitarian Rethoric in the Virtual Coffeehouse", p.166.

15. Connery, ibid., p.175.

16. Connery, ibid., p.176.

17. Michele Tepper, "Usenet Communities and the Cultural Politics of Information", in *Internet Culture*, p.43.

18. Connery, "IMHO: Authority and Egalitarian Rethoric in the Virtual Coffeehouse", p.176.

19. Stephanie Brail, ver "The Price of Admission: Harassment and Free Speech in the Wild, Wild West", in Lynn Cherny e Elizabeth Reba Weise (orgs.), *Wired Women: Gender and New Realities in Cyberspace*. Seattle, Wash., Seal Press, 1996.

20. Brail, ibid., p.148.

21. Brail, ibid., p.152.

22. Progress and Freedom Foundation, "Cyberspace and the American Dream: A Magna Carta for the Knowledge Age". Este documento está disponível on-line em www.pff.org.

23. Citado em Mary Fuller e Henry Jenkins, "Nintendo and the New World Travel Writing: A Dialogue", in Steven G. Jones (org.), *Cybersociety: Computer-Mediated Communication and Community*. Londres, Sage, 1995, p.59.

24. Ziauddin Sardar, "alt.civilization.faq: Cyberspace as the Darker Side of the West", in Ziauddin Sardar e Jerome R. Ravetz (orgs.), *Cyberfutures: Culture and Politics on the Information Superhighway*. Nova York, New York University Press, 1996, p.19.

25. Sardar, ibid., p.19.

26. Essa simulação chamou-se SIMNET. Ver Lev Manovich, "The Aesthetics of Virtual Worlds", *CTHEORY*, vol.19, nº 1-2. Este documento está disponível on-line em www.ctheory.com.

27. Sardar, "alt.civilization.faq: Cyberspace as the Darker Side of the West", p.22.

28. Para informação sobre grupos racistas online, ver "163 and Counting... Hate Groups Find Home on the Net", in *Intelligence Report*, inverno de 1998, vol. 89. Montgomery, Ala., Southern Poverty Law Center, 1998, p.24-8.

29. Ver Henri Lefebvre, *The Production of Space*, trad. Donald Nicholson-Smith. Oxford, Blackwell, 1991.

30. Samuel Y. Edgerton Jr., *The Renaissance Rediscovery of Linear Perspective*. Nova York, Basic Books, 1975, p.30-40.

31. Citado in Stephen Kern, *The Culture of Time and Space 1880-1918*. Cambridge, Mass., Harvard University Press, 1983, p.138. [Ver Emile Durkheim e Marcel Mauss, *Primitive Classification*, 1970.]

Este livro foi composto por Textos & Formas, em Minion e Eurostile, e impresso por Cromosete Gráfica e Editora em outubro de 2001.